GAOXIAO JIAOXUE
GUANLI DE TANSUO

高校教学改革、管理的探索与实践

周应江　丁占罡　主编

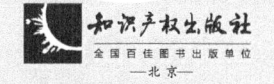

图书在版编目（CIP）数据

高校教学改革、管理的探索与实践 / 周应江，丁占罡主编 . —北京：知识产权出版社，2024. 12. — ISBN 978-7-5130-9676-8

Ⅰ . G647.3

中国国家版本馆 CIP 数据核字第 2024QZ1574 号

责任编辑：王海霞　　　　　　　　　责任校对：谷　洋
封面设计：乾达文化　　　　　　　　责任印制：孙婷婷

高校教学改革、管理的探索与实践

周应江　丁占罡　主编

出版发行：知识产权出版社有限责任公司	网　址：http://www.ipph.cn
社　址：北京市海淀区气象路 50 号院	邮　编：100081
责编电话：010-82000860 转 8790	责编邮箱：93760636@qq.com
发行电话：010-82000860 转 8101/8102	发行传真：010-82000893/82005070/82000270
印　刷：北京九州迅驰传媒文化有限公司	经　销：新华书店、各大网上书店及相关专业书店
开　本：720mm×1000mm　1/16	印　张：20.5
版　次：2024 年 12 月第 1 版	印　次：2024 年 12 月第 1 次印刷
字　数：350 千字	定　价：98.00 元

ISBN 978-7-5130-9676-8

出版权专有　侵权必究

如有印装质量问题，本社负责调换。

前 言

立德树人是高等学校的根本任务,更是广大高校教师和教育管理者的初心使命。在建设教育强国的征程中,如何更好地为党育时代新人、为国育巾帼英才,是中华女子学院一直在积极探索和实践的课题,本书即是我们近年来探索实践成果的汇集。

德智体美劳"五育"并举,全员、全过程、全方位育人,是培养德智体美劳全面发展的社会主义建设者和接班人的基本要求。本书涵盖了我校教育工作者诸多方面的经验总结,集中展示了学校在思政课程与课程思政建设、人才培养与专业建设、课程建设与教学改革、美育与劳动教育等方面的实践成果。我们认识到,面对新时代建设教育强国的要求,面对高等教育事业发展的新机遇与挑战,要培养时代新人和巾帼英才,我们必须进一步加强思政课程与课程思政建设;不断深化专业建设和实践教学,通过跨学科融合,提升学生的综合素养与实践能力;不断创新教育理念,探索多元化的教学路径,确保教育质量稳步提升。书中的各篇文章,均出自教学和管理一线的同志,既是基层教师深切的感受和体悟,更是大家参与教育教学改革和提升人才培养质量的辛勤探索,相信对于国内同行具有一定的参考借鉴意义。

实践出真知,探索无止境。《高校教学改革、管理的探索与实践》只是我们在高等教育事业发展新征程上的起点,我们将继续以习近平新时代中国特色社会主义思想为指引,深入贯彻党的二十大精神、党的二十届三中全会精神和全国教育大会精神,不断深化学校的教育教学改革,为教育强国建设做出新贡献。

编 者
2024 年 12 月

目 录

课程思政建设

高校"大思政课"建设的价值意蕴、现实挑战与路径选择
　　——以中华女子学院为例 ………………………… 丁占罡　张博林　003
国家认同教育融入"战略管理"课程思政的探讨 ……………… 李乐旋　011
基本概念与思政元素的链接：以"审计学"课程为例 …………… 胡　波　016
"家庭理财"课程融入思政教学元素及路径探究 ………… 汪连新　张　群　022
课程思政视域下"财政学"教学改革的实践与探索 ……………… 国晓丽　031
思政元素融入大学数学课程的思考与实践
　　——以"微积分学"课程为例 ………………………………… 李静澎　037
传统文化的家国情怀融入书法课程思政的教学设计举隅 ………… 张　燕　048
基于项目式教学的课程思政教学改革探索
　　——以"社区工作"课程为例 ………………………………… 李　敏　056
将男女平等基本国策落到实处
　　——"妇女发展政策"课程思政的目标与实现 ……………… 王向梅　064
"三全育人"理念下新文科计算机课程思政实践与反思
　　——以计算机应用技术（Python）课程为例 ………… 陈　洁　刘　姝　072

人才培养与专业建设

高校公益创业的育人功能及培养路径研究
　　——以"汇爱"公益创业项目为例 …………………………… 李　阳　087

新一轮审核评估背景下应用型高校质量保障体系建设研究……… 金晓娜　095
数智化时代基于OBE理念的人力资源管理人才培养模式
　　优化的探索 ……………………………………………………… 张瑞娟　101
基于社会需求探索养老服务管理人才专业能力培养 ……… 李乐旋　106
"新文科"背景下金融学专业建设的思考 ………… 李　鑫　国晓丽　115
网络与新媒体专业新闻传播人才培养模式研究 …………… 卢育娟　120
新时代背景下中华女子学院人才培养目标的审视与思考
　　——基于中国、美国、日本、韩国四国的比较 ……… 李英源　126
面向新文科教育的数据智能微专业建设研究 ……… 陈　洁　刘　姝　136
服装表演专业人才培养"协同育人"模式探索 …………… 张婷婷　141
新文科背景下新媒体人才培养与思政教育创新
　　——以"短视频运营与直播电商"课程为例 ………… 刘　旸　148
家庭建设领域女性法治人才协同育人
　　机制研究 …………… 邢红枚　黄　晶　唐　芳　刘永廷　邢国威　154
女性学实践教学落实立德树人教育目标的探索 …… 魏开琼　朱晓佳　161
现代信息技术背景下女性学专业的优化与提升 …… 魏开琼　杜声红　168

课程建设与教学改革

旅游管理专业与GIS技术融合课程体系建设研究
　　——以中华女子学院为例 ……………………………… 肖练练　179
核心素养导向下混合式教学模式的构建
　　——基于财务管理的课程实践 ………………………… 宫严慧　186
校企合作背景下的案例教学法实践与探索 ………………… 杨　丽　200
"智慧教学"背景下"管理信息系统"课程教学改革与创新 … 刘　利　210
混合式教学模式下课程文献资源库建设刍议
　　——以汉语国际教育专业"语言学概论"课程为例 … 陆　萍　215
关于"家庭教育学"课程教学的思考与实践 ……………… 郑灵臆　225
"认知心理学"课程混合式教学模式的构建与实践 ……… 邱　香　230

大数据背景下"Python 数据分析"通识课程建设 ………… 刘 姝 陈 洁 237
高校思想政治理论课"四维驱动"混合式教学模式创新研究
　　——以"毛泽东思想和中国特色社会主义理论体系
　　　概论"课为例 ………………………………………… 韩 冰 245
深刻把握思政课本质,讲深讲透讲活思政课 ………………… 王 欢 251
定向越野课程线上线下混合式教学设计与
　　实践 ……………………………… 周惠娟　周山山　刘 壮 255
后疫情时代中华女子学院体育课线上教学
　　策略研究 ………………………… 周山山　周惠娟　刘 壮 260
翻转课堂教学法在女大学生职业发展课程中的运用
　　——以中华女子学院为例 ……………………………… 吕 翠 265
基于 OBE 理念的线上线下混合式教学模式研究
　　——以"家庭理财"课程为例 ………………………… 汪连新 276

美育和劳动教育

劳动教育融入大学专业课程的教学实践改革实验
　　——以"学前儿童游戏"课程为例 …………………… 房阳洋 289
浅议"美育"于普通高等院校中"美术教育"基础教学
　　普及之思 ………………………………………………… 马丽娜 297
塑造"新时代女性之美"的美育模式
　　——以中华女子学院为例 ……………………………… 于光君 304
以书法为切入点建构女校美育育人新格局 ………………… 张 燕 311

后　记 ………………………………………………………………… 318

课程思政建设

高校"大思政课"建设的价值意蕴、现实挑战与路径选择
——以中华女子学院为例

中华女子学院教务部　丁占罡　张博林

摘要： 为顺应高等教育高质量发展的时代趋势，"大思政课"将"思政小课堂"融入"社会大课堂"，在课程、平台、师资等方面都提出了新要求，为完善思想政治教育体系打开了新思路。讲好"大思政课"，有助于大学生深入了解马克思主义理论和中国特色社会主义核心价值观，引领先进性别文化，促进学生全面发展。与此同时，"大思政课"在建设过程中，也对育人内容、育人场域及育人主体提出了现实挑战。高校需要围绕"大课堂""大平台""大师资"不断完善思政育人体系，提高人才培养质量，从而更好地落实立德树人的根本任务。

关键词： 高质量发展　"大思政课"　育人体系　立德树人

"大思政课"是落实新时代立德树人根本任务的重要部署，肩负着为党育人、为国育才的重要使命。2019年3月，习近平总书记在学校思想政治理论课教师座谈会上指出，"思想政治理论课是落实立德树人根本任务的关键课程"[1]，明确了思政课对人才培养的重要作用。2021年3月，习近平总书记在看望参加全国政协十三届四次会议的医药卫生界、教育界委员时再次指出："'大思政课'我们要善用之，一定要跟现实结合起来。"[2] 在实现第二个百年奋斗目标的进程中，习近平总书记关于"大思政课"的重要讲话，不仅为不断完善大思政育人体系提供了基本思路，也为当前高校落实立德树人根本任务指明了方向。为了深入贯彻习近平总书记关于"大思政课"的重要指示精神，2022年7月，教育部等十部门印发了《全面推进"大思政课"建设的工

作方案》(以下简称《工作方案》),指出要坚持以习近平新时代中国特色社会主义思想为指导,聚焦立德树人根本任务,推动用党的创新理论铸魂育人,要建设"大课堂",搭建"大平台",建好"大师资"。[3]基于此,进一步理解和明确"大思政课"的核心理念与内在价值,并将其深入贯彻到实践教学中,有助于加强思政育人功能,提高人才培养质量。

本文以中华女子学院为例,全面深入地理解和把握"大思政课"的内涵,同时结合女子高等院校人才培养的目标和定位,探索符合女子高等院校发展脉络的大思政育人体系,为高质量建成中国特色女子大学和妇联干部培训学院夯实基础。

一、"大思政课"建设的价值意蕴

(一)"大思政课"的内涵

通常来讲,"大思政课"是在"推动思政课建设内涵式发展"[4]的同时,以立德树人为根本任务,以全员参与、全过程介入、全方位实施为路径,将"大思政观"贯穿于教育的每一个环节,通过建立跨场域、跨时空的课程体系、资源体系、师资体系,形成与时俱进的大思政育人新格局。[5]

"大思政课"区别于思政课的核心要义在于"大",其本质就是打破"思政小课堂"与"社会大课堂"之间的壁垒,在课程、内容、形式等方面展现其深度与广度。具体而言,"大思政课"以思政课教育为基础,整合社会资源,在实践中体现思想政治理论,从而有效落实立德树人的根本任务。就"大课堂"而言,"大思政课"通过系统、科学的理论知识为社会主义现代化建设提供理论支撑和经验指南,在守正创新中不断完善育人体系,将理论与实践相结合,将党领导人民实践的成果引入课堂,以生动的实践阐释理论,使思政课理论更有说服力,从而激发大学生的学习兴趣。在"大平台"方面,"大思政课"是党的理论铸魂育人实践化的重要渠道,通过资源整合,引领大学生参与社会实践,把社会活动作为思政课教育实践的广阔平台,以实地调研、志愿者服务等方式引导大学生领悟党的先进理论与实践精神,从而增强大学生对中国特色社会主义的认同感。从"大师资"方面来说,"大思政课"的宗旨就是以思政教师为主体,构建多元参与、多维发力、相互融合、彼此支撑的全方位育人合力,鼓励不同行业、不同领域的模范人物将其先进事迹带入课堂,拉近思政课理论与现实之间的距离,使大学生能够更好地理解思政课的内涵，并将其内化于心、外化于行。

（二）"大思政课"建设的时代价值

讲好"大思政课"是一项复杂而庞大的工程，高校需要夯实思想政治理论基础、尊重人才成长规律，在百年未有之大变局的时代背景下，把"思政小课堂"融入"社会大课堂"，守正创新，不断完善思政教育体系。中华女子学院作为与新中国同龄的女子高等院校，承担着为党育时代新人、为国育巾帼英才的重要使命，女大学生的政治素养与精神品格的塑造在新时代党和国家事业的发展中尤为重要。基于此，讲好"大思政课"，对于弘扬马克思主义妇女观、引领先进性别文化、促进女大学生全面发展具有重要意义。

"大思政课"是引导大学生系统认识马克思主义理论和中国特色社会主义发展新篇章的重要平台。习近平总书记指出："马克思主义不是书斋里的学问……是在人民求解放的实践中丰富和发展的，为人民认识世界、改造世界提供了强大精神力量。"[6]这一重要论述旨在说明学习理论需要与实践相结合，并通过实践更加客观地认识和掌握理论。[7]"大思政课"的宗旨是将马克思主义理论融入大学生成长的各个环节，将校园"小课堂"延展到社会"大课堂"中，向大学生讲述中国特色社会主义发展的新篇章，增强大学生的"四个自信"。中华女子学院的女生占比高达98%，作为新时代的女性，她们更加独立自主、积极进取、自信从容，但同时也更加感性，缺少对社会的了解和把握，更容易受到"网红"等多元文化的影响。[8]"大思政课"教学内容以马克思主义妇女观为基调，以习近平新时代中国特色社会主义思想为指导，能够引领女大学生树立正确的价值观，传递正能量，培养有理想、有信念、有担当、有作为的优秀女性人才。

"大思政课"是引领先进性别文化发展的重要途径。习近平总书记在主持召开学校思想政治理论课教师座谈会时指出："办好思想政治理论课，最根本的是要全面贯彻党的教育方针，解决好培养什么人、怎样培养人、为谁培养人这个根本问题。"[1]女大学生作为女性精英的代表，是实现中华民族伟大复兴历史重任中不可或缺的角色，其价值观念的形成对新时代女性的整体发展至关重要。中华女子学院在"大思政课"建设的进程中，始终坚持以马克思主义妇女观为指导，弘扬中国特色社会主义先进性别文化，培养大学生的"四自精神"①。同时，学校紧扣"大思政"实践教学的目标和要求，形成"理

---

① "四自精神"是指自尊、自信、自立、自强。

论导入+实践协同"的教学策略，打造校外实践大课堂，以冬季奥运会志愿活动、关爱凉山妇女儿童等实践活动引导大学生在实践中切实感受男女平等的先进性别文化，以增强思政教育的吸引力。

"大思政课"是落实立德树人根本任务的应有之义。党的十八大以来，以习近平同志为核心的党中央始终将立德树人作为教育的根本任务。2022年10月16日，习近平总书记在党的第二十次全国代表大会上的报告中再次指出："办好人民满意的教育……全面贯彻党的教育方针，落实立德树人的根本任务。"[9]针对以女大学生为主体的高等教育，开展思想政治教育既要践行社会主义核心价值观，也要考虑女大学生的现实特点，以更加具体、有效的方式落实立德树人的根本任务。中华女子学院在"大思政课"的建设进程中，注重梳理妇联组织和妇女解放事业中的红色文化与红色资源，传承学校与党和国家同心同向的红色基因，引导学生讲好中国妇女解放故事和当代妇女楷模故事，带领学生感悟共产党人的精神谱系和革命女性的崇高理想信念，激发了学生的爱国情怀，促使学生树立远大理想。同时，邀请知名专家学者、女性楷模等进校园，通过名师系列讲座等形式为师生讲授妇女爱党报国、创新创业的感人事迹，增进学生对国家、社会和民族的历史与现实的认识，为培养新时代优秀女性发挥积极作用。

二、"大思政课"建设的现实挑战

"大思政课"建设在满足党和国家事业发展需求的同时，还要不断适应时代发展潮流，引导大学生对未知世界不断探索。当前，高校在思想政治理论教育和实践改革中取得了一定的成绩，但仍面临诸多现实问题与挑战。

（一）思政育人体系仍需强化

善用"大思政课"铸魂育人，不仅是高校思政课教师及学校的任务，也是其他部门的共同职责与使命。"'大思政课'倡导构筑多元主体共同参与的协同育人新格局"，需要全员参与，形成合力。[10]就课程而言，在"三全育人"①理念下，"大思政课"不仅要加强思政课主阵地建设，也要在专业课程中融入思政元素，达到思政课程与课程思政协同育人的效果。当前，很多高校已经意识到将思政元素渗入专业课是加强思政建设的重要途径。但部分教

---

① "三全育人"是指全员育人、全程育人、全方位育人。

师往往因为过分追求思政元素而在课堂上生搬硬套马克思主义理论，甚至出现思政内容与专业课内容相互脱节的"两张皮"现象，与"润物细无声"的要求相去甚远。就育人范围来看，全员育人需要家庭、社会、学校形成合力，联动育人。然而，在当前大思政育人体系建设进程中，高校几乎包揽了所有任务，社会与家庭履行相应责任与义务不到位，最终导致出现育人协同力量削弱、育人阵地单一的现象。因此，如何科学提升协同育人的合力，建立全方位、全链条的思政育人体系，是当前"大思政课"建设亟待解决的问题。

（二）思政育人平台建设有待完善

"大思政课"是落实立德树人任务的关键课程。一方面，在互联网高速发展的时代，传统的思政育人模式已经不能完全发挥培养具有广阔视野和家国情怀人才的作用。当前的大学生群体以"00后"为主，他们成长于互联网时代，其思维活跃，独立自主意识较强，教学方式单一、教学内容陈旧的思政课已无法满足新时代大学生的需求。慕课、学习通等线上课程平台也对传统思政课模式发起了挑战。知识更新速度越来越快，知识传播更加便捷广泛，在知识获取的渠道和速度上，有些大学生甚至会超越教师。另一方面，互联网背景下网络意识形态的发展更趋复杂，个别自媒体容易利用大学生涉世未深的特点动摇其理想信念，向其传播消极的价值取向和思想政治观念。这就要求高校在思政课建设过程中形成互联网思维，正确运用多种资源和平台提升大学生的政治素养，坚定其信念，从而构建与时俱进的大思政育人格局。

（三）思政育人主体范围亟待扩大

习近平总书记强调："办好思想政治理论课关键在教师，关键在发挥教师的积极性、主动性、创造性。"[1]首先，"大思政课"的育人主体既包含能够传播思想政治理论的思政课教师，也包括其他能够开展思想政治教育活动的个体。然而，作为实现立德树人根本任务的关键课程，思政课在教师队伍建设方面仍存在现实困境。具体而言，当前我国思政课教师人数仍达不到教育部规定的师生比标准，思政课教师队伍与"配齐建强"目标之间仍有差距。[11]其次，办好思政课不能仅靠高校思政课教师，还需要建立多样化的育人主体队伍。当前，高校在构建思政协同育人体系方面仍有待完善，专业课教师、辅导员及党政管理人员在"大思政课"建设过程中的参与度尚需加强。最后，高校不仅需要强化教师思想政治理论，还需要提升教师的实践能力，同时引入校外兼职教师，扩大育人主体范围。长期以来，思政课专职教师都是思政育人的主力军，而在"大思政课"建设背景下，兼职教师也被定义为更具活力与魅力的生力军，因此建立一支结构多元的专兼职思政教师队伍是推动"大思政课"建设协同发展的重要保障。[12]

三、"大思政课"建设的路径选择

构建"大思政课"育人新格局，要站在"以党的创新理论铸魂育人"的高度，与时代同向同行。高校应加强顶层设计和政策推进，继续探索大思政育人规律和大学生成长规律，形成铸魂育人长效机制；继续深化人才培养模式改革，在课程建设、平台资源建设和育人团队建设方面持续发力、多措并举，推进思政改革方式创新和成果培育。

（一）建设"大课堂"，奏响课程建设主旋律

长期以来，高校思想政治理论课程一直被视为意识形态教育的主阵地。鉴于此，高校应充分发挥关键课程在落实立德树人根本任务中的主导作用，重视思政教师在课程思政教学研究和社会实践中的示范作用，以增强思政课的思想性、理论性和亲和力。同时深入挖掘各类课程中的思政元素及其内在价值，使"所有课程都有育人功能""每门课程都负有思政使命与责任"的理念形成广泛共识。同时，高校还要解决好专业教育和思政教育"两张皮"的问题，实现"知行合一"，继续探索创新课程思政建设的方法，创新以大思政育人体系建设推动一流专业和一流课程建设的路径，加强课程思政教学质量评估和监测，聚焦每门课程所蕴含的思政资源及其对立德树人的贡献点，形成"课程门门有思政，教师人人讲育人"的良好育人氛围。

（二）搭建"大平台"，助力育人资源多元化

"大思政课"建设要求高校充分把握时代发展趋势和规律，整合各类平台资源，坚持立足实践、回应现实，科学运用多种育人载体和平台，增强大学生在课堂教学与社会实践中的认知与体验。学校应以社会大课堂为依托，积极推进校地合作、校企合作，深入挖掘实践育人的资源和素材，将思政教育扩展到博物馆、企业、实践基地等更多场所，让学生深刻体验中国特色社会主义的实践逻辑。就女院而言，学校应不断赓续红色基因，讲好中国妇女解放的故事和当代妇女楷模的故事，帮助学生坚定文化自信，树立崇高理想。同时，继续强化实践育人理念，丰富实践内容，创新实践方式，持续建立专

业实践教学、社会实践活动、创新创业教育等载体有机融合的实践育人体系，使学生通过所见所思，提高参与意识和职业素养。学校还应继续依托妇联资源、联动校内外平台，挖掘女性模范案例，让更多航天员、运动员、志愿者、一线劳动者等模范人物登上女院讲台，从而构建各类资源协同育人的长效机制。

（三）建好"大师资"，实现育人队伍全域化

高质量的思政育人体系建设离不开高素质的教师队伍，建好"大师资"，需要高校持续开展"大思政课"育人团队建设，激励教师成为学生为学、为事、为人的"大先生"。高校应继续抓好思政教师队伍建设，深刻把握思政课程和课程思政建设的标准，建立以"立德树人"为根本、"经师"与"人师"相统一的教师考核评价体系和激励机制；引导教师以中国为观照、以时代为观照，努力成为把思政课的道理"讲深、讲透、讲活"的"智者"式"讲师"，成为思政课的"好老师""大先生"。从教师岗到行政岗、从课内到课外，无论是校领导还是一线教师，无论是管理人员还是服务人员，都是"大师资"中的一环，都承载着育人功能。女院还应充分利用各级妇联组织资源，继续邀请知名专家学者、女性楷模、杰出校友和优秀毕业生进校园，形成全员育人合力，营造积极的校园文化氛围，为党和国家的事业发展培养更多新时代优秀女性人才。

参考文献

[1] 习近平主持召开学校思想政治理论课教师座谈会强调 用新时代中国特色社会主义思想铸魂育人 贯彻党的教育方针落实立德树人根本任务 王沪宁出席 [EB/OL].（2019-03-18）[2024-02-03]. http://www.moe.gov.cn/jyb_xwfb/gzdt_gzdt/201903/t20190318_373973.html.

[2] 新华网. 习近平在看望参加政协会议的医药卫生界教育界委员时强调 把保障人民健康放在优先发展的战略位置 着力构建优质均衡的基本公共教育服务体系 汪洋参加看望和讨论.（2021-03-06）[2024-02-03]. https://baijiahao.baidu.com/s?id=1693486421643996591&wfr=spider&for=pc.

[3] 教育部等十部门关于印发《全面推进"大思政课"建设的工作方案》的通知 [EB/OL].（2022-08-24）[2024-02-03]. https://www.gov.cn/zhengce/zhengceku/

2022-08/24/content_5706623.htm.

[4] 韩可. 课程论视角下"大思政课"的实施维度与实践理路 [J]. 思想理论教育，2022（5）：72-77.

[5] 杨晓慧. 高等教育"三全育人"：理论意蕴、现实难题与实践路径 [J]. 中国高等教育，2018（18）：4-8.

[6] 新华网. 习近平：在纪念马克思诞辰 200 周年大会上的讲话 [EB/OL]. （2018-05-04）[2024-02-03].http://www.xinhuanet.com/politics/2018-05/04/c_1122783997.htm.

[7] 丰子义. 历史和人民怎样选择了马克思主义 [N]. 人民日报，2021-05-24（13）.

[8] 曹文. 习近平新时代中国特色社会主义思想融入"概论"课教学的探索：以中华女子学院为例 [J]. 中华女子学院学报，2021，33（4）：117-122.

[9] 习近平. 高举中国特色社会主义伟大旗帜 为全面建设社会主义现代化国家而团结奋斗：在中国共产党第二十次全国代表大会上的报告 [EB/OL]. （2022-10-16）[2024-02-03].http://hb.people.com.cn/n2/2022/1026/c194063-40169552.html.

[10] 李大健. 高校善用"大思政课"铸魂育人的三大保障 [J]. 思想教育研究，2022（9）：118-124.

[11] 张劲松，刘惠燕. 从学校思政课堂到"大思政课"的四维变革 [J]. 集美大学学报（教育科学版），2022，23（4）：1-6，23.

[12] 孟冬冬. "大思政课"视域中新时代思政课高质量发展研究 [J]. 中国电化教育，2022（10）：89-96.

国家认同教育融入"战略管理"课程思政的探讨

中华女子学院管理学院　李乐旋

摘要："战略管理"是一门与实践联系紧密的学科，案例教学是其必要的教学手段之一。"战略管理"课程的案例内容离不开世情、国情、党情，是很好的思政载体。习近平总书记多次强调要重视青少年国家认同教育，本文基于国家认同教育理论，提出将国家认同教育融入专业课教学的三个部分，并探讨国家认同教育融入"战略管理"课程思政的具体架构，为其他专业课程教学引入国家认同教育提供了思路。

关键词：国家认同　"战略管理"课程　课程思政

基金项目：中华女子学院 2020 年本科教学改革创新项目"基于项目教学法与翻转理念的线上线下混合式教学模式探索"；中华女子学院 2020 年思政专项课题"新冠疫情防控对 00 后大学生国家认同的影响研究"

一、引言

对于多民族国家而言，构建有效、统一的国家认同理论既是保障民族团结的关键，也是关乎国家发展的重大问题，还是爱国主义教育的核心。习近平总书记多次强调，"要不断增强各族群众对伟大祖国、中华民族、中华文化、中国共产党、中国特色社会主义的认同"[1-3]，这凸显了国家认同的重要性。人们的国家认同不是与生俱来、一成不变的，而是社会构建的结果，可以被强化，也可能被弱化[4]。大学生的国家认同还处在形成过程中，随着高校专业设置的精细化，大学生的精力较多专注于专业知识的学习，不仅其思维方式会受到专业限制，思想与价值观也不够成熟。高校的通识教育虽然能部分改善这一问题，但相对于大学期间的价值观构建过程来说，仍显不足。

"多学科教师的身体力行和言传身教，成为最吸引学生的教学内容。它们契合了学生价值观内化的需求，有助于科学思维和态度的养成。这从根本上提升了学生对隐性思想政治教育的接受度。"[5]

"战略管理"是研究企业与外部环境动态适应并构建持续竞争优势的一门学科，是工商管理相关专业的核心课程之一，其按照战略管理过程构筑知识体系，主要包括战略分析、战略制定、战略实施和战略评估等。课程内容与现实联系紧密，随着国际竞争环境的动荡和中美摩擦的升级，出现了很多企业案例，结合相关知识分析能从中发现中国传统文化、东方智慧、时代价值以及我国制度的优越性等思政元素。学生阅读并分析相关案例发现上述优势时，通过国别差异比较，能够更好地激发他们的国家认同感。

为了更好地利用专业课教学完成国家认同教育的教学任务，应该首先充分了解大学生国家认同教育理论的主要构成，有目的、高效地在"战略管理"课程中加入更容易被大学生接受的国家认同引导教育，增强学生的国家认同意识。

二、国家认同教育的理论基础

国家认同是比较政治学和国际问题研究中的热点问题，对国家政治的健康发展具有重要意义。"国家认同（national identity）"一词最早出现在1953年勒文森（Levenson）论梁启超的名著《梁启超与中国近代思想》（*Liang Ch'i-Ch'ao and the Mind of Modern China*）[6]中，是指公民对自己归属哪个国家的认知以及对这个国家的构成（如政治、文化、族群等要素）的评价和情感。朱多刚和任天浩通过梳理国内外关于国家认同的研究发现，国家认同感主要来源于三个方面：人格心理、制度绩效和历史文化。[1]人格心理论是心理学范畴，其产生影响的过程相对较长，塑造健康的人格心理是贯穿教育全过程的长期任务；制度绩效论认为国家认同来源于人们对国家治理绩效的理性评价；历史文化论认为国家认同来源于政治文化、国家文化和传统价值观念。教育对大学生国家认同形成的影响是持续的，因此也会对人格心理、制度绩效和历史文化自信心产生影响。从测量维度上看，国家认同应该包括政治认同、文化认同、族群认同、宗教认同、历史认同等。

国家认同被认为是社会认同的最高表现形式。社会认同理论指出，社会认同形成分为三个阶段：社会类化、社会比较和积极区分（见图1）。大学生国家认同的形成也应遵循这一过程：（1）通过社会类化，构建自己的公民身份，认知自己是祖国的一分子，形成集体自我认知，明确自己的群际属性；（2）通过社会比较，形成较高的群体满意度，对身为祖国的一分子感到自豪，对国家、制度、文化、群族等持肯定态度，表现出对国家的归属感和依恋；（3）通过积极区分，在思想和行动上捍卫祖国的形象和声誉，加强自身与国家的连接，并积极分割自己与其他国家的关联。通过这三个阶段强化自己的国家认同，从而体验到集体自尊。

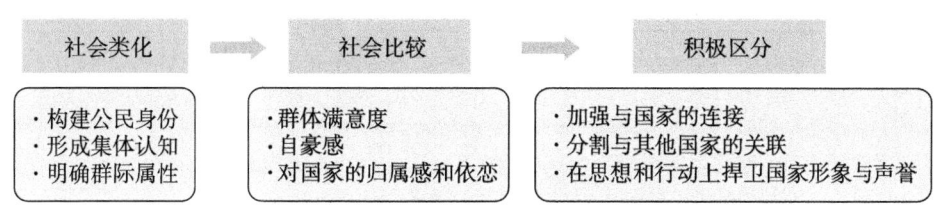

图1　社会认同理论提出的社会认同形成的三个阶段

遵循上述理论，专业课国家认同教育的融入应该通过案例引入以下三个部分：（1）通过介绍中国历史、文化、制度、民族发展等，增强大学生对国家的认知和评价，引导大学生对自己中国公民身份的认同，强化其归属感；（2）在案例中引入历史、文化、制度、民族等方面的中外比较内容，发掘我国的优越性，激发大学生在情感和态度上的主动接纳与认可；（3）讨论中的积极区分，在前两部分的基础上，大学生的国家认同表现为在情感上对国家的接纳，并给予积极评价，这时要引导大学生在此认知的基础上，通过案例进一步分析我国制度和文化的优越性，对大学生而言就是基于认知和情感所产生的外在行为表现。通过上述三个部分的主动分析学习，可以激发出大学生作为国家公民的自我价值感和成就感[8]，从而提升其国家认同感。

三、基于国家认同教育的"战略管理"课程思政设计构想

基于上述理论，并根据"战略管理"课程的知识框架，本研究从中选出五个章节，通过知识点与案例分析的结合，可以有效进行大学生国家认同教育（见表1）。举例如下：（1）社会类化。例如，格力集团发展路径案例，从格力集团1985年成立开始认识中国企业的崛起之路，通过一家企业的发展管窥我国改革开放的历程，了解改革开放政策的利民之效；基于对我国经济文化发展的再认识，形成集体自我认知，明确中国公民身份。（2）社会比较。例如，通过对新冠疫情期间涌现出的有担当的企业行为进行解读，发现中国

传统文化和价值观在我国企业与企业家身上映射出的社会责任感和使命感,与国外某些企业的行为形成鲜明对比,强化群体差异,从而强化学生的群体肯定态度。(3)积极区分。例如,华为手机业务面临的困境,学生会主动站在华为视角,分析美国推行霸权主义和强权政治对全球供应链安全造成的威胁。学生也会在案例分析中捍卫我国企业的形象和声誉,并积极分割与美国相关行径的关联。

表1 国家认同教育融入"战略管理"课程的思政案例汇总

课程章节	知识点	思政案例	案例分析要点	国家认同教育
战略管理概论	1.战略的概念与内涵 2.战略管理的作用 3.战略管理的范式与框架	格力集团的发展路径	1.全球竞争加剧 2.中国企业的崛起之路 3.中国企业家精神	认识中国企业的崛起之路;提升"四个自信",增强文化认同感和制度认同感
外部环境分析	1.外部环境的构成及分类 2.宏观环境分析 3.五力模型分析 4.价值链分析	国内手机业务面临的外部环境分析(重点讨论华为)	1.美国霸权主义下的全球供应链安全 2.中美贸易摩擦给我国企业的战略管理过程带来的机遇和挑战	认识美国霸权主义对全球化的损害,培养学生的大局观,增强制度认同感和文化认同感
企业愿景与使命	1.企业愿景、使命、价值观的概念、内在联系以及关键要点 2.战略目标制定	新冠疫情期间涌现的有担当的企业行为	1.我国企业和企业家身上体现的社会责任感和使命感 2.管理者的坚毅、智慧和管理道德	激发学生的职业道德、社会责任感和使命感,增强文化认同感和民族认同感
业务层战略选择	1.基于业务层战略获取竞争优势的内在逻辑 2.不同业务层战略设计的核心思想与适用条件	民族品牌业务层案例(安踏集团)	1.民族品牌积极拓展业务层竞争的途径 2.成功的因素	通过了解中国优秀文化如何融入现代管理,增强学生的民族认同感
公司层战略选择	1.公司层战略的基本概念 2.公司层战略的主要形式 3.公司层战略与竞争优势之间的内在逻辑	中国产业结构转型的思考	1.认识企业转型中通过多元化战略创造价值的方式 2.产业结构转型的关键因素	对中国产业结构转型进行深入思考,培养学生的大局观,增强制度认同感

四、结语

大学生处于价值观形成与发展的关键阶段，其价值判断、价值认知和价值行为都容易受到外界影响，其国家认同还有很强的可塑性。当前，全球化、多元文化、中美摩擦等的历史背景下，大学生的国家认同感受到多重影响，高校课堂应该主动融入大学生国家认同教育，让大学生通过建构积极的自我概念，增强集体自尊意识，提升国家认同。

参考文献

[1] 习近平：在全国民族团结进步表彰大会上的讲话 [EB/OL].（2019-09-27）[2024-02-19]. http://www.12371.cn/2019/09/27/ARTI1569571232500146.shtml.

[2] 习近平：全面贯彻新时代党的治藏方略　建设团结富裕文明和谐美丽的社会主义现代化新西藏 [EB/OL].（2020-08-29）[2024-02-19]. http://www.12371.cn/2020/08/29/ARTI1598684050804274.shtml.

[3] 习近平参加内蒙古代表团审议 [EB/OL].（2021-03-05）[2024-02-19]. http://www.12371.cn/2021/03/05/ARTI1614949693812543.shtml.

[4] 李春玲，刘森林.国家认同的影响因素及其代际特征差异：基于 2013 年中国社会状况调查数据 [J].中国社会科学，2018（4）：132-150，207.

[5] 顾晓英."大国方略"系列课程的思政教育与文化学分析 [J].青年学报，2016（4）：14-18.

[6] LEVENSON J R. Liang Ch'i Ch'ao and the mind of modern China[M]. Cambridge: Harvard University Press, 1953.

[7] 朱多刚，任天浩.媒介使用对青少年国家认同的影响 [J].新闻记者，2020（4）：37-45.

[8] 王彬彬，吴日晖.提高大学生国家认同与幸福感 [N].中国社会科学报，2022-01-25（12）.

基本概念与思政元素的链接：
以"审计学"课程为例

中华女子学院管理学院　胡　波

摘要： 审计学涉及大量基本概念，为了进一步明确这些概念之间的关系，有必要从更为广阔的视角对其进行观察与重构。思政元素的挖掘和利用就是一种有效的解决方案。本文通过对"求真、求善、向美"三大思政元素的挖掘，重新建立了一个系统化的审计学基本概念体系，有利于教师教学和学生学习。

关键词： 审计学　基本概念　思政元素

"审计学"是一门专门讲授注册会计师审计原理和案例会计学的本科专业课程。这门课程涉及大量概念和原理，包括注册会计师概述、法律责任、风险导向审计方法和审计实务循环，在会计学本科各门课程中，以枯燥、乏味、抽象"著称"，在会计学专业师生中具有"难学、难教"的"声誉"。但是，这门课程恰恰是诸多会计学课程中思政元素俯拾皆是，最值得深入发现和挖掘思政元素的一门课程，如果将这些丰富的思政元素呈现出来，将会大大改变其固有的刻板形象，也会让师生获益良多。

一、寻求职业社会价值的认同

俗话说：爱一行干一行。这句话的潜在意思是，先要有行业认同，才会有情感投入，最终才能做好工作。因此，发掘职业社会价值，提升专业认同度是专业教学的前提条件。只有实现了价值认同，学生学习的过程才会轻松。因为这是学生所认同的，知道了学习的意义和价值所在，在学习研究之后的职业生涯中就可以身正行端、理直气壮。教师通过介绍注册会计师审计存在的历史必然性，带领学生发现并提取其社会价值，能够大大增强学生的专业自信心，提高专业认同度，进而有利于学生树立"干一行爱一行"的职业信念。

二、挖掘思政元素"真善美"

通过挖掘思政元素，发现注册会计师职业社会价值的"求真、求善、向美"，追寻注册会计师审计工作的社会使命和责任担当。

（一）"求真"

审计对社会经济文明承担着基础性的保障与促进作用，这主要体现在两个方面：一是为判断各类经济活动是否符合既定标准提供鉴证，即审计工作；二是更有效地改善各个经济活动主体的运行效率和效果，即咨询工作。注册会计师审计是资本市场的"看门人"（保障者），也是经济主体的"引航员"（促进者）。寻求财务报告背后的事实真相，保证财务报表中不存在影响使用者的重大错报，这是注册会计师审计的总体目标之一。追求真实的财务，挤出报表中的水分，将适当的审计意见公之于众，这是注册会计师审计工作应当承担的首要社会责任。

求真的过程，没有一帆风顺的。注册会计师审计制度自身存在的"悖论"，常常将审计师置于两难境地，道德困境由此产生：一边是"饭碗"，一边是尊严，究竟何去何从。如果放弃求真，则意味着对职业道德的背叛，对社会公众受托责任的放弃，自然也需要承担相应的法律责任和社会后果。因此，在思政元素的挖掘方面，教师有必要设置各种场景，客观、真实地呈现出道德困境，让学生在其中扮演一定的角色，在各种冲突和矛盾中体会求真的不易、坚守道德的价值。《会计的没落与复兴》一书的作者指出，目前企业账面价值在市场价值中占比 10%～15%，这意味着会计信息对企业市场经济表现的解释范围为 10%～15%，更意味着至少还有 85% 的信息需要从其他方面获取。[1] 审计如果不能在这 85% 的信息中发挥作用的话，则会失去社会价值，并走向没落。因此，在求真的漫长过程中，不仅需要坦诚和客观，还需要勇气和担当。

（二）"求善"

会计需要承担经济后果。其实质含义是，会计核算和报告会引起人们的各种反应行为,既有善意的行为,也有恶意的贪婪行为,而审计的功能则在于抑恶扬善。人类社会的发展过程不仅仅是经济的高歌猛进,更是人性善恶之间的激烈斗争,众所周知的世界三大经济泡沫就是一个明显的例证。唯有将泡沫挤出,将真实呈现,才能真正结束经济危机,让民众感受到经济的健康有序发展。对审计而言,无论是审计准则等制度建设,还是具体的审计工作,都是为了唤起或者激发人类向善的追求。

君子爱财,取之有道。如果会计记录扭曲了利益关系,财务报告偏离了对应得利益的报告和披露,那么财务报告的本质功能就消失了。审计在纠偏方面的功能和作用将促使财务报告回归正道,这一点在我国国家审计、民间审计和内部审计等发展历程中都有诸多例证。1918年,我国民间第一位注册会计师谢霖之所以倡议设立"中国会计师制度",其核心目的就是维护民族实业的正当权益,抗议外国公共会计师对外方利益的偏袒。审计对"善"的维护作用,主要是通过树立善行规范、鼓励善举行为来维护社会的公平和正义的。通过对审计准则的学习,学生能够掌握善行的必要行为规范,有意识且发自内心地遵守规则,并怀有敬畏之心,从而行致远之路。

通过审计工作,把发自内心认同的职业崇拜注入行动、信念和意志并化作人类社会经济活动中更多的善良、爱意和理性,使各个经济主体能够平稳有序地运行,促进社会经济和谐发展,提升人民的幸福感和安全感。

(三)"向美"

如果说会计的美,在于会计恒等式,是均衡和对称的美;那么审计的美,就在于控制财报重大错报风险后,对合理保证的呵护之美。审计所追求的美,在于数字背后的各种角逐,是维护职业道德,坚守独立、诚信、客观、公正,守护社会公众利益的大美。这种美几乎不为人知,更无法对外宣传,只能留在审计师的内心中,隐藏在干干净净的财报数字的背后。

习近平总书记在党的二十大报告中明确提出:"必须坚持在发展中保障和改善民生,鼓励共同奋斗创造美好生活,不断实现人民对美好生活的向往。"[2]审计师的工作能够助力人民美好生活的实现。经济责任审计等专项审计工作能够通过规范财富积累机制,从而实现社会价值;通过自然资源审计、"双碳审计"等实际行动,默默支持美丽中国的建设。此外,其在污染治理、生态保护、应对气候变化,协同推进降碳、减污、扩绿、增长,推进生态优先、节约集约、绿色低碳发展等领域均做出了自己的贡献。

三、审计学基本概念与思政元素的链接

根据前文阐述的"求真、求实、向美"三大思政元素，重新审视审计学的基本概念，就可以将散落在课程各处的"珍珠"有机地链接起来，形成一个更为完整和系统化的概念体系。

审计学概念对审计实务具有指导作用。根据审计实务的操作过程来界定审计学基本概念体系的内容，相应的概念体系被界定为"可信性"、"过程"、"传输"和"执行"四个方面。"可信性"强调的是审计师本身应当具备的特质，"过程"反映的是审计外勤调查过程，"传输"反映的是审计报告的对外披露，"执行"则特别强调审计师作为执业人员在审计调查和传输调查结果的过程中应当履行的职责。这是总体上的审计概念，或者说是对审计学概念的基本分类。从总体概念开始按照逻辑推理下去，还会形成具体概念层面，从而得到一个完整的概念体系。而具体概念层面可以直接和思政元素建立链接，它们之间的关系是一目了然的。

"可信性"涉及的是审计师，它与人们是否相信审计师出具的报告有关。首先，它要求审计师具备相应的"胜任能力"，从技术角度看，它阐明了审计师应该具备的素质；从道德角度看，它还要求审计师能够以诚实的行为品质来执行审计业务，也就是说，审计师的执业行为应该受到"职业道德"的约束。其次，审计师还应该在实质和形式上保持"独立性"，以便能够对事实进行不带偏见的判断和客观的考察，并将这一状态呈现在客户面前。"独立性"不仅是最重要的概念之一，还是审计的本质所在。这几个具体概念都与"求真"有关。换句话说，如果要追求真实的、挤过水分的、消除过重大错报的财务信息，就必须按照这四个具体概念执业。

"过程"指的是审计调查过程，可以看作根据"标准"来收集、审查、评价和运用"审计证据"的过程。这一阶段还涉及"真实与公允"和"重要性"的概念。"重要性"水平的高低又与所要收集的"审计证据"的数量成反比。当然，这一切自始至终都与"审计判断"紧密地联系在一起。

"传输"主要是指审计师在"真实与公允"的基础上对外公布其"审计报告"，但不限于此。它还包括审计师与被审计单位以及社会公众之间的"沟通"，以"合理保证"控制审计报告的"审计风险"。

"执行"突出的是审计师是执业者这一思想。作为执业者，就要以职业怀

疑态度，切实履行其对公众的责任。在执业，也就是进行"审计测试"的过程中，审计师应该保持"应有的职业关注"，并进行相应的"审计判断"。"执行"部分的概念实际上是对上述三方面内容顺利实施的保证。

综上所述，审计学基本概念体系包括四个部分，共 15 个具体概念，基本概念与思政元素之间的关系见表 1。

表 1 基本概念与思政元素之间的关系

思政元素	向美			
	求真		求善	
审计学概念	可信性	过程	传输	执行
具体概念	独立性	标准	审计报告	应有的职业关注
	胜任能力	证据	合理保证	职业怀疑态度
	职业道德	重要性	沟通	审计测试
		真实与公允	审计风险	审计判断

四、结语

"不以规矩，不能成方圆。"审计制度和工作不仅为会计工作提供衡量标准，更重要的是为会计行为设定了一个基本的行为框架。从查错揭弊这一审计工作目标来看，审计准则和制度为人类客观认识自身行为后果、迷途知返、自我矫正提供了机会，从而让人们真正收获美好生活。审计学的基本概念是审计制度和审计工作的核心内容。通过解构并重组这些概念，将使我们有机会从整体上梳理不同概念之间的关系，而其中的关键就在于对思政元素的挖掘。

《文明的冲突与世界秩序的重建》的作者、哈佛大学政治学教授萨缪尔·亨廷顿指出，文明冲突将导致世界秩序重建，最终只有两大文明会直接交锋，即西方基督教文明和东方儒家文明。[3] 秩序重建意味着规则重建，而作为商业语言的会计规则和审计规则也会重建。学生承担着重建规则的使命和责任，教师有必要通过教学过程将这些"真善美"的终极目标构建并制定出来，从而不辜负职业使命和责任。

参考文献

[1] 列夫，谷丰．会计的没落与复兴 [M]．方军雄，译．北京：北京大学出版社，2018：59-66．

[2] 习近平．高举中国特色社会主义伟大旗帜 为全面建设社会主义现代化国家而团结奋斗：在中国共产党第二十次全国代表大会上的报告 [EB/OL]．（2022-10-16）[2024-02-03]．http://hb.people.com.cn/n2/2022/1026/c194063-40169552.html．

[3] 亨廷顿．文明的冲突与世界秩序的重建：修订版 [M]．周琪，刘绯，张立平，等译．北京：新华出版社，2010：98-110．

"家庭理财"课程融入思政教学元素及路径探究

中华女子学院管理学院　汪连新　张　群

摘要：习近平总书记对高校课程思政教学提出了明确要求，并指明了培养方向。高校教学的终极目标是立德树人，而金融行业对从业人员的品德有更高的要求，其需要具备家国情怀、诚信真挚、奉献敬业等素养，因此必须将思政教育融入金融专业教育教学全过程。基于理财课程教学的综合性、实践性和跨生命周期性，理财课程思政需要进一步拓展其内涵与外延、实施方法和途径，在教学目标、教学设计、教学内容、课程考核等多方面探索思政元素，增强全方位育人的能力。课程思政建设路径包括提升教师思政水平、融入智慧教学改革、创新教学方式等。

关键词：思政元素　家庭理财　教学路径

基金项目：2021年北京高等教育本科教学改革创新项目"线上线下混合式一流课程建设——家庭理财"（项目编号：131）

一、研究问题提出

2016年12月，习近平总书记在全国高校思想政治工作会议上指出，"要用好课堂教学这个主渠道……各门课都要守好一段渠、种好责任田，使各类课程与思想政治理论课同向同行，形成协同效应"。[1]习近平总书记的重要论述为高校课程思政改革提供了纲领性指导，教育部和高校应积极贯彻落实习近平总书记关于课程思政建设的重要讲话精神，高度重视课程思政建设，不断探索思政元素与教学内容相互融合的新模式。"家庭理财"课程是金融学、经济学和会计学等专业的核心课程，也是很多高校的博雅和通识类课程，理财课程在教学目标、教学设计和教学内容等方面融入课程思政点，用贴近生活的理财案例，让学生在学习理财理论和基础知识的同时，树立正确的人生观和价值观，为金融行业培养具有职业道德和专业素养的人才。但是，在目前的教学过程中，存在对思政内容教学的重要性认识不够、思政与课程内容融合度不够、对思政元素的挖掘深度不够等问题，且尚未形成多位一体、协同育人的新时代思政教育新格局，因此，探究课程的思政元素，将理财专业课程与其有效融合，从而提高课程教学质量，丰富教学内容，实现"三全育人"①目标，这项研究具有一定的实践价值和意义。

2020年，教育部等主管部门颁发关于推进思政教学的文件，即《关于印发〈高等学校课程思政建设指导纲要〉的通知》（教高〔2020〕3号），明确提出专业课程是课程思政建设的基本载体，须不断推广、探索融入思政元素的不同教学模式，学者们也对课程思政开展深入研究，研究文献数量快速增加，成为教学改革研究的热点。关于课程思政教学的必要性，王尧提出增加思政教学是学生德育培养的必要手段，必须将思政教育融入教育教学全过程[2]；张艳英以"个人理财实务"课程为例，提出实施课程思政教学改革，是建立协同育人机制、落实立德树人理念的重要举措[3]；关于思政教学的路径研究，林妍梅等提出系统设计课程思政的递进式教学路径，形成了在专业思政统领下，将知识教育、能力培养和价值引领融入人才培养全过程的育人模式[4]；王东清等提出通过"建设教师队伍、融入思政内容、重视会计学科特色、创新教学方法、健全考核评价体系"五个方面进行会计专业课程思政的探索与实践，并取得了实践性效果[5]。关于思政教学中存在的问题，学者们提出"教书"与"育人"之间隔离的现象依然存在[6-7]；原有的期末单一课程考核机制，导致思政教学和改革不被学生与教师重视[8-9]；思政课程设计中，运用社会主义核心价值观指导实践还不够充分[10]。总体来看，课程思政教学虽已成为教改方面的研究热点，但在教学目标、教学设计、教学内容、课程考核等全方位融入思政元素方面的研究还比较薄弱。本文以"家庭理财"课程为例，基于成果导向教育（Outcome Based Education，OBE）理念和建构主义理论，探究如何在课程教学全过程中融入思政元素，以实现立德树人的教育目标。

OBE理念又称目标导向教育理念，是一种以学生预期取得的学习成果（learning outcomes）为导向的教育理念，该理念以学生为中心、以产出为导向，重点探究四个方面的内容，即教学目标是什么？为什么要设计这样的目标？如何达成这些目标？如何评价这些目标？OBE理念的内容如图1所示。

---

① "三全育人"即全员育人、全程育人、全方位育人。

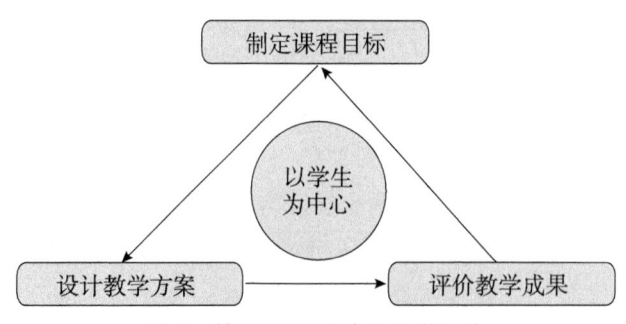

图1 基于OBE理念的教学设计

建构主义理论，是由近代瑞士著名心理学家皮亚杰（J.Piaget）提出的[11]，包括学习观、知识观、教学观三个基本理论观念，它是教育研究的重要领域。其中，学习观强调学生应主动构建知识体系，不断提升认知水平和意识，并随着认知的改变，对知识应用做出新的解释；知识观是对客观事物本质特征的再加工和创造；教学观则明确教师的职责是引导、启发、组织、设计和评价，这超出了以往传统教学的认知，以多元视角来设计教学目标。

针对课程思政教学设计，本文的研究思路和框架如图2所示。

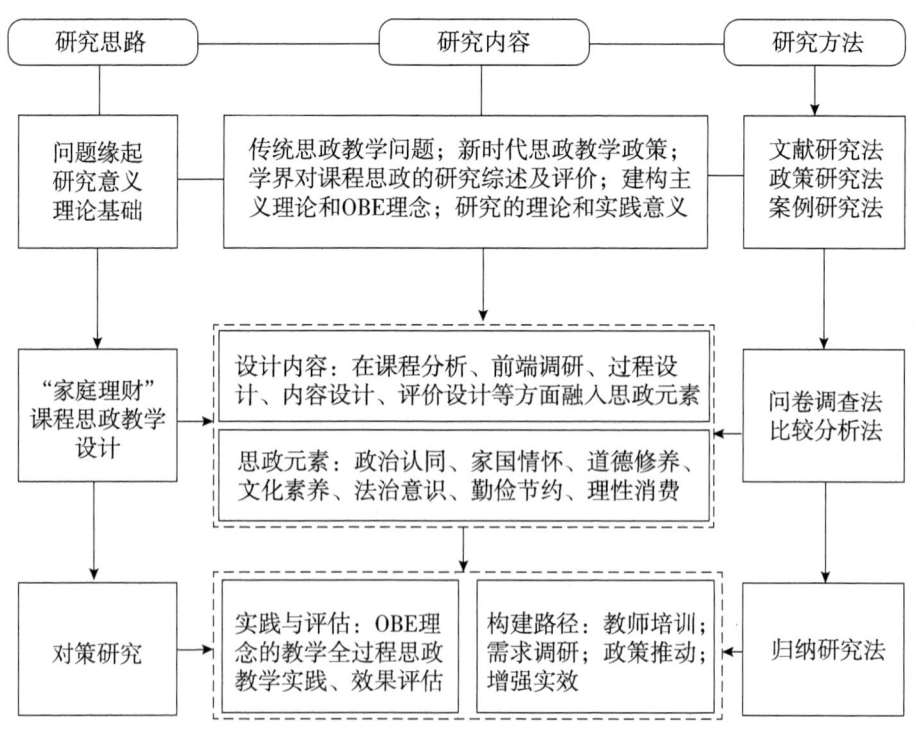

图2 研究思路和框架

二、融入思政元素的"家庭理财"课程教学设计

(一)课程教学分析

"家庭理财"课程是金融、经济和管理类专业的核心课程,也是很多学校的通识和博雅类选修课程,该课程具有实操性和系统性,与金融行业的银行、证券业务,保险行业的具体业务紧密结合,因此理财能力是金融行业从业者必备的基本素养。"家庭理财"课程以生命周期理论为基础,不仅涵盖银行理财、基金、股票、债券、期货等金融工具的使用,还包括家庭(个人)在现金规划、风险管理与保险规划、住房消费信贷规划、子女教育金规划、退休与养老规划、税收筹划、遗产继承规划等方面的实操和规划技能培养,因为理财技能是金融从业者的基本素养,对其品德要求更为严苛,所以在教学过程中融入思政元素,不仅能够提升课程的专业价值,也可以使学生在未来从事理财专业岗位时以高尚的道德修养和家国情怀来履行社会责任、服务客户,即使学生具备良好的职业道德和人文素养。

(二)同行调研访谈

笔者在线访谈了北京市部分高校的金融、经济和会计学院的专业教师,汇总了被访谈教师提出的金融经济类课程中的思政元素,并进行了归类整理,见表1。

表1 金融类课程中的思政元素

类型	课程思政元素
专业伦理	金融职业素养、职业规划、职业认同、精益求精
道德修养	金钱观、理性消费观、诚信、奉献、热诚服务
人格素养	心理健康、珍爱生命、抗压、风险意识、求真务实
家国情怀	社会主义核心价值观、传统文化、理想信念、遵纪守法
人文修养	团结协作、创业创新、辩证思维、开拓进取、恒心毅力

(三)教学过程设计

在教学设计中,结合教学内容,自然融入思政元素,并应用雨课堂智慧教学工具,巧妙设计教学内容,以"退休养老规划"课程设计为案例,融入思政元素,包括孝敬老人、提高养老风险意识、关爱老人、为应对老龄风险

提早规划养老方案的意识等思政元素（见表2）。

表2 "退休养老规划"课程设计与思政元素设计

序号	教学过程设计	思政元素	时间分配
1	课前准备： 上课前，教师打开多媒体课件，登录雨课堂，学生扫码签到，进入雨课堂智慧教学系统	遵守纪律、规则意识	3分钟
2	课程情景导入： 教师简要回顾上节课的内容和学生提交到在线教学讨论区中的作业，针对退休养老规划的视频内容，利用雨课堂提问，启发式导入，使学生认识我国的人口老龄化国情，认识退休规划的意义，熟知退休规划流程	社会责任、职业道德、专业认同、爱国情怀	10分钟
3	引导访谈节目编剧准备： 小组在雨课堂在线退休养老规划案例资料库中自主选择一个家庭案例，小组成员分工，分别扮演《天天理财》节目主持人、理财师、两位有退休养老规划需求的客户，并进行角色演练，自己编写演示台词和内容，开展演练	危机风险意识、制度自信、敬孝老人、社会责任	15分钟
4	学生访谈节目展示： 分小组对排演的退休养老规划访谈节目进行展示，全体学生认真观看，并在雨课堂投票选出最佳表演者，教师对每组学生的演示内容进行点评和分享	制度自信、职业责任、法律规范	15分钟
5	课程总结： 教师对退休养老规划访谈节目和学生的展示进行总结，雨课堂系统自动评选当节课最佳学员，即为当天的最佳理财师，教师为其颁发小礼品，课堂上师生互动良好，全体学生积极参与。课后提供家庭案例，学生可二选一，开展实训演练	尊敬老人、社会主义核心价值观、职业规范	5分钟

（四）教学内容设计

教学内容设计分为课前慕课预习、课间节目演示和课后调研咨询三个环节，将财经基础素养培育和理财知识应用能力培养有机结合，每节课前，用学堂在线公告通知学生预习慕课的课程内容；课堂教学以"天天理财演播室"

为载体，学生分小组自编自演电视访谈节目，自主选择扮演财经节目主持人、专业理财师、有理财需求的客户等角色，将当天学习的理财规划知识融入访谈节目中，既可以提升学生的应用能力和语言表达能力，又能为发挥学生的创新能力提供平台。教学内容设计如图 3 所示。

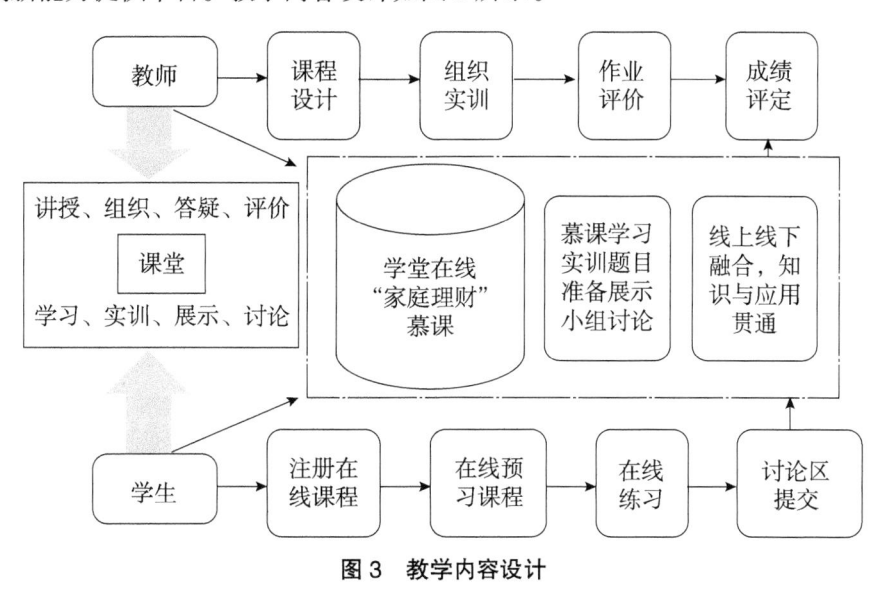

图 3 教学内容设计

教学内容的设计，应结合内容融入思政元素，主要包括树立正确的金钱观和消费观、诚信、风险意识，遵守规则、金融职业认同、精诚服务等。

（五）教学评估设计

"家庭理财"课程成绩由三部分组成，注重过程和参与度考核，其中也融入了思政元素，包括团队合作意识、诚信、思辨、抗压逆行等。（1）课前，教师通过雨课堂公告、课程微信群等推送下次课程的视频内容、课程计划、需要查阅准备的资料等，学生预习视频课程，雨课堂会显示学生的预习进度，占成绩的 20%；（2）课堂上，利用雨课堂扫码签到、弹幕留言、回答问题、选优投票等，经学生小组讨论、理财访谈节目展示，结合学生投票情况，评选出最佳理财师，占总成绩的 30%；（3）期末，教师根据课程内容，为学生设计家庭理财规划方案的思路和内容提纲，学生可以选择某家庭的具体内容制订理财方案，提交家庭理财专项方案或总体规划方案，占总成绩的 50%；教师也可以重点考查理财技能应用为目标，通过开卷考试的方式，考查学生的理财技能，试卷成绩占总成绩的 50%。

三、家庭理财课程思政教学路径

（一）教师要努力提升自身思政水平

立德育人是教师的天职，在教学过程中融入思政元素，要求教师自身具有过硬的思政素质和道德品质，以习近平新时代中国特色社会主义思想武装自己，对教学课程和学生心怀无限热情与钟爱，做学生的人生导师和道德楷模，有坚定的理想信念和扎实的学识，更要有仁爱之心；教师应勤勉努力，不断追求学术高度、提升道德素养，成为学生人生道路的引路人和道德的追溯者，这也是教学思政水平不断提升的基本要求。教师的最大影响力在于其对学生人生的影响，帮助他们完善知识体系、塑造性格，关注他们的成长，让学生懂得奉献、体味价值，培养出更多能够超越自己的人。

（二）课程思政融入线上线下混合式教学改革

通过线上线下混合教学，"家庭理财"课程以"天天理财演播室"为载体，学生分小组进行课堂讨论，带任务演角色，自编自演理财访谈节目，在教师的指导下，参与理财实训的设计和方案实施，以理财师等角色完成课程学习任务，教学方式开放自主，让学生充满好奇，符合学生的偏好，体现了以学生为中心的自主学习理念。在家庭保险规划教学中，让学生设计展示保险草帽图（见图4），其中的思政元素，如教育期依靠父母完成学业，将来要回报敬孝父母；储备养老金，假设有30年退休期，每天三餐的伙食费基本支出为60元，那么仅餐费支出就超过65万元，如果再考虑物价上涨因素和高龄失能的医疗费用，那么退休期充足的养老金储备就成为老年人拥有品质生活的基本保障，因此要融入风险意识、孝老敬老、家国情怀等思政元素。

（三）创新多元思政教学方式

家庭理财课程应贯彻落实习近平总书记关于注重家风、家教、家庭建设的重要指示精神，教学过程中注重学生的财商和道德教育，始终贯穿勤俭持家、勤劳致富、理性消费的理念，杜绝一夜暴富的想法和盲目跟风投资的不良行为；课程内容也应符合中华女子学院家庭学科特色专业的发展方向，形成家庭理财技能和家国情怀培育的完整体系；课程实行线上线下混合式教学模式，线上学视频内容，线下进行理财内容讨论或节目演示，通过雨课堂等新型教学方式，让学生积极参与其中，改变传统灌输式教学模式，解决学生不积极参与课程的难题，使课堂不再沉默，学生不再走神。事实证明，雨课堂的扫码签到、弹幕发言、在线答题、随机点名、投票选优等多种功能都深受学生喜爱。课程结束后，雨课堂系统会自动评选优秀学员，教师为"最佳理财师"发放小礼品，激发其参与积极性，师生互动良好，教学效果显著。应用智慧教学手段，线上线下融合，通过课前预习、课堂演示、课后实训，让学生忙起来，让教师成为课堂的设计者和导演，师生间互动交流更加充分，学生的积极性和创新性也得到了充分的发挥。

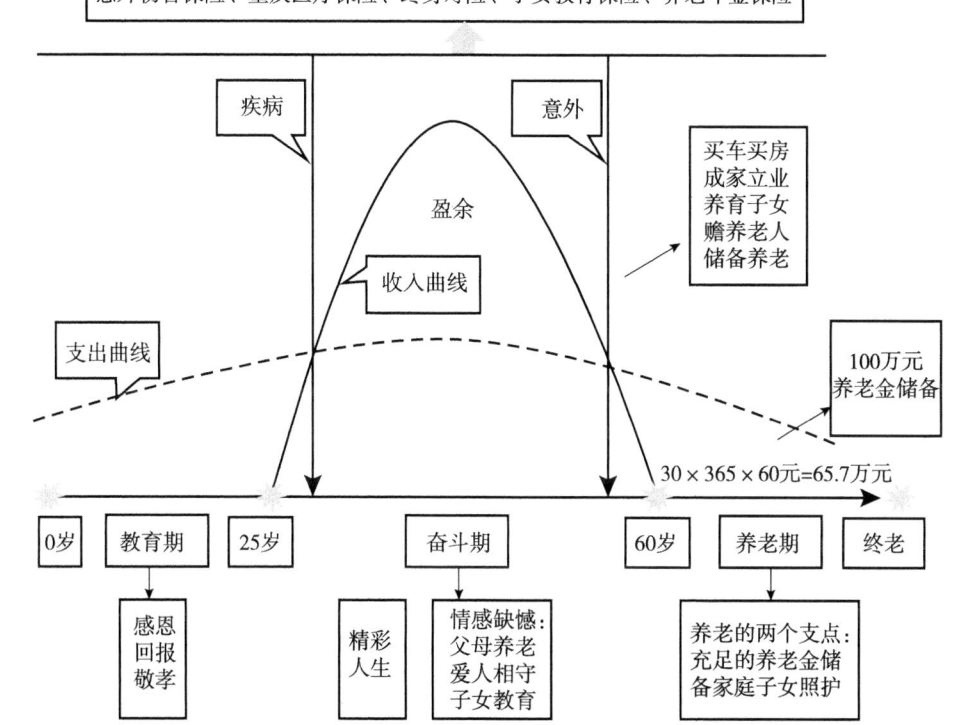

图4 保险草帽图

参考文献

[1] 习近平.把思想政治工作贯穿教育教学全过程[EB/OL].（2016-12-08）[2024-02-03]. http://www.xinhuanet.com/politics/2016-12/08/c_1120082577.htm.

[2] 王尧.再论课程思政：概念、认识与实践[J].中国大学教学，2022（7）：

4-9.

[3] 张艳英. 高职金融《个人理财实务》课程思政协同育人探析 [J]. 高教学刊，2020（19）：193-196.

[4] 林妍梅，李雅宁，赵睿. 基于OBE理念的专业思政探索与实践：以北京联合大学金融学专业为例 [J]. 北京联合大学学报，2021，35（3）：21-27.

[5] 王东清，刘静静，刘华南，等. 基于协同育人理念下会计专业课程思政教学的探索与实践 [J]. 经济师，2020（10）：201-203.

[6] 王媛. 投资理财课程思政教学设计 [J]. 安徽水利水电职业技术学院学报，2022，22（3）：74-76.

[7] 陈小小. 课程思政在《金融服务营销》技能训练教学中的设计与运用 [J]. 经济师，2022（6）：163-165.

[8] 陈建中. 基金管理课程思政教学设计 [J]. 高教学刊，2022，8（19）：174-177，181.

[9] 张晋，马庆发. 高职实践教学的理论基础研究 [J]. 河北师范大学学报（教育科学版），2008（1）：127-131.

[10] 陶琳瑶. 融入思政元素的金融学专业实训课程教学研究：以理财业务综合实训课程为例 [J]. 对外经贸，2020（8）：137-139.

[11] 皮亚杰. 结构主义 [M]. 倪连生，译. 北京：商务印书馆.

课程思政视域下"财政学"教学改革的实践与探索

中华女子学院管理学院 国晓丽

摘要： "财政学"是经济管理类本科专业的一门专业基础课程，其本身蕴含着天然的思政元素。为了更好地发挥课程思政的作用，围绕课程思政元素挖掘与课程思政建设、课程思政实施与保障，中华女子学院金融学专业"财政学"课程开展了集课程内容—教学方法—考核方式三位一体的教学改革探索：一是在课程目标中融入思政元素；二是课程思政元素挖掘与课程设计；三是借助项目教学法、强化体验式学习，促进课程思政作用充分发挥；四是改革传统考核方式，突出对学生参与能力的过程考核，以保障课程思政作用的有效发挥。

关键词： 课程思政　财政学　教学改革　项目教学法

基金项目： 本论文为中华女子学院 2020 年度"本科教学改革创新项目"校级立项"课程思政视域下《财政学》教学改革的实践与探索"的研究成果。

2016 年 12 月，习近平总书记在全国高校思想政治工作会议上强调："要坚持把立德树人作为中心环节，把思想政治工作贯穿教育教学全过程，实现全程育人、全方位育人，努力开创我国高等教育事业发展新局面。"[1] 开展课程思政，对于实现专业课程与思政理论课同向同行和协同效应具有重要意义。2020 年 5 月，教育部印发了《高等学校课程思政建设指导纲要》，对课程思政建设提出了明确的指导意见，各地高校已深入开展课程思政建设。

"财政学"课程是经济管理类本科专业的一门专业基础课程，财政学研究的是以国家或政府为主体的经济行为，通过财政理论基础、财政支出、财政收入、财政管理与政策的框架结构来阐述公共财政的基本知识、基本技能与基本理论，既属于宏观经济范畴，又与政治问题有关。作为国家治理体系的基础和重要支柱，财政发挥着"定海神针"的作用。该课程本身即蕴含着天然的思政元素。因此，在财政学课程教学中，应结合我国国情，根据时代背景和政策形势，扎根中国大地教学事业，梳理我国经济社会发展过程中的制度改革和变化，充分挖掘课程中所蕴含的思政元素，与时俱进，完善教育教学理念，坚持立德树人，培养学生的社会责任感、历史使命感和经世济民的担当与爱国情怀。与传统的知识灌输方式相比，课程思政不是开设一门新的课程，而是要在教学内容、教学方法和教学考核方式等方面进行改革创新，从原来的知识传授转向知识、能力和价值观三位一体培育；从原来的以教师为中心，转向以学生为中心；从教学转向教育，通过浸润熏陶、启发引导的方式去引导学生，使学生善于思考、感悟、鉴别和体验，培养能够担负民族复兴大任的时代新人。

一、"财政学"课程目标中融入思政元素

2021年，中华女子学院启动了新一轮人才培养方案修订工作，并且围绕课程思政建设修订了课程教学大纲，强调课程建设要在以往知识目标和能力目标的基础上增加素质目标。"财政学"课程提炼了课程素质目标，强化了价值引领作用：一是引导学生观察我国的财政现象、财政问题及财政实践，深入理解财政是国家治理的基础和重要支柱，是实现全面深化改革目标的重要基础；科学的财税体制是优化资源配置、维护市场统一、促进社会公平、实现国家长治久安的制度保障等重要命题。二是提高学生对宏观经济热点问题的关注度和敏锐性，培养学生的宏观经济思维和大局观。三是通过参与社会调查或作业任务，引导学生透过财政现象探索本质规律，培养学生的实践能力和解决问题的能力及探索精神，同时深入理解国家治理与个人小我之间的关系，培养学生的家国情怀。通过分析财政治理的成效，增进学生的爱国之情，增强其民族自信心和自豪感；针对发展中存在的问题，培养学生对国家发展和社会进步的责任意识与历史使命感。

二、"财政学"课程思政元素的挖掘及内容设计

挖掘思政元素是课程思政与专业课程教学相结合的核心环节，要做好课

程思政教学改革，必须先深入挖掘该课程中的思政元素。思政元素的挖掘可以从社会主义核心价值观、社会主义市场经济理论、以人民为中心的发展思想、人类命运共同体、新发展理念、大国责任、科学探索精神、生态文明建设、"四个自信"、税收法治观念、风险防范意识与底线思维等方面展开。财政学包含的主要思政元素及教学设计见表1。

表1 财政学包含的主要思政元素及教学设计

课程内容	课程思政教学设计
财政学对象与财政职能	结合身边的财政案例，正确理解"财政是国家治理的基础和重要支柱，是实现全面深化改革目标的重要基础"这一论断
财政学的基本理论问题	全面了解我国在不同发展阶段关于政府和市场关系的定位与论述，深入理解新时代背景下"让市场在资源配置中发挥决定性作用、政府更好地发挥作用"的内涵，从而进一步领会财政的本质与职能
国家预算和预算管理	通过案例介绍我国近年来在预算管理制度改革与实践中取得的成效，进一步理解"我国财政资金取之于民，用之于民，公之于民"的"阳光财政"的积极作用。通过案例+研讨的方式，让学生更好地理解新时代加快完善现代预算制度的重要意义及举措
财政支出概论	结合"公共物品""公共生产"等知识点，引导学生树立公共意识，着眼公共视角，关心公共问题，关注公共风险，研究公共决策，培养学生解决公共问题的能力以及强烈的家国情怀和社会责任感
经常性支出	通过我国财政民生性支出案例分享与财政数据变化趋势分析，了解我国在财政治理中取得的成就，借助案例分析，讲好中国故事，深入体会我国在行政管理改革、国防实力发展、教育进步、科技创新、医疗改革与发展等民生领域取得成效背后财政治理的重要作用，激发学生的爱国主义情怀，激励学生对我国民生领域问题的主动关注与思考，让学生立志努力学习，同时激发学生的使命担当与社会责任感
财政投资型支出	1. 我国已成为具有全球影响力的基础设施大国，通过基础设施领域已取得的成绩，培养学生的民族自豪感、坚定"四个自信"，面对新形势、新挑战，使学生树立充分运用新科技加快建设现代化基础设施体系的决心，培养学生的科学探索精神 2. 将"三农"问题纳入乡村振兴战略统筹规划，通过财政支农、财政促进乡村振兴的战略措施的发力，实现巩固拓展脱贫攻坚成果同乡村振兴的有效衔接，缓解人民日益增长的美好生活需要和不平衡不充分的发展之间的矛盾，最终实现共同富裕 3. 财政支持生态文明建设，打造绿水青山的美丽中国，力争在21世纪中叶，建成富强民主文明和谐美丽的社会主义现代化强国

续表

课程内容	课程思政教学设计
财政转移型支出	1. 系统学习我国社会保障制度体系和已取得的成就，明确社会保障制度建设的目标与方向，探索进一步完善该制度体系的基本途径，坚持以人民为中心的发展思想，满足人民不断增长的美好生活需要，切实保障人民群众社会保障基本权益的实现，并通过自己的社会调查，进一步领会"坚持以人民为中心的发展思想"背后"财政是国家治理的基础和重要支柱"的深刻内涵 2. 通过观看相关视频材料，了解我国在脱贫攻坚战中所取得的重要成就，增强民族自豪感，同时从我国脱贫攻坚战中总结中国智慧、中国方案 3. 财政补贴内容中结合新冠疫情暴发以来，我国在疫情防控等方面采取的一系列财政补贴政策及其发挥的积极作用，充分体现了社会主义制度的优越性，从而激发学生的爱国情怀和珍惜今天的美好生活而努力学习的奋斗精神
财政收入规模与构成分析	财政收入是国家财力的象征，更是经济发展的结果。通过向学生展示我国财政收入的增长、改革开放取得的伟大成就等资料，增强学生的民族自豪感，强化其对"四个自信"的理解与认同。通过对我国财政收入数据的分析，了解我国财政收入的来源和结构
税收原理	播放税收宣传片，让学生形象地理解"税收，取之于民，用之于民"的内涵，了解税收的重要作用，认识到社会主义制度的优越性和依法纳税的重要性。让学生懂得依法诚信纳税是每个公民应尽的义务，懂得"税济民生，护税强国"的道理，引导学生树立起"依法诚信纳税光荣"的理念和税收法治观念
我国现行税制	1. 通过对我国税制改革历程的介绍和视频播放，让学生理解税制改革是党和国家探索社会主义发展的步骤，增强学生的家国情怀和历史使命感 2. 熟悉我国的主要税收内容，进一步深化学生对税收本质属性的认识。充分理解进入新时代后，减税降费改革、营改增改革、个人所得税改革等税制改革的现实意义
国债和国债市场	1. 从2020年新冠疫情暴发时我国发行抗疫特别国债的案例出发，加强对国债作用的理解 2. 要特别关注国债和地方债风险问题，树立风险防范意识，坚持底线原则
财政政策	通过对不同时期我国财政政策的梳理和学习，深化学生对"财政是国家治理的基础和重要支柱"的理解，增强学生的政治觉悟和"四个自信"

三、项目教学法与体验式学习相互融合

为了拉近财政知识与学生的距离，吸引学生关注财政现象，激发他们的学习兴趣，本课程采用项目教学法，把不同的知识点转化成一个个让学生参

与完成的任务（项目），通过实际参与和体验学习，让学生更容易理解财政问题、财政现象或财政政策及其背后国家财政治理的意义，从而促进思政元素发挥"润物细无声"的作用。通常会结合课程内容给学生布置以下项目任务，供学生选择完成：

任务一"我为家乡社保做代言"：请学生查询资料、了解和熟悉自己家乡的社会保险政策（尤其是养老保险政策或者医疗保险政策，各地有差异），并选择其中一种地级市的社保政策，向当地居民调研其参加社保的意愿和参保的实际情况，了解当地社保政策中政府财政支持的情况。同时请学生以社会保险代言人的身份，向其所访谈的对象宣传该社保政策的优势和好处，特别针对未参保的居民劝说其参加社保。最后完成一篇调研报告及宣传方案。

任务二"我在北京话民生"或"我在家乡话民生"：请学生通过调查问卷或者个别访谈的形式，以北京为调研目的地，从当前学前教育资源配置、交通堵塞问题、学区房与入学难、气候问题、城乡居民社会保险参与情况、城乡居民理财观与幸福感、当地金融机构女性从业人员工作压力与幸福感、地区医疗公共卫生体系建设现状等选题中任选其一展开调查，完成"我在北京话民生"系列调查报告。根据在"财政学"课程中学习的知识，从财政视角探讨以上民生问题并做出分析、提出见解。受新冠疫情影响，学生居家上课期间，可以家乡为调研地，结合线上调研等形式完成"我在家乡话民生"系列调查。

任务三"财政支出我知道"：请学生组成学习小组从行政管理支出、国防支出、教育科技和医疗卫生支出、基础设施投资、财政在乡村振兴中的投资性支出、生态文明建设中的财政投资性支出、社会保险支出、财政扶贫支出、财政补贴九个主题中任选其一，分工合作完成主题汇报。汇报的内容要积极向上，可借助数据、案例等较好地呈现出我国政府在各个财政支出项目上的进展，体现出我国政府在财政治理中取得的成绩。同时，针对小组发现的问题进行思考并给出建设性的对策建议。要求负责汇报的学生在演讲汇报时，熟悉内容、语言流畅，呈现出自信大方、仪态得体、积极向上的精神状态。

任务四"透过发票看税收"：请学生准备一张电子发票或纸质版发票，将其拍照后提交，并根据在"财政学"课程中学到的知识，介绍这张发票中包含哪些税收知识。

上述项目任务可以锻炼学生的专业能力和综合能力，通过完成课外项目任务，可以调动学生在课堂内外的参与积极性，大大提升学生的参与度，将项目学习体验内化为学生自己的感受与行动、责任与动力。

四、改革考核方式，突出对学生参与能力的过程考核

课程考核采用形成性考核与终结性考核相结合的方式。形成性考核即平时考核的比重要提高，将雨课堂平台作为学生平时成绩的主要评定依据之一，不仅包括课堂出勤情况、材料自学情况、案例讨论参与情况、小组及个人任务完成情况等，还包括个人表现与纪律、课堂汇报展示等，形成性考核占课程总成绩的50%。终结性考核即期末考核，是指期末笔试考试或者完成一份结课调研报告，是对学生本课程所学内容的掌握程度进行的考核，或对通过调查实践、运用财政学的理论和知识解决现实问题的能力进行考查，期末考核中适当增加专业知识与课程思政结合的题目，共占总成绩的50%。

总之，大学生正处在成长的关键时期，知识体系正在被逐渐搭建，价值观正在成型，情感、心理日趋成熟，亟须教师的正确引导。教师要因地制宜地挖掘和融入适合学生的课程思政资源，不断提高教学质量和效果，实现立德树人的目标，真正做到为党育人、为国育才。

参考文献

[1] 习近平：把思想政治工作贯穿教育教学全过程 [EB/OL].（2016-12-08）[2024-02-03]. http://www.xinhuanet.com/politics/2016-12/08/c_1120082577.htm.

[2] 樊丽明. 财政学类专业课程思政建设的四个重点问题 [J]. 中国高教研究，2020（9）：4-8.

[3] 章晓雯. 课程思政在高校财政学教学中的融入探讨 [J]. 产业与科技论坛，2021（22）：188-189.

[4] 王娣. 基于创新意识的高校财政学课程建设与优化探索 [J]. 上海商业，2021（5）：161-163.

思政元素融入大学数学课程的思考与实践
——以"微积分学"课程为例

中华女子学院数据科学与信息技术学院　李静澎

摘要： 本文基于对大学数学课程特点的分析，指出将思政元素融入数学课程的必要性，分析了思政元素融入数学课程的主要路径，并列举了部分案例。以讲授微积分学的课程思政实践为例，分析了课程思政的效果和作用，得出的结论可为教学实践提供一定的参考。

关键词： 课程思政　大学数学　探索与实践

一、引言

2016年12月，习近平总书记在全国高校思想政治工作会议上强调："高校思想政治工作关系高校培养什么样的人、如何培养人以及为谁培养人这个根本问题。要坚持把立德树人作为中心环节，把思想政治工作贯穿教育教学全过程，实现全程育人、全方位育人，努力开创我国高等教育事业发展新局面。"[1]育德与育才的辩证统一是学校教育中无法回避的问题，课堂教学作为面向学生的主渠道，应与思想政治理论课同向同行，形成协同效应；挖掘每一门课程背后所蕴含的思政元素，对于落实立德树人根本任务、实现价值引领具有积极意义。[2]

二、大学数学课程的特点以及融入思政元素的必要性

数学课程是高校开设的公共基础课程之一，也是很多专业的基础课，其重要性不言而喻。大学数学课程的内容宽泛，非数学专业的学生，可依据其

专业设置,学习微积分、线性代数、概率论等课程,并可根据专业需要进一步了解离散数学、微分方程、统计分析等更为细分的课程。大学数学课程具有以下特点。

(一)开始时间早、持续时间长

数学课程作为新生课程,往往在入学之初就已进入学生视野;学习数学课程的时间短则一学期,长则要延续到大学三年级(多为理工科学生)。课程的基础性和持续性一方面与其本身的递进性有关,例如,概率论知识的学习需要有一定的微积分学基础才能开展;另一方面也与专业课程的需求有关,例如,经济管理专业的学生学习经济学的理论也需要具备一定的微积分知识储备。大学阶段是人生观、世界观和价值观形成的关键阶段,新生进入大学学习,需要转变身份,适应大学学习与生活的节奏,但他们的思维与人格品质仍然不够成熟,面对外部环境的变化和复杂性,容易感到迷茫甚至迷失方向。大学数学课程伴随着新生转变适应的过程而开展,其虽与高中数学课程有所衔接,但在知识侧重点、教学方法、学生学习方式的要求上存在一定差异,在这一阶段将正确价值观、理性思考、哲学思维等思政元素恰当地融入数学课堂,将对学生树立正确的价值观念、调整学习状态、把握学习节奏产生正向的引导作用。

(二)专业支撑性强、应用范围广泛

从知识储备的角度看,数学课程的理论、思路和方法是后续很多专业课程的基础,对各专业的课程学习具有积极的支撑作用,而数学学科本身蕴含的理性、逻辑、严谨、思辨的特质和结构化、步骤化的思维方式,对于各专业学生学习专业知识无疑也具有正向的影响;从应用范畴的角度看,学生需要利用其所接触和积累的数学知识搭建研究框架、分析数据、构建模型等,显然具有广泛的应用范围。引入思政元素后的数学课程,可突出数学与科研前沿、社会经济生活、各行业专业领域的相关性,这既能增进学生对专业的把握,又可加深其对数学学科的认识。

(三)高度的抽象性、逻辑的严密性

抽象与严谨是数学学科的显著特点,大学数学课程则体现出更高程度的抽象性和逻辑的严密性,严密且高度概括的数学语言、巧妙的证明思路、严谨的推理过程、不同条件下结论的区别和联系等一一展现在数学课程中,对

学生抽象能力、逻辑思维能力的训练贯穿于课程的全过程。此时如果能把思政元素有机地融入课程教学中，既能增强数学知识的趣味性，提高学生学习数学的积极性、主动性，又可以更好地帮助学生举一反三、提升学生的思维能力，进而更有效地提升学生的综合素养。

（四）丰富的文化内涵

数学文化不仅指数学的思想、精神、方法、观点、语言，还包含数学史、数学美、数学教育、数学与人文的交叉、数学与各种文化的关系。[3]大学数学课程中蕴含着丰富的文化内涵，其文化教育价值为培养学生的科学精神、人文精神和数学素养奠定了基础。[2]国内大学生大多数都经历了长达12年的基础数学教育，难免会在应试的压力下，忽视数学的文化属性，教师要打破学生长期以来将数学视为"解题训练"的惯性思维，将数学的文化属性在课堂上展示出来，这样既能更好地激发学生学习数学课程的兴趣和动力，又能引导学生领略丰富的文化内涵，最终实现数学的人文教育价值。

三、思政元素融入大学数学课程的结合点

每个学科专业的每门课程都蕴含着思政元素和育人资源，要在确保专业课程知识体系科学性和逻辑关系严密性的基础上，在遵循思政工作规律、教育教学规律、学生成长规律的前提下，把课程中蕴含的思政元素挖掘出来并融入课程教学中。[4]思政元素融入大学数学课程的路径包括如下四个方面。

（一）哲学思维的植入

数学本身就是哲学思考产生的一个重要来源，其为哲学的生存与发展提供了丰富的实践环境。[5]数学与马克思主义哲学都来源于实践并作用于客观世界，二者相互影响、相互促进。数学的发展历程深刻地诠释了"从生动的直观到抽象的思维，再从抽象的思维到实践"这一规律，与辩证唯物主义认识论的"认识从实践中产生""认识的真理性只有在实践中才能得到检验"等观点一致。

数学问题的提出往往来源于生活，以微积分学为例，导数概念的产生即与变速运动质点的瞬时速度和曲线切线斜率问题有关，在探索求解实际问题的过程中，数学家将其抽象化为数学问题，最终这些数学的概念和方法仍将被用于解决实际问题。

许多基本的数学概念和方法都蕴含着丰富的哲学思想，例如，在极限知识点中描述极限的定义时，往往需要从感性的认识、具体例子的推演、数学分析的语言、几何形态的描述等几个方面去反复释义，让学生对不断逼近、有限的变化、无限的变化进行深入的思考，逐步加深对极限定义的理解。这一过程中蕴含着有限与无限的对立统一、量变到质变的辩证规律等深刻的哲学思想。通过课程讲授所传递出的哲学思想，有助于使学生对哲学的辩证规律有进一步的认识和理解，提升学生的辩证思维能力，帮助学生树立辩证唯物主义的世界观，并形成其方法论。

（二）数学文化的融入

学生对数学知识的理解不应只包含学习数学知识的经验，而应建立在其具有的全部经验的基础上，数学知识经验和其他各种经验经过整合，并且有机地联系在一起，就形成了个性化的知识。在数学学习中，学生获得的不仅是显性的数学符号、法则，也包括隐性的精神、思想、方法和价值观念，后者服务于人的个性的不断成长。[6] 由此可见，学习数学的过程，也可以成为接收数学所蕴含的丰富文化内涵的过程，主要有以下途径：

1. 数学史的嵌入

在课程中嵌入数学史的知识，既可以让学生更好地理解数学的概念和方法，又可以追溯数学工作者研究数学的历史过程所处的背景、对人类社会的影响等，将新知识的学习放在历史背景中展开，既可增强学生学习知识的兴趣，又可引发其对相关历史背景的思考，达到滋养其人文素养的目的。

例如，讲授导数的概念时，往往会引入牛顿和莱布尼茨发现导数的过程，体现出"数学来源于生活""数学与实践之间的密切联系"；与此同时，教师可进一步介绍"微积分发明权之争"的历史，指出牛顿的拥护者否认牛顿与莱布尼茨对微积分发明的独立贡献，坚持认为是莱布尼茨剽窃了牛顿的研究成果，对牛顿的盲目崇拜、对英国数学在国际地位上的盲目自信，导致英国数学故步自封的历史背景[7]，在引起学生对导数概念的兴趣的同时，也可引发其对这一段历史中所折射出来的盲目、狭隘的民族主义所带来的负面影响的思考。

2. 数学美的展现

数学类课程中充满着美的要素，概念之严谨、公式之简洁、定理之深刻、图形之匀称、理论之和谐、应用之广泛，都充分展示着数学之美。[8] 无论是心形线、星形线、螺旋线、马鞍面等数学图像所呈现出来的直观上的美感，还是莫比乌斯带、斐波那契数列、黄金分割比等具有完美特征、让人忍不住发出惊叹的数学现象，抑或简洁的公式、严谨的定理，都在展现数学的美感。教师可结合所讲授内容，向学生展示与数学之美有关的案例，这既可以激发学生的兴趣，又可以让学生在课堂中体会到数学之美的含义，提升学生的审美能力，从而获得感性与理性兼具的审美感受。

例如，在讲授极限的定义时，从描述性的定义到用魏尔斯特拉斯的定义，学生可以从中感受到数学的简洁之美；在讲授微分中值定理时，从罗尔定理、拉格朗日中值定理到柯西中值定理，教师可以分析三个定理之间包含与推广的关系，向学生展示数学定理之间的和谐之美；而对于多元函数微积分学部分，则可以通过引入空间图形的实例，如广州塔"小蛮腰"（单叶双曲面）、广州星海音乐厅的屋顶（双曲抛物面），让学生直观地感受数学图形的美感及其在社会生活中的广泛应用。

（三）对专业知识、生活实践的支撑

专业领域的知识、专业的应用前景等涉及专业的内容无疑是在校学生最为关注的问题，经过大学阶段的学习，学生终将迈入社会，将所学的专业知识应用于其工作和生活实际中。长期以来，受应试思维的影响，一些学生对数学学科的认识还停留在其"工具性"上，枯燥乏味的"刷题"模式让学生对数学的学习失去了兴趣，进入大学后，一些学生对数学课程学习的必要性持怀疑态度，认为只要专业课程过关，数学课程就无足轻重；另有一种看法是摆脱高考即是摆脱了数学，数学只是高度抽象的数字游戏，与日常生活并无关系。而实际上，数学，尤其是大学阶段的数学课程，对学生专业课程的学习以及进一步深造的支撑作用是不容忽视的。因此，教师需要在教学过程中将这一观念传递给学生，一是调整学生对数学课程的态度，使其正确理解教学课程对专业课程的支撑作用；二是开阔学生对数学应用范围的思路，将实际应用问题转化为数学模型问题，改变学生对数学学科的认知。

数学课程中的很多知识点都与专业领域有关：经济学中的均衡价格、边际成本、边际利润、需求价格弹性等概念与函数及其导数有关；社会经济问题中的评价模型需要基于指标体系，并采用一定的赋权方法才能展开评价；定性数据的分析离不开对均值和方差的理解；而定性描述向定量数据的转化无疑需要数学概念和方法的帮助。生活中的现象与问题的解释及解决同样离不开

数学，如与人们生活密切相关的房价拐点等问题，只有建立在对"拐点"这一概念正确解读和认知的基础上，才能突破认知的盲区，避免自以为是的理解。

（四）价值观的塑造

大学时期是塑造学生世界观、人生观、价值观的重要阶段。当今社会复杂深刻的国际形势、多元文化思潮的冲击，导致大学生接收信息的渠道广、速度快，因此有必要在课堂教学的过程中，将爱国、敬业、诚信、友善等社会主义核心价值观的内涵融入其中，让学生接受正确的思想引领。教师可结合课程内容，挖掘有益于学生价值观塑造的元素，具体包括以下三个方面。

1.民族自豪感、爱国情怀与文化自信

中国古代数学的辉煌成就、古典文学中蕴含的数学思想、当代中国科技取得的成就背后不乏数学的身影……这些案例都可以被恰当地融入教学中，以提升学生的民族自豪感、责任感，激发其爱国情怀，增强其文化自信。

例如，在讲授极限的概念时，可以引入刘徽的割圆术以及祖冲之在此基础上计算圆周率的故事，同时指出这一成就比法国数学家韦达的成果早一千多年；讲授定积分时，可以引入祖暅利用刘徽的"牟合方盖"理论计算体积，并提出了著名的祖暅定理——"缘幂势既同，则积不容异"，这比意大利数学家卡瓦列里提出的卡瓦列里原理早一千年。中国高铁的快速发展是国人引以为傲的资本之一，而高铁的平稳运行离不开"曲率"的概念。此外，在航空航天、信息技术、材料科学等领域，都离不开数学的贡献。而著名的诗句"孤帆远影碧空尽，唯见长江天际流"则实现了文学与极限思想的完美结合。

2.理性、客观与诚信的态度

严密的逻辑性是数学的特点，数学课程的学习对于引导学生理性思考、在纷繁复杂的信息面前保持客观性具有积极的作用，如果能结合生活实际，进一步引发学生的思考，对于塑造其科学诚信的价值观会更为有益。

例如，微积分中的第二个重要极限揭示了连续复利模型的含义，教师可以在对该知识点进行讲解的过程中，引入当前消费贷、校园贷陷阱频发的社会现象，揭露其背后高利率与高风险的隐患，引导学生树立正确的消费观，避免其落入高息贷款的陷阱。在讲授极限计算的著名方法——洛必达法则时，则可以适时引入洛必达法则发现背后的故事，向学生介绍该法则实际上是由约翰·伯努利发现，但最终被命名为洛必达法则的缘由，由此引导学生关注学术诚信问题。

3.勇于创新、敢于面对挫折、不懈求真的精神

数学知识的呈现蕴含着很多做人的道理,只需在课堂教学的过程中稍作提示,即可达到育人的目的。新思路、新方法的提出,即可凸显创新精神的重要性。例如,在引入定积分概念时,通过"分割(化整为小)、近似(以直代曲)、求和(化小为整)、取极限(精确化)",可以引导学生用所学知识解决新问题,以此来培养其创新意识;借助数学概念,可以引导学生端正态度,勇于接受挑战,敢于面对挫折。例如,在讲到极值的概念时,可以指出极值如同人生起落,要正确看待人生的每个阶段,遇到挫折时不要悲观绝望,取得成绩时不要骄傲自满,因为无论低谷还是顶峰,都是新起点。数学计算追求严谨,必须考虑全面,否则将"失之毫厘,谬以千里",以此来鼓励学生不懈求真。

四、微积分学课程教学中融入思政元素的探索与实践

在课程中融入思政元素,既要尊重学科的特征,又要符合学生的特点,尊重学生的需求。在教学实践的过程中,为了更好地了解学生的状态,以及学生对于学科的认知水平,衡量思政元素对学生的影响,笔者以自己所讲授的微积分学课程为例,采用调查问卷的形式,对所教班级学生展开调研。

(一)调研数据基本情况

笔者目前讲授三个专业,其中有两门涉及微积分学的数学课程,分别是人力资源管理专业本科、会计专业本科的"经济数学"和数字媒体技术专业的"高等数学Ⅰ",学生人数共计120人,利用"问卷星"软件在学生微信群中发放问卷,最终回收问卷112份。

(二)调研内容及反馈

1.学生对数学课程的认识

这一部分主要包括两个模块:一是学生对数学学科特点的认识,包括数学学科的特征,数学与生活、专业的关系;二是学生对数学学习的感受,包括是否有信心、既往的数学学习中有何经验、目前学习中存在的困难,其中经验和困难部分主要为教师教学过程提供参考,其内容本文不再赘述。

(1)学生对数学学科特点的认知。

表1展示了学生对数学学科特点的认知,从表中可见,学生对于数学的

严谨性、抽象性、简洁有力、蕴含哲学思想、蕴含美感的认可程度普遍较高，可见经过多年数学课程的学习，学生对数学特征的认识比较清晰，只是在个别特征上的感受略有不同。

图1将持有"认同"和"非常认同"观点的数据进行了汇总，观察学生对数学特点的认可程度，从图中可以直观地看到，认可程度最高的是数学的严谨性，认可程度相对较低的是简洁有力和蕴含美感。

表1 学生对数学学科特点的认知

题目	很不认同	不认同	一般	认同	非常认同
数学具有逻辑的严谨性	0（0%）	0（0%）	2（1.79%）	39（34.82%）	71（63.39%）
数学具有抽象性	0（0%）	0（0%）	3（2.68%）	43（38.39%）	66（58.93%）
数学是简洁有力的	2（1.79%）	2（1.79%）	16（14.29%）	39（34.82%）	53（47.32%）
数学中蕴含哲学思想	0（0%）	3（2.68%）	15（13.39%）	41（36.61%）	53（47.32%）
数学中蕴含美感	2（1.79%）	2（1.79%）	15（13.39%）	41（36.61%）	52（46.43%）

说明：表中数字分别代表人数和比例。

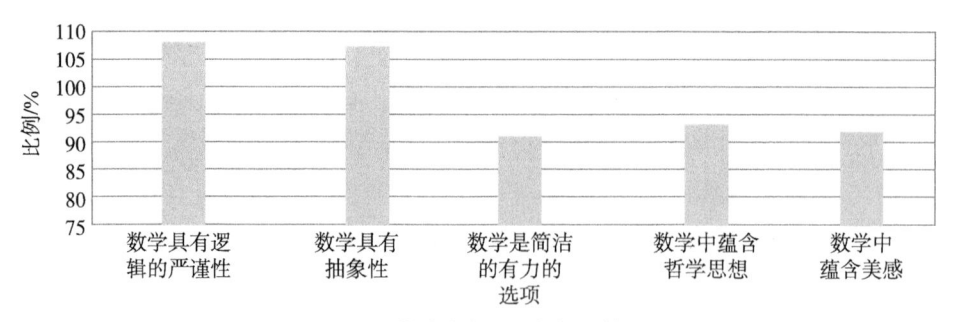

图1 学科特点认知数据比较

（2）学生对数学学科与生活、专业、工作关系的态度。

表2展示了学生对数学学科与生活、专业、工作关系的态度，与问题1大多表示认同或非常认同的统计结果不同，在对数学与生活、专业、工作等关系的态度上，有相当数量的学生持"一般"态度，这一结果提示教师需要

在课堂中注重传达数学对各学科的支持作用,从学习动机的角度去强化学生的学习意愿。

表2 学生对数学学科与生活、专业、工作关系的态度

题目	很不认同	不认同	一般	认同	非常认同
数学与我们的生活息息相关	2（1.79%）	4（3.57%）	26（23.21%）	50（44.64%）	30（26.79%）
数学与我现在的专业关系密切	0（0%）	2（1.79%）	29（25.89%）	46（41.07%）	35（31.25%）
数学与我将来的工作关系密切	1（0.89%）	6（5.36%）	36（32.14%）	43（38.39%）	26（23.21%）

（3）学生学习数学课程的信心。

图2展示了学生学习数学课程的信心状态,整体来看,大部分学生对数学课程的学习有一定的信心,非常缺乏信心和缺乏信心的学生占比为15.17%,这提示教师要注重引导,鼓励学生更多地参与课堂,课后加强对部分学生的指导,以增强学生对数学课程的信心。

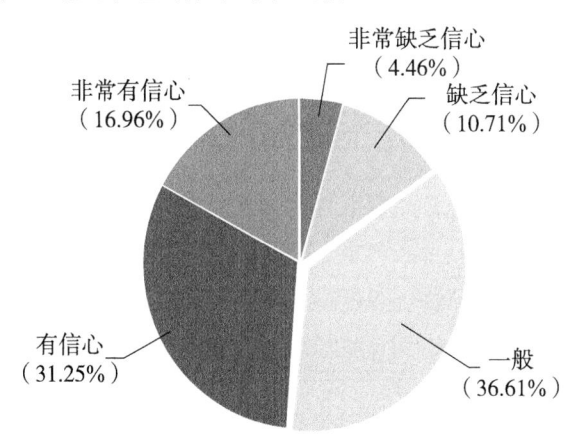

图2 学生学习数学课程的信心状态

2. 课堂融入思政元素的反馈

这一部分主要测试学生对思政元素融入微积分学课程的效果反馈。由于开学时间较短,本文仅测度了学生对"刘徽割圆术思想"案例的反馈。课堂上,教师在介绍极限的概念时引入了该案例,具体如下:

刘徽是魏晋时期伟大的数学家、中国古代数学理论的奠基人之一,公元263年,其完成了著名的《九章算术注》。这本书除了对《九章算术》的解法

给出了理论论证，还创立了"割圆术"这一新的数学方法："割之弥细，所失弥少，割之又割，以至于不可割，则与圆周合体而无所失矣。"这一方法其实就是极限思想的体现。到了南北朝时期，祖冲之在刘徽这一理论的基础上继续努力，终于将圆周率精确到了小数点以后的第七位。在西方，这个成绩是由法国数学家韦达于1593年取得的，比祖冲之晚了一千多年。

教师可以通过这一案例指出中国古代数学的辉煌成就，引发学生的民族自豪感，并进一步激励学生：作为当代大学生，要学以致用，为中华民族的伟大复兴而努力。表3列举了部分学生对"刘徽割圆术思想"案例的反馈。

表3 部分学生对"刘徽割圆术思想"案例的反馈

序号	答卷编号	反馈内容
1	3号	近似到极致可以理解为精确
2	10号	中国数学发展历史悠久且成果熠熠发光，如今也要认真学习数学
3	26号	古代的数学家很聪明，数学来源于生活
4	29号	让我知道了数学另一层面的奥秘，不只是为了学习而学习，更是为了国家的发展
5	38号	无论面对学术还是生活中的难题，我们都要去思考，培养善于思考的习惯，这样遇到难题时才会有信心去面对
6	43号	古人很有智慧，我们要继承并发扬数学精神
7	56号	凡事不应只满足于前人已有的成果，止步不前，创新意识要时刻存在于我们的头脑中
8	99号	数学的发展需要我们不断发掘，乘祖辈之先舟，行我辈之长征
9	102号	中国的数学是很厉害的，我们不会比外国人差，但是要善于动脑筋
10	112号	分得越细，越可能无限逼近，感受到了无限的极限思想

整体来看，这一案例对学生的触动比较大，一方面，学生通过教师对"割圆术"的描述对极限思想有了一定的理解；另一方面，古代数学的辉煌成就激发了学生的民族自豪感，增强了文化自信，也触动了学生的爱国情怀。可见该案例的引入较为恰当地处理了"知识""能力""情感态度和价值观"三者之间的关系，从而证实了微积分学课程思政的可行性与有效性。

综上，课程思政既是落实立德树人要求、实现"三全育人"的需要，也是学生德智体美劳全面发展的需要。本文在理论分析的基础上，以调研数据验证了课程思政实践的效果。在教学实践中，教师要持续深入挖掘思政元素，寻求思政元素与课程教学内容的有机结合点，不断提升教学品质，落实立德树人的根本任务。

参考文献

[1] 习近平：把思想政治工作贯穿教育教学全过程[EB/OL].（2016-12-08）[2024-02-03]. http://www.xinhuanet.com/politics/2016-12/08/c_1120082577.htm.

[2] 吕书强，马青华，蔡春.大学数学课程群思政建设探索[J].工业和信息化教育，2022（8）：68-71.

[3] 李雪.数学文化融入大学数学教学的初步探究[J].山东社会科学，2014（S2）：230-231.

[4] 戴少娟.高校课程思政的核心要素解构与系统集成创新[J].中国大学教学，2021（6）：58-62.

[5] 余惠霖.数学文化价值取向下微积分学中的哲学思想[J].广西社会科学，2011（8）：57-59.

[6] 谢明初.数学教育的人文追求[J].数学教育学报，2015，24（1）：6-8.

[7] 王存荣，杨苗苗.高等数学教学过程中有机融入思政元素的策略[J].高等数学研究，2022，25（5）：90-95.

[8] 李德贺，李波，张晓.思政元素融入高校数学类课程实现路径研究[J].教育理论与实践，2022，42（3）：57-60.

传统文化的家国情怀融入书法课程思政的教学设计举隅

中华女子学院国际教育学院　张　燕

摘要： 书法教育承载着传承和弘扬中华优秀文化的重任，书法家历来重视品德的修养，尤其是蕴含家国情怀的爱国心和责任感。本文以此为切入点及思政主线，探索如何将传统文化融入书法通识课程的思政建设，就其中的"君子正书，字如其人——颜真卿其人其书"一节进行教学设计，足显"显性""隐性"思政教育一体化，真正做到"有意无声"——书法课程与思政理论有目的的协同整合与浸润渗透。

关键词： 书法思政　家国情怀　有意无声

基金项目： 中华女子学院校级科研项目"中华传统文化融入女校德育工作的有效路径"（项目编号：KY2022-0304）研究成果。

一、开展书法通识课程思政的背景

"书法是中国文化的核心的核心"[1]，是复兴中华传统文化的最佳切入点，书法教育始终肩负着传承和弘扬中华优秀文化的重任[2]。书法教育已形成比较完备的高等教育体系：艺术院校、师范院校的书法专业，综合院校的书法通识教育。[3]前两者有轻"文"的问题：艺术院校注重书法的艺术化及情感的抒写，师范院校则以传授教育技能为主来培养书法教育人才，再加功利思想——入书协、入展、赚钱等，往往忽视或没有课时对"文"进行分析和把握。[4]倪文东提出，"书法教育不能把文化的根拔掉，只讲技法，不讲内涵"。[5]综合性大学为人文艺术素养相对薄弱、非艺术专业的大学生开展公共书法教育，强调核心是人文素质的提高，重在培养对书法的兴趣，以教学写字技能为辅。[6]要引进书法专业的教育和研究成果，借鉴其智慧资源和学术资源，以书法为路径深入学习传统文化，增强民族文化自信。[7]

"书为心画，字如其人"，书法家重视品德修养，通过书写技法、书者际遇人格及书作中的文学、哲理、情感、审美等方面"全息"自然地流露出"心"迹，表现在个人修为、社会责任和国家情怀等各个层面。新时代的书法教育不仅要展现民族形象、坚定文化自信[8]，还要呈现出时代性：提高个人层面的品德修养，如社会主义核心价值观中的爱国、敬业、诚信、友善；在社会层面和国家层面，强调责任和担当，表现为健全人格、社会责任和国家认同，正如习近平总书记指示的"六个下功夫"中的前三个：要在坚定理想信念上下功夫，要在厚植爱国主义情怀上下功夫，要在加强品德修养上下功夫。[9]即着重培养理想信念与爱国情怀，也就是坚定"四个自信"，增强国家认同感。[10]

中华女子学院坚持立德树人、以学生为中心、特色兴校，培养知性高雅的女大学生。为了深化思政课程改革，学校不仅出台了"思政课程改革举措及分工方案"，构建新媒体时代高校思政课"四维驱动"混合式教学模式，而且强化了每门课程的育人功能。在此背景下，笔者开设了"女书·书法"通识课程，并获评2021年北京市高校本科课程思政示范课程，教学内容之一是颜真卿的《颜勤礼碑》①。颜真卿其人爱国、其文优美、其书雄健，是书法、传统文化和德育三者融合的典范，尤能体现家国情怀（"忠"）；颜真卿还任过监察御史，这正契合新时代廉洁文化建设（"廉"），是很好的教学内容和德育素材。本文对课程中的"君子正书，字如其人——颜真卿其人其书"一节进行教学设计，将传统文化中的家国情怀融入课程思政建设，特别是"显性""隐性"思政教育一体化，做到"有意无声"——书法课程与思政理论有目的地协同整合与浸润渗透[11]。

二、"君子正书，字如其人——颜真卿其人其书"教学设计

该节教学设计的具体内容如下。

（一）教学对象

全校本科生，大二或大三年级学生。（专业背景不同）

---

① 全称为《唐故秘书省著作郎夔州都督府长史上护军颜君神道碑》，现多简称《颜勤礼碑》。

（二）教学时间

大约在整个书法课程的中间课时，学生已经学习了正书的基本特征、《颜勤礼碑》的基本笔画和结体特点等理论知识，并进行了相应笔画和字体结构的临写。

（三）教学时长

约 2 课时，理论学习和书写实践约各占 1 课时。

（四）教学内容

理论知识：颜真卿家族和本人、颜真卿书法作品及其特点、"字如其人"观点；学生实践：用所学笔法、结构、章法，集字练习"天下太平""国泰民安"等，拔高临创以"廉"为主题的作品。

（五）教学目标

加深理解颜真卿其人、其书《颜勤礼碑》的特点，理解"字如其人"观点。在理论知识方面，能掌握颜真卿其人之家国情怀（"忠"），理解"字如其人""书以人贵"的观点；在实践能力方面，能以所学书法理论和技能进行集字练习；以"廉"为主题进行练习，参加学校"学子书廉洁清气满人间"书法展。

（六）思政育人目标

用书法家的家国情怀感化学生；让学生感受"字如其人""书以人贵"的内涵，重视品德修养的锤炼；让学生在书写实践中加深对书法家的家国情怀及其字体的开阔豪放，以及中华传统文化和民族优秀品德、社会主义核心价值观的体会，并能用作品感染更多的人。

（七）教学过程

1.导入新课（见表1）

表1　导入新课的方法、目标等

主要方法	学生活动	教师活动	学习目标	时间
以旧带新	请学生回顾对颜真卿及其书法的了解	教师适当补充、点评	再次感受颜真卿其人之优秀、其书之豪放	2分钟

具体教学内容：颜真卿（709—784年），字清臣，别号应方。琅琊临沂

（今山东省临沂市）人，是中唐杰出的书法家，曾任平原太守，官至太子少师，封鲁郡公，故世称"颜平原""颜鲁公"。颜真卿是颜师古五世从孙、颜杲卿从弟，与赵孟頫、柳公权、欧阳询并称为"楷书四大家"。颜真卿的书体端庄、豪放，自成博大雄壮、气贯长虹的体势，形成以"筋"为主的"颜体"风貌，所以千余年来，其与柳公权并称"颜柳"，被世人同誉为"颜筋柳骨"，成为书坛上的经典代表。

2.讲授新课（见表2）

表2 讲授新课的方法、目标等

主要方法	学生活动	教师活动	学习目标	时间
以旧带新	讨论颜真卿生平故事、书法作品及其特点	观察并参与讨论	再次感受颜真卿其人优秀、其书豪放	5分钟
	厘清颜氏族谱，查考一门忠良之事迹	观察并参与讨论		8分钟
	分组展示讨论的结果，加深对书法家其人、其字的认识，特别是书法家之家国情怀（"忠"）	展示颜真卿各时期的作品及生平资料：《颜勤礼碑》原文图片、视频，译成白话文和小故事		10分钟
学生辩论"字如其人"观	讨论书法家的人品是否会影响其书法创作	观察并参与某组讨论	学生学会判断，生动领会书者道德品质之重要性	8分钟

具体教学内容如下：

（1）颜真卿其人之"忠"，一门忠烈、家国情怀、浩然正气感动学生。

《颜勤礼碑》[12]中记载一门忠烈："君讳勤礼，字敬，琅琊临沂人。高祖讳见远，齐御史中丞，梁武帝受禅，不食数日，一恸而绝，事见《梁》《齐》《周书》。"

族兄颜杲卿、侄子颜季明抗安史之乱，血染城池："曾孙：……杲卿，忠烈有清识吏干，累迁太常丞，摄常山太守，杀逆贼安禄山将李钦凑，开土门，擒其心手何千年、高邈，迁卫尉卿兼御史中丞。城守陷贼，东京遇害，楚毒参下，詈言不绝，赠太子太保，谥曰忠。"

真卿本人："真卿，举进士，校书郎。举文词秀逸，醴泉尉，黜陟使王铁以清白名闻。七为宪官，九为省官，荐为节度采访观察使，鲁郡公。"唐德宗建中四年（783年），淮西节度使李希烈叛乱，攻陷汝州。奸相卢杞曾说，颜真卿是"三朝旧臣，忠直刚决，名重海内，人所信服"。74岁高龄的颜真卿"不宿于家，亲党不遑告别"，他写好给家人的遗书，要他们"奉家庙，抚遗孤"。"若等闻颜常山否？吾兄也。禄山反，首举义师，后虽被执，诟贼不绝于口。吾年且八十，官太师，吾守吾节，死而后已，岂受若等胁邪！"后被缢杀，享年76岁。

（2）"字如其人""书以人贵"，启发学生重视对人品修养的锤炼。

历代书法家都对颜真卿赞誉有加。钟繇曰："笔迹者，界也；流美者，人也。"欧阳修曰："颜公书如忠臣烈士，道德君子，其端严尊重，人初见而畏之，然愈久而愈可爱也。""颜公忠义之节，皎如日月，其为人尊严刚劲，像其笔画。"[13]颜真卿被一代代人所仰慕的，是他刚烈忠正的性格。而他的字，也如他的人一样，天真、开阔、庄重、雄浑。

3. 实践练习

学中做、做中学，在书写实践中提高书法审美和表现能力，加深对中华传统文化和民族优秀品德、社会主义核心价值观的体会。

（1）用所学的笔法、结体相关知识，力所能及地进行集字练习，提高审美能力并学以致用。

学会了基本笔画和结体规律后，要求学生勤练习，要读帖、入帖。临帖有三种境界：一务求形似，二形神兼顾，三得意忘形，正如孙过庭《书谱》中所云："察之者尚精，拟之者贵似。"[14]初学者集字，可从碑帖中选出部分汉字并组成诗句、对联进行练习（见表3）。

表3　书写实践之基础的集字练习

主要方法	学生活动	教师活动	学习目标	时间
集字练习（基础书写）	以所学理论和技法进行课堂基础练习："天下太平""天下为公""中国伟大""国泰民安"等词句	提醒学生读帖"察之者尚精，拟之者贵似"	学以致用，在书法实践中深刻感受并展现书法家的家国情怀及其字体的开阔豪放	12分钟

（2）以"廉"为主题进行练习（见表4）。

以"廉"为主题进行练习，并尝试参加展览，通过书写加深对中华传统文化和民族优秀品德、社会主义核心价值观的体会，并能在书法作品中表现出来，以教育更多的人。

表4 书写实践之拔高的"廉"主题临创

主要方法	学生活动	教师活动	学习目标	时间
提升书写水平	借助字帖、"以观书法"等APP，以"廉"为主题选择词句，进行书写练习，尝试参加展览	《颜勤礼碑》中记载，真卿清白，数任监察御史。时逢学校加强廉政教育，故鼓励学生创作以"廉"为主题的作品。教师进行示范书写和讲解章法简要知识	学党史、颂党恩，展现和加深理解中华传统文化与社会主义核心价值观，并用作品感染更多的人	38分钟

4.本课小结（见表5）

表5 思考书法的美育和育人功能

主要方法	学生活动	教师活动	学习目标	时间
学生反馈	结合课堂讨论、讲授、练习，以及学生的不同观点，深入思考书法的美育功能和育人功能	教师小结，评价学生的课堂表现	通过颜真卿看《颜勤礼碑》，以《颜勤礼碑》观颜真卿，人书俱佳、相得益彰；"字如其人"观和书者品质的锤炼	7分钟

三、"君子正书，字如其人——颜真卿其人其书"教学总结和课后反思

（一）教学总结

（1）教学过程顺利，学生参与程度较高，学习兴趣浓厚，教学效果良好。

（2）理论和实践课时时间分配合理，过渡自然，教学环节完整。书写前的理论讲授提供了背景知识、情境烘托：全面深入地展现了书法家及其作品的特点，学生被书法家的英雄壮举、浩然正气所感动，自然而然地进入"字如其人"观点讨论，以及其后的书写练习。

（3）理论知识的安排符合逻辑顺序，书写实践尊重学生个体差异、因材

施教，练习分基础和拔高两个层次。

（4）课堂以学生为中心，不是教师填鸭式地讲授，而是采取师生讨论、生生讨论与分享的形式，培养学生阅读文献、思考问题、自我判断、组织语言、表达自我的能力。

（5）发挥学生的主动性、积极性，教师只起辅助作用，仅提供文献、电子资源及书写技法等必要的知识和示范。

（二）课后反思

1. 亮点与创新点

（1）将书法的美育和育人功能融入课程知识中，以知识讲授为基础、价值引领为导向、能力培养为目标，灵活运用师生、生生讨论，采用文献和故事相结合、练习和辅导并行等形式，丰富教学手段，提高学生的课堂参与度和书写积极性，进而在课程内容中融入立德树人、课程思政的教学目标。

（2）思政融入做到了三个点：融合点、动情点、切入点，适用、适当、适时地将德育、美育元素润物细无声地融入课堂。其一，融合点，家国情怀"忠"与理论知识契合度高；其二，动情点，一门忠烈、英雄义举引起学生的情感共鸣，触动其灵魂，启迪其思维，使其自然地思考"字如其人"观；其三，切入点，在知识和情感饱满的前提下，将书法家数任监察御史、为官清白和当下进行的廉政教育巧妙结合，鼓励学生进行拔高练习，以及廉洁词句临创。

2. 需要注意的问题

学生来自不同专业，其阅读文献能力、书写能力不一。理论讲解需要结合实际，抓要点、加案例，变枯燥文献为有趣的小故事，以吸引和感染学生。教师应多示范、个别辅导，多提供审美理论和书写实践支持。正如习近平总书记在全国高校思想政治工作会议上强调的："要遵循思想政治工作规律，遵循教书育人规律，遵循学生成长规律，不断提高工作能力和水平。"[15]

我们应牢记习近平总书记关于教育"政治性、人民性、方向性、系统性、实践性、科学性"的论述，理解教育工作最大的任务就是坚持党的全面领导，明确社会主义办学方向是我国教育最鲜明的底色，办令人民满意的教育。牢记"立德树人、为党育人、为国育才"使命，深入思考"为谁培养人""培养什么人""如何培养人"等问题，结合新文科的要求，积极探索、实践，努力培养德智体美劳全面发展的社会主义建设者和接班人。

参考文献

[1] 熊秉明. 书法与中国文化[M]. 北京：文汇出版社，1999：5.

[2] 杨飒. 书法进校园仅仅练字，远远不够[N/OL].（2021-07-13）[2024-03-24]. https://epaper.gmw.cn/gmrb/html/2021-07/13/nw.D110000gmrb 20210713_1-13.htm.

[3] 邸楚雯. 文化传承视角下高等书法教育的发展现状与思考[J]. 青少年书法（青年版），2021（4）：64-66.

[4] 黄汝婷. 从文化自信看高校思政教育新命题：以纳入书法文化教育为例[J]. 文教资料，2020（18）：82-83.

[5] 倪文东. 高等书法教育的问题与初心[J]. 中国艺术，2017（3）：22-25.

[6] 马永明. 关于开展高校公共书法艺术教育的几点思考[J]. 陕西教育（高教），2020（4）：74-75.

[7] 沈浩. 薪火传承：书法社会大教育体系的构建[J]. 中国书法，2020（4）：155，156-159.

[8] 孙晓云. 坚定文化自信 传承民族智慧[J]. 中国书法，2018（1）：137-138.

[9] 习近平：坚持中国特色社会主义教育发展道路 培养德智体美劳全面发展的社会主义建设者和接班人[EB/OL].（2018-09-10）[2024-02-03]. http://www.xinhuanet.com/politics/leaders/2018-09/10/c_1123408400.htm.

[10] 耿国华. 浅论"立德树人"如何在中小学书法教学中落地[J]. 书法教育，2021（1）：1-6.

[11] 陈文龙，刘严文俊. 书法专业"课程思政"理念实践的条件和资源[J]. 大学（思政教研），2021（4）：97-99.

[12] 颜真卿. 唐颜真卿书颜勤礼碑[M]. 北京：文物出版社，1991.

[13] 朱关田. 中国书法史[M]. 南京：江苏教育出版社，1999：158.

[14] 孙过庭. 书谱[M]// 孙宝文. 长春：吉林文史出版社，2009.

[15] 习近平：把思想政治工作贯穿教育教学全过程[EB/OL].（2016-12-08）[2024-02-03]. http://www.xinhuanet.com/politics/2016-12/08/c_1120082577.htm.

基于项目式教学的课程思政教学改革探索

——以"社区工作"课程为例

中华女子学院社会工作学院　李　敏

摘要：课程思政教学改革是"大思政"格局的重要组成部分。"社区工作"课程实施项目式教学，通过理论学习、社区实践、汇报交流三个环节展开。基于项目式教学开展思政建设的优势主要体现在注重实践教学，发挥育人功能；探索本土经验，培养社会责任；关注现实焦点，实现价值引领。课程通过总体科学设计、修订教学大纲、改革教学模式、创新教学方法、改进教学管理、完善考评机制等方式，全方位、多渠道地开展课程思政教学改革，在课程建设、教师发展、学生成长、社区服务以及课程影响等方面取得了较好的成效。

关键词：课程思政　项目式教学　社区工作

一、研究背景

习近平总书记在全国高校思想政治工作会议上明确指出："高校立身之本在于立德树人，要坚持把立德树人作为中心环节，把思想政治工作贯穿教育教学全过程，实现全程育人、全方位育人。"[1]2020年5月，教育部颁布了《高等学校课程思政建设指导纲要》（以下简称《纲要》），提出把思想政治教育贯穿人才培养体系，全面推进高校课程思政建设，充分发挥每门课程的育人作用。《纲要》为高校各专业的课程思政建设指明了方向。

基于中华女子学院致力于培养具有"四自"精神、社会性别意识、公益意识、创新能力和国际视野的知性、高雅的应用型女性人才，社会工作专业将专业培养目标确定为培养秉持社会工作专业价值观，遵守专业伦理，具备社会工作专业素质，掌握社会工作专业知识，拥有社会工作专业服务能力和创新能力、国际视野，能够在党政机关、企事业单位以及社会团体、社区、社会组织中从事与妇女、儿童、家庭相关的专业性工作，提供社会服务、进行社会福利管理的知性、高雅的应用型女性人才。在专业人才培养中，始终突出课程思政的核心地位，融入社会主义核心价值观与社会工作专业理念，培养学生的家国情怀、文化自觉、公平公正理念及助人精神等。这与"课程思政"改革的"全方位育人"目标不谋而合。

"社区工作"课程是我国教育部规定的社会工作专业的核心主干课程之一。作为国际上公认的专业社会工作三大方法之一的社区工作，肩负着培养未来专业社会工作者和一线社区工作专业人才的双重责任。特别是在新时代社区治理创新背景下，课程的思政建设水平直接影响未来专业人才的世界观、人生观和价值观。"社区工作"是实务性课程，应结合课程特点与学生需求，以激发学生对课程思政的学习兴趣、引导深入思考、丰富学习体验与提升学习效果为指向，课程应实施"项目式教学"，通过理论学习、社区实践、汇报交流三个环节展开。在开展社区漫步、社区探访、社区调查、社区服务等社区实践中，认真探索"为何服务""为谁服务"以及"怎样服务"等实践中常见的困惑与问题，提升学生感悟思政的学习动力、探究热情和吸收效果，指引其端正助人态度，坚定助人信念，树立正确的人生观和价值观，树立为新时代社会治理和社区治理贡献青春与力量的决心和信念。

二、基于项目式教学开展课程思政建设的优势

课程思政实施的基础是主体性、实践性和情感性。"社区工作"课程教学以参与式教学理念为主线，将项目式教学贯穿课程始终，寓教于乐、寓学于趣、寓教于道，充分调动学生的积极性，激发学生的思想感情。

（一）项目式教学的特点

1. 充分发挥学生的主体性

在项目式教学的三个环节中，应始终突出学生的主体性。尤其是在社区实践环节，依托学院的校外实践基地或学生所生活的社区开展社区漫步、社区探访、社区调查以及社区服务。社区漫步是学生通过绘制社区结构图、访

谈社区居民来了解社区概况，撰写社区观察报告。社区探访是探访社区居委会工作人员，了解各类社区组织的基本架构、工作职责及工作开展情况。社区调查是在社区漫步和探访的基础上，讨论确定调查问题，设计调查方案，进入社区开展实地调查，撰写社区需求评估报告。社区服务是在需求评估的基础上设计服务方案，招募服务对象，确定时间、场地，开展社区服务，并对服务效果进行评估。社区实践充分发挥了学生的主体性，激发了他们的学习兴趣，使学生主动参与学习和实践过程，成为知识的主动探究者。

2.突出实践操作能力提升

项目式教学是以项目为载体，学生在完成项目的过程中，将理论学习环节所学习的理论知识与方法、技巧运用到社区实践中，实现理论知识与实践操作技能的有机融合，不仅提升了学生的理论素养，还使学生掌握了相关技能，有助于培养具有较强实践操作能力的社会工作专业人才。

3.实施过程性考核与培养

项目式教学注重过程性的学习和考核，从理论学习、社区实践到汇报交流，符合学生的认知规律和阶梯式的成长特征。课程考核突出过程性评价，更多关注学生在学习过程中的精神面貌、言行举止、课堂参与、出勤率、合作配合以及实践教学中的表现，更好地指引教学活动的课程思政导向。积极引导学生顺应德育递进的路径，在社区调查和社区服务的过程中体验创新的艰辛与乐趣，培养学生发现问题、分析问题和解决问题的能力，促使学生自然而然地体悟社区工作相关知识的外延。

（二）项目式教学开展思政教育的优势

1.注重实践教学，发挥育人功能

实践教学是开展思政教育的重要手段。师生共同参与社区实践，了解国情和社会，从中磨砺意志，升华思想，培养对基层社区的感情及对社区居民尤其是弱势群体的人文关怀意识，传播并践行社会主义核心价值观。学生在开展社区服务的过程中，端正了助人态度，坚定了助人信念，强化了专业认同，提高了专业使命感。

2.探索本土经验，培养社会责任

在项目式教学中，注重从中国现实情况出发选择性地引入西方社区工作模式，社区调查、社区服务等社区实践可引导学生深入思考、丰富学习体验、提升社会洞察力、增加人生智慧，探索社区工作实务的本土化模式，培养学生的社会责任感。

3.关注现实问题，实现价值引领

深入社区实施项目，学生可直接发现和接触现实中的焦点问题，通过课下小组讨论、课上汇报交流及教师点评指导，将理论阐释与现实焦点问题分析相结合，提升了课程的思想性、理论性、针对性，最大限度地发挥了课程的价值渗透和价值引领作用。例如，针对小组调查出的社区环境问题，探讨生态文明价值观，与党的十九大报告提出的"三大攻坚战"中的污染防治紧密结合，讨论如何将绿色理念融入、绿色环境打造、绿色生活方式等内容落实到绿色社区建设中。针对社区组织的调查，可选取具有中国特色的社区党建案例，用于探讨党组织在我国社区建设中的独特作用。

三、基于项目式教学的课程思政改革路径

立足学科优势，在厘清学科体系的基础上，明确"社区工作"课程所蕴含的思想政治教育资源，积极发挥课程的价值渗透与价值引领作用，突出家国情怀教育、人文关怀教育、职业道德教育以及内化公正平等的价值观念。具体可通过总体设计课程、修订课程教学目标、改革课程教学模式、创新课程思政教学方法、改进课堂教学管理、完善课程考评机制等途径，将知识传授与品德教育有机结合，真正实现"价值塑造"、"知识传授"与"能力培养"的统一，推动课程思政的"卓越教学"、塑造课程思政的"高效课堂"，最终使思政教育带着温度落地，实现站在时代高度培育时代新人的目标。

（一）总体设计课程

课程教学围绕理论学习、社区实践、汇报交流三个环节展开，注重将"读万卷书"与"行万里路"相结合。第一个环节是理论学习，课上遵循以学生为中心，以"学情分析为基、课程思政为本、知识架构为纲、情境创设为媒、社区实践为术"，通过案例教学、情境教学、小组讨论等方法，在传授社区及社区工作的基本理论、模式和技巧等专业知识的基础上，引导学生将所学知识转化为精神系统的有机构成，内化为一种素质或能力，成为个体认识世界与改造世界的基本能力和方法。课后，通过学习线上模拟仿真课程"社区工作模式在新清河实验的具体实践"、阅读经典名著来夯实学生的理论知识。第二个环节是社区实践，学生在课程团队教师的全程指导下，以小组为

单位，开展社区漫步、社区探访、社区调查、社区服务。第三个环节是汇报交流，学习小组以 PPT 形式汇报项目成果、社会影响、专业反思及个人成长等，再由教师和学生组成的评审小组进行现场评审。

（二）修订教学大纲

在深入分析学情，贯彻"课程思政为本、知识架构为纲"的理念下，修订课程教学大纲。深入挖掘社区及社区工作专业知识中蕴含的哲学、思想、情感等，促使知识模块价值重组、广度延伸、深度解读，发掘德育内涵，形成课程的思政教育知识体系和图谱，以"潜移默化"的方式将价值追求和理想信念传达给学生。结合各章节的具体内容，挖掘每节课专业知识点所蕴含的思政教育元素，确定每节课的思政教育教学目标。

（三）改革教学模式

在"项目式教学"的理论学习、社区实践、汇报交流三个环节中，参与式理念贯穿教学全过程，并始终坚持"以学生为中心"。理论学习以"教师课堂导入、结合案例启发、学生小组讨论、教师总结延伸"为主线；社区实践以"学生进入社区、教师同步指导、学生分享交流、教师总结提升"为主线。汇报交流以"学生汇报、师生评审、教师点评"为主线，让整个课程教学形成了以学生为主体、教师为主导的教学共同体。

（四）创新教学方法

以"情境创设为媒、社区实践为术"，通过现实案例及视频案例创设情境，依托线上模拟仿真课程，综合运用讲授法、案例教学、小组研学、文献阅读、社区实践等方法，实现高效的师生互动、生生互动，提升思政教育进入学生精神世界的效能。引导学生将学习与思考结合、观察与思考结合、实践与思考结合。在深入学习、观察、实践中学会思考，在深化思辨中提高认识水平，树立正确的世界观、人生观、价值观，自觉培育和践行社会主义核心价值观。

（五）改进教学管理

提升课程思政内涵融入课堂教学的水平，关键在于课堂教学管理，应立足课程思政高效课堂建设，妥善处理教学中思政教育切入时机与方式选择、教学活动组织等方面的问题。通过与学生的有效互动、给予有效反馈、建立信任关系等，营造有温度、有思考张力、有亲和力的课堂氛围，确保课程思政教学过程流畅，从而发挥最佳育人效果。

（六）完善考评机制

课程考核对教学具有导向作用。只有采用科学的考核方式，才能增强学生自主学习和分析、解决问题的能力，真正实现人才培养目标和提高教学质量。本课程构建了德业兼顾的学习考评机制，将学生对课程知识技能的掌握与思政素质提升相结合。注重过程性考核，重点考核学生平时作业的完成情况、课程教学的参与情况以及在社区实践中的表现。平时作业主要包括文献阅读报告、社区分析报告、社区活动策划书、实践总结等。课程教学的参与情况主要指课堂理论教学及实训表现。制定了严格的考核标准，注重对学习态度、知识运用能力、创新思维、方案设计可行性、语言表达能力、团队合作精神等的考核。建立课程评价反馈机制，通过终结性考核，学生可以发现学习中的问题，教师则可通过社区实践报告分析，发现教学中的问题，并及时将实践报告评价反馈给学生，使师生双方受益。

四、课程思政改革的成效

依据《纲要》的要求，课程团队应在深入分析学情，以课程思政为本、知识架构为纲的基础上进一步发掘课程的德育内涵，以完善思政教育知识体系。坚持以情境创设为媒、社区实践为术，提升思政教育进入学生精神世界的效能。加强教学管理，营造有温度、有思考张力、有亲和力的课堂氛围。构建德业兼顾的学习考评机制，推动课程思政的卓越教学，塑造课程思政的高效课堂。

（一）课程建设

依托社区实践，课程出版了《实践中成长反思中前行：课程实务操作》画册，丰富了课程思政教育的教学案例资源，增强了学生的专业自信和职业认同。近年来，学生对主讲教师的网上匿名评价平均分为93分。2019年，"社区工作"课程获批北京高等学校优质本科课程，2021年，该课程又获批教育部课程思政示范课程。2017年，《"社区工作"课程考核方式改革研究》获中华女子学院第四届高等教育教学成果一等奖；2022年，《课程思政建设："社区工作"的创新实践》获中华女子学院第六届高等教育教学成果特等奖。

（二）教师发展

通过课程建设，提升了团队教师的思政素质及教学与研究能力。依托社区实践，课程团队教师申请并开展了国家社科基金等的研究工作，同时指导学生开展了各级大创项目、校级科研训练项目，并撰写了学年论文、毕业论文，实现了教学与科研的有机结合。

（三）学生成长

名著经典阅读不仅营造了共同学习与进步的良好氛围，扩展了学生的理论视野，还可使学生更深切地感受中华民族的传统文化、特色地域文化，增强其对传统文化的认同感，坚定其文化自信。"项目式教学"实现了课堂教学与社区实践的"无缝连接"，搭建了专业理论和社区实践融通的桥梁。社区实践使学生扎根中国大地了解国情民情，在实践中增长智慧才干，在艰苦奋斗中锤炼意志品质，激发了学生的自主学习、创造性学习，丰富了社会经验，提升了学生的实务能力、人际交往能力、团队合作意识以及社区居民福祉，更重要的是指引学生端正了助人态度、坚定了助人信念。受新冠疫情影响线上授课时，学生在所生活的社区开展志愿服务，从而培养了其志愿服务精神。

（四）社区服务

社区服务搭建了学校与社区的交流互助平台，推动社区居民积极参与，改善了社区关系，提升了社区居民福祉，受到了社区居委会的肯定和社区居民的欢迎。这让街道社区对社会工作专业、社区工作方法有了深入了解，提升了专业的社会影响力。

（五）课程影响

与陆由公司合作开发了线上模拟仿真课程："社区工作模式在清河实验中的实践"。课程设计充分体现了思政教育的价值渗透和引领作用，以"潜移默化"的方式将专业知识和育人巧妙结合，将价值追求和理想信念传达给学生。线上课程扩大了课程的受益人群范围，提升了社会影响力。

为了充分发挥教师队伍"主力军"、课程建设"主战场"、课堂教学"主渠道"的作用，真正实现增长知识、培养能力、提高素质和塑造灵魂"四位一体"的育人目标，首先，"社区工作"课程将进一步完善课程思政教学体系；其次，依托新的教学技术形式，建设鲜活的、具有时代特色及思政教育意义的教学案例库，优化教学资源，提升专业教学深度；再次，加强基地建设，深化项目式教学；最后，关注当前时政热点新闻，阅读相关思想政治论著，积极参加课程思政的相关培训，与"两课"教师深入交流，提升教师的思政修养。

参考文献

[1] 习近平：把思想政治工作贯穿教育教学全过程[EB/OL].（2016-12-08）[2024-02-03]. http://www.xinhuanet.com/politics/2016-12-08/c_1120082577.htm.

将男女平等基本国策落到实处
——"妇女发展政策"课程思政的目标与实现

中华女子学院妇女发展学院　王向梅

摘要："妇女发展政策"是中华女子学院的一门研究生专业课，2021年成功入选首批国家级课程思政示范课程。课程团队在课程思政建设方面进行了积极的探索，并且取得了良好的育人效果。"妇女发展政策"教学团队基于课程的学科属性和专业定位，充分挖掘了课程内在的思政元素，以党和国家的思想政治理论体系为根本遵循，以我国大政方针、法律政策为基本依据，将课程思政内容与专业理论方法贯穿于课程全过程，并将课程思政目标实现的关键定位于原则性、时代性、专业性思政目标的达成，进而实现教学相长、知行合一。

关键字：男女平等基本国策　妇女发展　课程思政

习近平总书记在全国高校思想政治工作会议上强调："要坚持把立德树人作为中心环节，把思想政治工作贯穿教育教学全过程，实现全程育人、全方位育人，努力开创我国高等教育事业发展新局面。"[1]为了深入贯彻落实习近平总书记关于教育的重要论述和全国教育大会精神，以及中共中央办公厅、国务院办公厅发布的《关于深化新时代学校思想政治理论课改革创新的若干意见》，深入实施《高等学校课程思政建设指导纲要》，教育部于2021年评选出699门国家级课程思政示范课程[2]，中华女子学院的"妇女发展政策"课程成功入选。这一方面体现出中华女子学院高度重视课程思政建设，并将此作为落实立德树人根本任务的重要抓手；另一方面也体现出中华女子学院为党育人、为国育才的特色与优势，即通过打造具有学科和专业特色的女性学课程思政示范课，丰富我国的课程思政建设，并为其他学科、专业课程的思政建设提供重要参考。

一、"妇女发展政策"课程思政的目标

课程思政中关于大学生的人生观、道德观、事业观的重要性的论述已经得到普遍认同,高校教师应该结合本专业的课程挖掘课程思政内涵,努力培养德智体美劳全面发展的社会主义事业建设者和接班人。但在课程思政的目标、内容和实现途径等方面,各学科、专业、教师的理解和做法不尽相同。课程思政的目标设定是否到位,是决定一门课程思政效果的关键。因此课程思政的目标设定既要考虑党和国家的思想政治理论内容,又要考虑特定的专业与课程目标任务,同时要以专业人才培养和课程大纲为主要依据,深挖各类学科专业、各类课程自身的思政要素,既要体现宏观的思想政治理论,又要达到特定学科、专业的课程理论素养的要求。"妇女发展政策"是一门体现我国在妇女发展方面的方针政策和目标规划的专业课程,其与马克思主义妇女观、中国特色社会主义妇女理论、男女平等基本国策等有着天然的联系,与党和国家的大政方针、法律政策、规划纲要等也密切相关,因此课程思政的内容与目标是课程的应有之义和必然要素,应贯穿始终。

(一)"妇女发展政策"课程定位

"妇女发展政策"是面向中华女子学院社会工作专业妇女发展领域研究生的专业方向课。社会工作专业妇女发展领域的研究生培养,旨在培养遵守专业伦理守则,掌握妇女发展和妇女服务相关理论与方法,了解国内、国际社会与妇女发展和妇女服务有关的政策、法律、法规,并且能够运用社会工作方法和社会性别分析框架开展妇女发展、妇女服务、家庭建设等方面的基础研究和实践工作的社会工作专业人才。因此,"妇女发展政策"作为一门专业方向课,主要侧重研究妇女发展的理论与方法、妇女发展面临的机遇与挑战、妇女发展的主要政策,以及妇女发展的经验与成就。在妇女发展领域的课程体系和人才培养中,"妇女发展政策"课程属于专业方向课程中的先修课程,在学生本硕知识衔接方面起到了承上启下的桥梁和纽带作用,在有关妇女发展和妇女服务理论与方法的知识结构中占有重要地位,在培养学生的妇女发展政策分析能力和妇女发展实践服务能力上也具有重要的作用。

"妇女发展政策"课程具有跨学科性质,属于公共政策学、社会工作、女性学等学科的交叉领域,因此本课程的定位要兼顾以下三个方面:首先,要

遵循公共政策的性质与特点，从政策制定、实施和评估等环节进行全面分析，使学生掌握公共政策的基本原理，以及政策对于妇女发展的重要意义；其次，要将社会工作的基本理论和方法作为分析与解决问题的基本工具，增强学生回应社会问题的责任感和价值感；最后，要注重对女性学理论和方法的理解与运用，尤其是运用社会性别分析方法分析和评估政策对于解决妇女发展问题的成效，使学生能够更充分地理解男女平等的基本国策和社会性别主流化，进而为公共政策的完善提出合理建议。

由此可见，"妇女发展政策"的课程思政是社会工作专业中妇女发展领域人才培养方面非常重要的一项内容，而且该课程的定位决定了它与课程思政教育目标有着天然的联系，因为公共政策贯穿课程全过程，课程思政由内而外、自然而然地贯通于知识传授和实践教学之中。"妇女发展政策"这门课程从男女平等的基本国策谈起，以宪法中男女平等原则为准绳，以贯彻落实习近平总书记"让性别平等落到实处"[1]的重要主张为己任。因此可以说，"妇女发展政策"与课程思政目标既高度互嵌、互融、互构，又互相滋养、相得益彰。

（二）"妇女发展政策"课程思政目标拟订的主要依据

"妇女发展政策"课程思政目标的拟订，既以党和国家的思想政治理论体系为根本遵循，又以我国大政方针、法律政策为基本依据，并将专业理论与方法融会贯通于课程内容之中。

首先，"妇女发展政策"的课程思政目标以党和国家的思想政治理论体系为根本遵循。我国始终坚持用马克思主义妇女观指导妇女事业的发展。习近平总书记指出，妇女是推动社会发展的伟大力量；妇女是推动人类文明进步的伟大力量。[2]在中国人民追求美好生活的过程中，每一位妇女都有人生出彩和梦想成真的机会。中国将更加积极地贯彻落实男女平等的基本国策，发挥妇女"半边天"的作用，支持妇女建功立业、实现人生理想和目标。基于对"妇女是推动社会发展的伟大力量"和我国"落实男女平等基本国策"的目标任务的充分理解，"妇女发展政策"这门课程也明确了自己的思政目标，即引导学生掌握我国推进男女平等的法律政策，领会男女平等的宪法精神和男女平等基本国策的深刻内涵，在中国特色社会主义妇女理论的指引下，分析并解决阻碍性别平等与妇女发展的问题，为充分发挥妇女在社会生活和家庭生活中的独特作用、妇女建功立业和实现人生理想提供学术支撑，同时也为两性平等协调发展，以及经济社会的可持续发展提供智力支持。

其次，"妇女发展政策"的课程思政目标以我国大政方针、法律政策为基本框架。"妇女发展政策"依托我国大政方针和法律政策，将课程思政的目标分解到具体政策的分析和讨论之中，实现了潜移默化、水到渠成的思政教育效果。我国将男女平等作为基本国策，并建立了全面保障妇女权益的法律体系，也形成了推动妇女发展的政策体系和国家机制，这些都构成了凝练课程思政目标的基本框架和源头活水，让本课程的思政目标坚定而清晰，也让思政理念在师生之间形成良性互动，达到"入耳、入脑、入心"的效果。

最后，"妇女发展政策"课程思政以学科与专业人才培养要求为基本目标。任何课程的思政目标都必须源于学科与专业的理论和实践，因此"妇女发展政策"课程的思政目标，不能把思政理论内容强硬地加入课程，而是要从课程的理论与实践中提炼思政元素，这样带有学科性和专业性的思政元素，就可以与其他内容融会贯通，达到润物无声的育人效果。

（三）"妇女发展政策"的课程思政具体目标

"妇女发展政策"课程思政的目标，既有思政底色，又有专业思政教育的特色；既有宏观思政理论的体现，又有微观的思政实践探讨，从妇女发展政策的视角展现了我国推进性别平等和妇女发展的成就与特色，将社会主义核心价值观、加强党的领导、坚定"四个自信"、坚持"五位一体"和新发展理念等思政元素融会贯通于育人的全过程。本课程的思政目标可以分为以下四个方面：

其一，将马克思主义思想和中国特色社会主义理论纳入课程建设的全过程，尤其是要将马克思主义人的发展观、马克思主义妇女理论、习近平总书记关于妇女和妇女工作的重要论述、男女平等基本国策等运用于课程讲授，明确课程的主流价值导向，为学生提供发现问题、分析问题和解决问题的基本价值立场与理论框架。

其二，运用唯物主义和辩证法等理论工具来分析妇女发展议题和妇女发展政策，增进学生对现实性别问题、妇女发展问题的人文关怀和实践精神，对在我国发展进程中出现的妇女和性别问题形成客观认识，做出科学的价值判断，从而更好地服务于男女平等基本国策的落实。

其三，梳理我国妇女发展进程中的法律政策，彰显党和国家在推进性别平等和妇女发展方面的成就与经验，从宪法到专门法，从男女平等基本国策到具体措施、方案，提炼中国妇女工作的特色与规律，倡导男女平等的基本国策意识，增强学生投身经济社会发展和推动性别平等事业的主体性、使命感、责任感，培养学生的爱国情怀和担当意识。

其四，构建中国特色妇女发展理论与方法，凸显中国妇女发展和性别平等事业的规律与特色，使学生掌握我国妇女发展政策的基本内容、现实状况和发展趋势，理解妇女发展政策对于促进妇女发展和社会发展的重大意义，增进对妇女人权、妇女发展、性别平等、人的全面发展等重要理念的认识，提升妇女发展政策分析能力，进而积极参与和推动妇女发展政策的制定、执行和完善。

二、"妇女发展政策"课程思政目标的实现

专业课程的课程思政建设，并非将思想政治理论生搬硬套进专业课程，而是要因课程而异，体现课程思政的独特性和创新性。作为社会工作专业妇女发展方向的研究生专业课，"妇女发展政策"课程既强调理论知识的传授，也注重对学生政策分析能力的培养，更关注思想道德和价值引领，因此，在课程思政目标的实现过程中，应尤其注重理论性和实践性的有机结合。为了更好地将马克思主义基本原理、中国特色社会主义理论、习近平总书记关于妇女和妇女工作的重要论述，以及男女平等基本国策纳入课程，在课程思政目标具体落实方面也做出了积极探索，强调将原则性、时代性、专业性的思政目标纳入课程体系，并将"知行合一"作为实践策略与导向，使课程思政建设收获良好的效果。

（一）课程思政目标实现的关键——原则性、时代性、专业性思政目标的达成

首先，课程思政内容与目标的实现，要体现原则性思政目标的达成，即万变不离其宗——课程的基本立场是马克思主义基本原理和中国特色社会主义理论。例如，在本课程的导论部分，要率先讲授"马克思主义人的发展观"的经典理论，引出"社会发展的最高目标是人的全面和自由发展"这一基本认识。马克思主义把人的发展过程概括为三个历史阶段：人的全面发展，即人的劳动活动，这体现了人的能力和社会关系发展的全面性；人的自由发展，即由联合起来的个人共同控制和支配他们的社会关系而实现的自觉、自主、

自愿的发展；人的充分发展，即人的才能和能力向着更高程度发展。马克思主义认为，人的发展离不开社会发展，社会发展的目的和实质就是人的发展。另外，在妇女发展政策理论基础部分，重点讲授马克思主义妇女观及其指导意义，并在妇女就业、参政、社会保障等方面的政策讲述中突出对马克思主义妇女观的运用等。基于这些理论观点及其在政策分析中的运用，使学生形成对妇女发展的基本认知和价值立场，从而进一步深化对唯物主义和辩证法的理解与运用。从专业视角增强学生对马克思主义基本原理的领悟和应用，这是课程思政目标实现的关键。

其次，课程思政的内容与目标的实现，要体现时代性思政目标的达成，以习近平新时代中国特色社会主义思想，尤其是习近平总书记关于妇女和妇女工作的重要论述为根本遵循。本课程的导论、基本理论方法部分，会讲授党和国家关于妇女发展的基本方针政策，其中将习近平总书记关于妇女和妇女工作的重要论述作为体现当前主流观点的主要依据。其后在讲授妇女就业政策、妇女社会保障政策、妇女教育政策等内容时也会援引习近平总书记的重要观点。在各章节里面都设有对现实中存在的妇女发展问题的探讨环节，以最新的法律、法规、政策、规划、纲要等为主要分析资料，带领学生学习党代会报告、《民法典》、《中国妇女发展纲要》、"十四五"规划等，使学生及时了解我国促进妇女发展的最新法律政策，与时俱进地看待妇女发展问题，成为推动男女平等基本国策落实的主力军。

最后，课程思政的内容与目标的实现，要体现专业性思政目标的达成，即课程思政目标与专业目标的充分融合，以达到由表及里和水到渠成的效果。作为一门专业方向性课程，"妇女发展政策"侧重从专业知识、前沿性观点中提炼思政元素，并将原则性、时代性的思政目标融入教学目标、教学内容之中。因此，本课程在教学内容和目标上强调对思政内容进行专业角度的呈现和内化，例如，在将马克思主义基本原理、中国特色社会主义理论等纳入各章节讲授时，采取的基本策略是从专业性视角提炼其中的理论元素，如马克思主义对妇女、妇女解放的基本观点，中国特色社会主义理论体系中关于妇女发展、男女平等的基本观点，并引导学生思考经典理论对妇女发展的观点所具有的现实启发意义，进而可以将经典理论元素运用于前沿和热点专业问题的探讨之中，从而使学生能够以正确的立场看待妇女发展问题，并运用马克思主义的认识论和方法论解决专业问题，切实提升对妇女发展政策的专业分析能力。

（二）课程思政目标实现的路径——教学相长、知行合一

2020年，教育部印发了《高等学校课程思政建设指导纲要》，特别强调"落实立德树人根本任务，必须将价值塑造、知识传授和能力培养三者融为一体、不可割裂"[3]。为了落实这一要求，在"妇女发展政策"课程思政建设过程中，不仅要讲政治、讲信仰，还要讲方法、讲智慧。欲达成思政教育目标，重在增强学生的社会责任感、使命感和担当意识，专业课程的思政目标则应该结合专业特点，增强学生以专业理论与方法报效国家、服务社会、增进人民福祉的责任感和使命担当。基于此，"妇女发展政策"课程在实操层面进一步完善了课程思政的教学方法和策略，在教学方式上侧重案例教学，并特别强调课程思政的教学相长、"知行合一"。

其一在于主讲教师对于课程思政实践的责任心和"知行合一"。在课程思政建设过程中，必须明确"谁来培养""培养什么样的人"，教师要勤练内功，提升自身的思政素养和课程思政教学能力，准确掌握课程"知识传授—能力培养—价值引领"的内在联系，不断完善课程大纲，结合课程、专业和学校目标定位，适时、适当、适量地增加思政元素，调整理论教学的学时，增大实践教学占比，让学生在具体案例情境中分析和解决问题。为此，教学团队一方面要积极参加课程思政建设的培训，另一方面应加强本学科、本专业领域的理论知识和政策实践。课程团队的主讲教师应积极地将自身的理论和专业优势转化为政策实践。2019—2020年，课程教学团队中的每位教师均参与了国务院妇女儿童工作委员会《中国妇女发展纲要（2021—2030年）》的专家意见稿起草工作，也参与了北京市妇女儿童工作委员会"北京市妇女儿童规划实施的评估项目"和多项国家社科、北京社科基金课题，并及时将从政策实践中获得的前沿观点和代表性案例引入课堂，使学生与国家政策进程同向同步发展。通过这些内容上的调整，"妇女发展政策"课堂成为与政策改革完善同行、与时代同步的"知行合一"的平台，师生在得到理论滋养的同时，也开始关心关注国家大政方针和法律政策、关怀社会发展进步。

其二在于学生在课程思政实践中的主体性和"知行合一"。在课程思政建设过程中，进一步改革教学手段，优化"怎样培养人"的教学方式、路径。"妇女发展政策"课程注重以知识讲授为基础、价值引领为导向、能力培养为目标，在具体操作上特别重视理论和实践相结合，进一步强化案例教学、现场教学，并以学生为主体开展政策研讨会等，以促进主体的全面成长。"妇女发展政策"课程秉承男女平等基本国策，积极关注社会上的重要政策议题，

并将其引入课堂，也会带领学生走进专业组织机构和政府部门，让学生身临其境，增强其社会参与的主体性和责任感。例如，2020年《民法典》获得通过并于2021年1月1日起正式实施，2021年《中国妇女发展纲要（2021—2030年）》颁布实施，同年《妇女权益保障法》修订的征求意见稿向社会公布，课程教师都在第一时间将这些最新的政策动向作为教学案例与学生开展研讨，并积极引导学生用正确的价值理念分析相关现象与问题，做国家"良法善治"的支持者和践行者。2018—2021年，"妇女发展政策"课程的师生共同参与筹办了四届中德性别平等与妇女发展研讨会，参与了从会议选题到具体研讨议程的确定以及会议研讨全过程，培养了学生的国际视野，通过比较国内外妇女发展政策的演变和执行情况，加深了对国内妇女发展问题的认识，有利于讲好中国妇女发展故事，从而使学生得到政治理论素养和专业能力等多方面的提升。2021年，"妇女发展政策"课程进一步创新评价方式，以学生为主体创办"妇女发展政策"青年论坛，在主讲教师的指导下，每位学生都提交了一份具有现实关怀的政策研究报告，在研讨过程中师生之间互相切磋，碰撞出许多新的观点，从而深化了对课程思政和专业理论内容的理解与运用，取得了非常好的理论与实践相结合的学习效果。

经过课程团队在教学改革方面的不断努力和探索，课程思政已经充分融入"妇女发展政策"课程内容和教学全过程，学生对于社会主义核心价值观、马克思主义妇女观、中国特色社会主义妇女理论、男女平等基本国策、妇女权益保障法、中国妇女发展纲要等思政元素有了更加充分的理解，并能从专业视角进行阐释和运用，同时其政策分析能力和社会责任担当意识也同步提升，思想政治素养和专业能力同步发展、相得益彰，意义深远。

参考文献

[1] 习近平：把思想政治工作贯穿教育教学全过程[EB/OL].（2016-12-08）[2024-02-03]. http://www.xinhuanet.com/politics/2016-12/08/c_1120082577.htm.

[2] 北京师范大学继续教育与教师培训学院"文学概论"创新"四双四环"模式 打造课程思政样板[J]. 在线学习，2021（12）：64-66.

[3] 教育部关于印发《高等学校课程思政建设指导纲要》的通知[EB/OL].（2020-05-28）[2024-04-12]. https://www.gov.cn/zhengce/zhengceku/2020-06/06/content_5517606.htm.

"三全育人"理念下新文科计算机课程思政实践与反思

——以计算机应用技术（Python）课程为例

中华女子学院数据科学与信息技术学院　陈　洁　刘　姝

摘要：课程思政是新时代教育观的创新和升华，计算机系积极探索新文科背景下的计算机通识课教学改革和思政融入。计算机应用技术（Python）课程立足学情，基于"三全育人"理念构建全方位课程思政育人体系，从"教师—课程—学生"协同互动、教学全过程思政元素挖掘、多元化教学手段和评价方式等方面着手，在全员全过程协同协作的课程育人环境中，将知识传递、能力培养和价值塑造有机融合，落实立德树人的教育目标，在教学实践中取得了良好的育人效果。

关键词：三全育人　课程思政　立德树人　程序设计课程

党的十八大以来，党中央对高校思想政治教育做出系列重要指示。2020年5月，教育部印发《高等学校课程思政建设指导纲要》[1]，全面推进课程思政建设。课程思政是落实"三全育人"理念的重要保证，其核心就是在课程教学体系中通过挖掘课程中蕴含的思政要素，使学生在获得专业提升的同时接受科学的价值观引领。在课程思政建设中，教师队伍是"主力军"，课程建设是"主战场"，课堂教学是"主渠道"。"各门课都要守好一段渠、种好责任田"[2]是习近平总书记对广大高校教师提出的要求。

2019年4月，"六卓越一拔尖"计划2.0①开启了新工科、新医科、新农

---

① "六卓越一拔尖"计划2.0即卓越工程师教育培养计划2.0、卓越医生教育培养计划2.0、卓越农林人才教育培养计划2.0、卓越教师培养计划2.0、卓越法治人才教育培养计划2.0、卓越新闻传播人才教育培养计划2.0、基础学科拔尖学生培养计划2.0。

科、新文科建设进程。2020年，教育部新文科建设工作组发布了《新文科建设宣言》[3]，提出紧跟新一轮科技革命和产业变革新趋势赋能文科教育。面对大数据、人工智能时代新文科学生计算思维与信息素养培育需求，如何改革计算机通识课程教学、如何融入课程思政是亟须探讨的问题。国内外很多高校都将计算机编程作为文科生的必修课程，而Python成为首选语言。"计算机应用技术（Python）"作为面向文科生开设的首门程序设计类课程，教学改革和思政建设同行，构建了涵盖"教师—课程—学生"全要素以及"教—学—评—改"全过程的课程思政体系，重构教学内容、重建教学活动、重塑评价体系，针对培养具有爱国情怀、创新意识，具备新时代信息素养的女性复合应用型人才进行了积极探索并取得了较好的效果。

一、基于"三全育人"理念，构建全方位育人环境

"三全育人"提出了新时代的育人理念和育人方式，其内涵就是遵循育人规律，聚合各类育人资源，构建育人主体、时间、空间三个维度协同合作的育人环境，以强大合力发挥育人实效。[4]将"三全育人"理念应用于课程育人体系，就是将课程思政建设作为一项系统化工程，其中："全员"包括教师、课程、学生等多个参与者；"全程"包括课前、课上、课后、形成性考核、终结性考核等多个过程；"全方位"包括备课、授课、答疑辅导、作业练习、课程实践等多个方面，通过教师、学生、课程的互动，实现全方位、全过程育人。计算机应用技术（Python）课程构建的全方位育人课程思政建设体系如图1所示。

（一）发挥教师的主力军作用

教师在课程育人中起着主导作用，要坚持言传与身教相结合，为人师表，做好示范。[5]必须加强师德师风建设，强化育人职责，用严谨认真、精益求精、务实求真的工作态度和实事求是的科学精神为学生做好示范，从而潜移默化地影响学生。

1.认真甄选和准备教学材料

备课是教学中最花费心思的工作，教材（或讲义）、课件、案例、学习资料等都是学生学习过程中最主要的参考对象，需要精心挑选和设计，只有确保内容正确、严谨、规范，能够传递科学的理论、思维、方法与精神，才能对学生的行为方式和思维方式产生示范与引导作用。

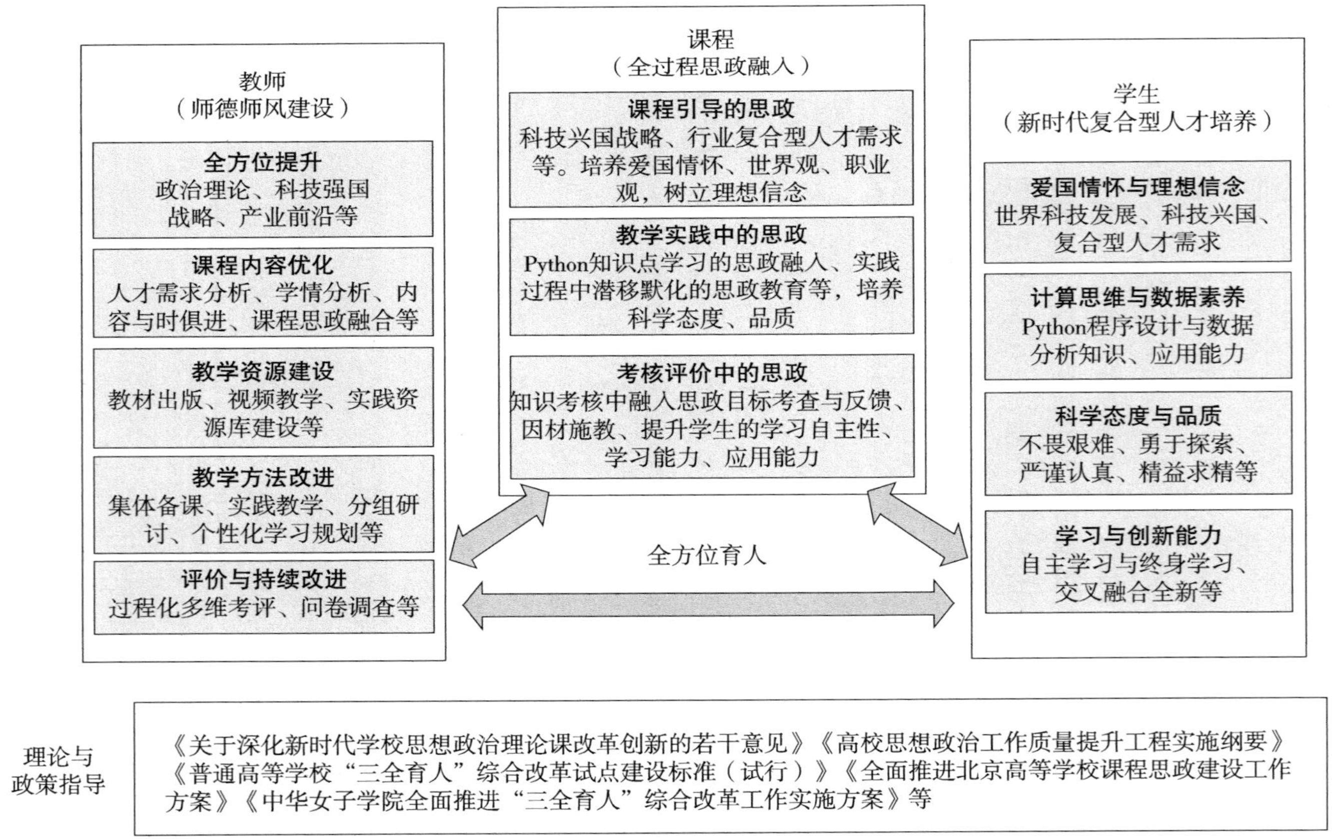

图1 课程思政建设体系

学生（新时代复合型人才培养）
- 爱国情怀与理想信念：世界科技发展、科技兴国、复合型人才需求
- 计算思维与数据素养：Python程序设计与数据分析知识、应用能力
- 科学态度与品质：不畏艰难、勇于探索、严谨认真、精益求精等
- 学习与创新能力：自主学习与终身学习、交叉融合全新等

课程（全过程思政融入）
- 课程引导的思政：科技兴国战略、行业复合型人才需求、培养爱国情怀、世界观、职业观，树立理想信念等
- 教学实践中的思政：Python知识点潜移默化、实践过程中的思政融合教育、培养人、科学态度、品质
- 考核评价中的思政：知识考核中融入思政目标考查与反馈，因材施教、提升学生的学习自主性、学习能力、应用能力

教师（师德师风建设）
- 全方位提升：政治理论、科技强国战略、产业前沿等
- 课程内容优化：人才需求分析、学情分析、内容与时俱进、课程思政融合等
- 教学资源建设：教材出版、视频教学、实践资源库建设等
- 教学方法改进：集体备课、实践教学、分组研讨、个性化学习规划等
- 评价考持续改进：过程化考评、个性化学习考评、问卷调查等

全方位育人

理论与政策指导：《关于深化新时代学校思想政治理论课改革创新的若干意见》《高校思想政治工作质量提升工程实施纲要》《普通高等学校"三全育人"综合改革试点建设标准（试行）》《全面推进北京高等学校课程思政建设工作方案》《中华女子学院全面推进"三全育人"综合改革工作实施方案》等

另外，还应加强集体备课研讨，及时交流教学心得，统一思想认识，以便更好地开展教学资源建设，为学生提供更好的学习资源和学习环境。

2.以人为本，关心学生的成长过程

由于教师已经将课程知识内化于心，可能会忽略学生的一些学习感受，所以教师需要多站在初学者的角度进行教学设计。

另外，有些学生对计算机编程心存畏惧，在学习初期对教师的依赖性较大，因此这个阶段教师应特别有耐心，及时帮助学生解决软件安装和上机操作中遇到的各种问题；随着学习的进展，教师还应注重引导学生自己解决问题，以增强学生的自信心。

（二）发挥学生的主观能动性

以学生为中心、强调学生在教学结构中的核心地位，重视和强调学生的主体价值，这体现了学生的能动作用。教师通过重组教学内容和重构教学活动，形成以学生需求为导向、以学生为主体的教学模式。

1.调动学生的学习积极性

在教学过程中提供形式丰富的学习资源、应用案例等，激发学生的学习兴趣、求知欲和创造力，引导学生将所学知识应用于解决实际问题以增强学习成就感，逐步构建计算思维，提升自学能力。

2.发挥同伴的示范作用

在课程育人的大环境下，学生既可以是受教育者，也可以成为同伴学习的榜样。例如，教师可以采用作业展示和点评的方式，将认真规范、设计逻辑清晰、有创新应用的高质量作业充分展示出来，这不仅可以让受到表扬的学生获得成就感和荣誉感，也可以对其他学生起到良好的示范作用。

二、挖掘课程蕴含的思政元素，设计课程思政目标

"课程思政"是一种新型的课程观，是依托课程载体，以隐性教育的方法，将思想政治教育的原则、要求、内容与课程设计、教材开发、课程实施、课程评价等有机结合起来的一种思想政治教育形式。[6]因此，应该根据不同课程的特点和育人要求，从课程内在逻辑中挖掘和提炼与课程知识适配的育人目标，将价值塑造、知识传授和能力培养三者融为一体，科学地设计课程思政目标。

（一）课程特点和学情分析

计算机通识课程是培养学生计算思维、创新能力以及提高科学素养的基础课程[7]，汲取科学精神和科学方法也是新文科建设的要求[8]。计算机应用技术（Python）课程的定位和特点使其课程思政呈现出独有的特征。

（1）从课程定位看，Python是大数据和人工智能中应用最广泛的语言之一，是学生了解科技新发展，培养数智时代复合型应用人才的重要组成部分。本课程通过理论学习和上机实践，使学生理解程序设计的基本思想，掌握Python编程的基本方法，即利用Python进行数据处理、数据分析及数据可视化的基本方法，激发学生对大数据、人工智能等新一代信息技术的学习兴趣和应用意识、创新意识，为后续学习与应用奠定技能和知识基础。

（2）从课程性质看，程序设计是一门方法性和实践性都很强的课程。程序是一组代码的集合，而这些代码需要按照一定的规则组织和运行，才能实现程序的功能，编程方法（思想）中蕴含了很多可以体现现实社会组织和运行的法则规范；程序设计具有很强的灵活性和多样性，任何想法都可以在计算机上得以实践及创新应用；编程实践中不可避免地会遇到各种问题，比如，调试程序的过程就是一个不断提升分析问题和解决问题能力的过程。

（3）从学生学情看，本课程是面向我校文科生开设的第一门程序设计类课程，涉及多种专业背景且大多为零编程基础的学生，这些学生对于抽象思维和逻辑思维较强的理工类课程的学习自信心不足。尊重文科教育特点和人才成长规律是新文科建设高质量推进的基本前提，实施课程思政需要遵循学生的成长规律，充分了解学生的学业情况、认知规律和心理特征。因此，在程序设计课程中加入人文时事元素，增强可感知性，这既符合文科学生的思维习惯，也是引入思政育人素材的契合点。

（二）课程思政目标与要素

不同学科、不同性质的课程知识本身就蕴含了丰富的思想价值和精神内涵，如责任意识、伦理意识、科学精神、工匠精神、创新精神等。本课程可以从知识内容和教学的各个环节挖掘出与课程相适配的思政育人元素（见表1），进而确立本课程的思政目标：厚植爱国主义情怀，培养科学精神和工匠精神，坚定技术强国信念；强化规则规范意识、自主学习意识和创新意识，注重自我成长，树立正确的世界观、人生观和价值观。

表 1　计算机应用技术（Python）课程思政元素

教学内容	思政元素
Python 语言发展 大数据、人工智能发展与应用	爱国情怀、民族自豪感、技术强国信念
程序设计规范	规则、规范意识
各章问题引入与求解	问题意识、思辨意识
编程思想 数据类型 控制结构 函数设计 文件操作 实践应用	全面辩证地分析问题 善于总结规律、把握事物本质 严谨求真的科学作风 勤于动手、大胆尝试、不畏困难的科学精神 理论联系实际、勇于探究的创新意识 精益求精的工匠精神 使用计算机技术解决问题的自信心 以科技服务社会的责任意识
数据获取 数据分析 数据可视化	遵循学术规范和职业道德 实事求是、客观评价的科学作风 较高的政治敏锐性，善于鉴别网络数据中不良的政治意图

三、课程思政的教学实践

（一）以学生为中心，积累丰富的教学资源

1. 与时俱进，出版课程教材

数据智能时代的人才必须能够深刻认识和应用新一代信息技术，本课程从国家发展、行业人才需求、新文科建设要求和学校人才培养目标出发，遵循学生认知规律，进行了课程教学内容的全面升级。教学内容以 Python 为技术支撑，按照"数字化认知—数据存储访问—数据处理与分析—数据可视化"的顺序逐层展开。《Python 编程与数据分析基础》教材已由清华大学出版社出版（见图 2），作为新文科建设的教材被推广并投入教学使用。

2. 以练促学，建立在线题库

积极建设和应用信息化教学资源，推动信息技术与教育教学相融合，基于在线学习平台——清览作业系统（http://www.qingline.net）建立题库系统（见图 3），提供丰富的习题资源和应用实践环境，并针对学习的重点和难点提

供解析，充分发挥信息技术在教学中的作用。该在线题库可以随机抽题，反复练习，既能满足个性化的学习需求，又可以培养学生自主学习的能力。

Python编程与数据分析的教与学

图2 《Python编程与数据分析基础》教材

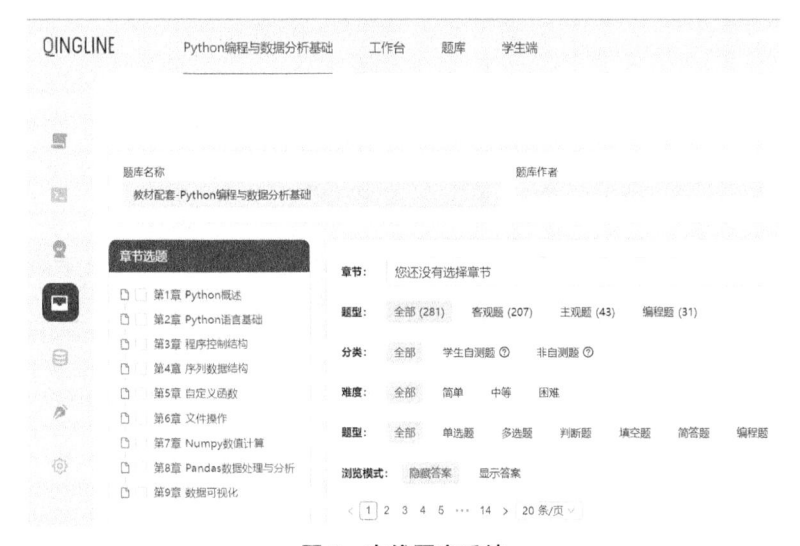

图3 在线题库系统

3. 立足学情，录制教学视频

为了帮助学生更好地理解和掌握课程中较为抽象的学习内容，特别挑选各章节教学重点和难点录制微课视频，并以生动形象的方式进行讲解。此外，在新冠疫情期间，教师还特别录制了全课程视频（共72个视频文件），以方便学生学习。

（二）润物无声，有机融入课程思政教学

找准思政元素的切入方式和切入时机，适时、适情地融入讲授点拨、类比说明、时事穿插、讨论辨析、实践体验、拓展应用等教学方式，将思政元素悄然渗透于整个教学过程中，潜移默化地实现课程思政的价值引领作用。

1. 在案例材料中融入思政元素

例如，在学习循环控制结构时引入材料：一张厚度为 0.1 毫米的足够大的纸，对折多少次以后才能达到珠穆朗玛峰的高度（8848.86 米）？程序执行结果为 27 次，从而很自然地引导学生关注自我成长：不论起点有多低（0.1 毫米），只要不断努力，就会终有所成——每天一小步，成长一大步！

再如，在股票分析的案例中使用随机数模拟股票的涨跌幅值，借此向学生说明使用随机数模拟数据是一种常用的科学实验手段，但"仿真"数据必须符合实际的数据分布规律，这既体现了教学的科学性和严谨性，也有助于学生树立一种科学的工作态度。

2. 在案例分析中融入思政元素

只有不断改进和完善程序，才能更好地满足用户需求。例如，在一个猜数小游戏中，通过加入不同的知识点，从只能猜一次改进为可连续猜 5 次、可连续猜 3 个数且每个数分别猜 5 次、可由用户控制竞猜次数……通过不断完善程序的功能，不仅能够让学生更直观地理解程序控制结构的应用，同时也能学习到精益求精的职业精神。

在教材的正文和课后练习中设计了多个这样的"一例贯穿"应用，既能串接各章内容，体现由易到难、循序渐进的教学组织，也符合学生的认知规律，更能体现通过软件迭代更新所反映的精益求精、追求更佳品质的工匠精神。

3. 在编程实践中融入思政元素

Python 语法规则是 Python 软件要求用户必须遵守的，学生不是特别理解机器的这种"无情"的工作特点，刚开始接触时因思想上缺乏重视，在操作中就会频频触犯规则。通过类比社会生活中的各种规章法则和课堂交流，可以增强学生的规则意识，再结合实践应用，学生能够深刻地感受到只要严格遵守规则，就能最大限度地避免错误。

在编程实践中，调试程序是一个"痛并快乐"的过程，可以给学生带来"成就感"，建立自信心，这对于女校学生而言尤为重要；但调试过程有时也会非常耗时，需要学生有耐心和韧性，要"坐得住"，面对困难不要轻易放弃，在不断失败、不断查找问题、解决问题的过程中磨炼意志，从而获得知识、能力和自信心的提升。

4. 在拓展应用中融入思政元素

教学中期特别布置了课外拓展作业，要求学生自选题目，综合应用

Python 编程基础知识设计一个小应用，既可以独立完成，也可以 2 人合作完成，要求尽可能与专业结合。学生总体完成度较高，其中人力资源管理专业有学生设计完成了员工信息管理（包括员工的入职、离职信息修改与查询等功能）、应聘筛选、利润提成、电子考勤、餐费计算等应用，并在课上进行了展示与分享，不仅达到了学以致用的效果，更重要的是让学生建立起使用计算机技术解决问题的自信心。

另外，在数据分析大作业中，通过给学生提供不同应用的数据集，鼓励学生发挥能动性，关注时事和社会发展，在对社会经济发展的统计数据、疫情统计数据、环境监测数据等的分析中，增强民族自豪感，培养创新能力和科技服务社会的意识。

四、教学评价与反思

（一）教学评价

与知识目标评价相比，课程思政效果通常是"隐性的""长期的"。对计算机类课程而言，思政效果可以在实践过程、考评成绩中得到一定程度的呈现，结合调查问卷、访谈等可以构建较客观的评价方式，从而支撑课程的持续改进。

本课程利用过程性考核、终结性考核与教学评价反馈的双向机制，对知识传授、能力培养与思政目标的实现进行评价。

过程性考核包括自主学习评价、课堂测试、编程实践作业、作品创作、课堂表现等，以分析、设计、查找资料、编码、调试等复杂过程，反映计算思维和数据素养的培养效果，以及学习能力、科学态度、工匠精神和劳动品质的提升程度；作品创作考查学生对知识的综合应用能力、团队合作意识和创新意识。通过调查问卷，及时了解学生对科技重要性的认识、技术学习兴趣、教学模式、学习方法的反馈。

课程考核、调查问卷、教学评价结果表明，课程知识、能力与价值塑造目标能够较好地达成。尽管课前有 71% 的学生认为程序设计较难，但通过思政教学改革，学生逐步克服了畏难情绪，并在实践中培养了严谨认真的科学态度，在线题库答题完成率达 99%，完成结果优良率达 87%，期末测评中 75% 的学生的知识掌握与综合应用水平达到良好以上，较实施课程改革和思政建设前有显著提高。学生设计的作品能够反映其具有较好的技术学习和应用能力，尤其是新冠疫情数据分析等作品充满爱国情怀和民族自豪感。92%的学生认为该课程有益于其未来的发展，对课程评价良好。图 4 所示为调查问卷的部分内容。

*2.你认为学习Python语言的重要性如何？
- ○ 重要，有助于了解信息技术
- ○ 重要，对未来就业有用
- ○ 无所谓，只是为了考试
- ○ 不重要，因为没有用

*3.你认为学期学习Python语言的效果如何？【多选题】
- □ 大部分能听懂
- □ 能够理解编程的基本思路和方法
- □ 能够编写简单的Python程序
- □ 培养了学习计算机技能的兴趣
- □ 培养了使用计算机技术解决问题的意识

*7.当你遇到问题时最喜欢用什么方式解决？【多选题】
- □ 问同学
- □ 问老师
- □ 上机调试
- □ 查看Python自带帮助手册
- □ 上网搜索
- □ 查讲义或参考资料
- □ 不做

*8。你认为Python课程如何改进更有助于提高自己的学习效果？【多选题】
- □ 增加课后作业
- □ 增加课堂讲解
- □ 增加小组讨论
- □ 教师提供资料课后自学
- □ 小班教学
- □ 其他

*12. 每周课后学习该课程所用的平均时间
- ○ 4小时以上
- ○ 2-4小时
- ○ 2小时以下

*13. 期中的编程实践作业完成情况
- ○ 能够完成
- ○ 有困难
- ○ 自己难以完成

图 4　调查问卷（部分内容）

金融系学生对该课程学习的评价是：在 Python 的学习中，是伴随着不断报错成长的，是不断地练习让自己的错误越来越少，越来越熟练，并对 Python 的实用性和方便性着迷。我们是金融专业，在这学期的专业课中学习了很多公式，计算很麻烦，而用 Python 可以让计算更加方便快捷。在 Python 的学习中，我收获了很多。

（二）教学反思

课程思政是落实"三全育人"理念的重要保证，其不仅在课程目标中增加了思政内容，而且建立了全方位的育人体系，加强教师、学生和课程的自身建设并相互作用，建立闭环联通的改进体系。

（1）要求教师具有良好的师德师风，只有热爱学生、热爱教学，才能做好学生的引路人。

（2）需要结合学科性质和课程特点制定明确的思政育人目标，并与课程知识目标和能力目标有机融合，才能使思政育人成为课程教学中不可或缺的组成部分。

（3）需要立足学情，采用多样化的教学方式，适时、适当地在教学过程中融入思政元素，才能引发学生的思想共鸣。

（4）需要建立配套的考核评价机制，才能不断健全和完善课程思政体系。

另外，我们在教学中也感受到，在某些情境下，需要明确地向学生指出课程的思政育人目标，引导学生关注自我成长，从而达到更好的育人效果。

五、总结

本课程建设历经三年，建立了融合知识传授、能力培养和价值塑造的教学体系，并取得了较好的育人效果。目前，已有金融学、人力资源管理、会计学等专业学生学习本课程，这既为学校新版人才培养方案中各专业科技素养的通识教育奠定了基础，也对新文科背景下女性应用型人才的计算思维、数字素养培养进行了有益的探索。

结合新文科人才培养要求和学校发展目标，本课程后续将在以下三方面持续改进：

（1）课程思政建设内容的优化和完善。进一步梳理和挖掘课程中的思政育人元素，融入更多代表科学精神、工匠精神、劳动品质的具有显著理工科特点的育人要素，同时注重挖掘课程知识中蕴含的人文情怀，并强调科技为人类服务的观念。

（2）在线课程建设。为了支持后续更多专业学生的学习，将建设在线课程，开展线上线下融合教学，以提升育人效果，扩大课程思政的辐射范围。

（3）丰富教学资源库。建立面向多专业的教学资源库，融入反映国家经济建设发展成就、妇女儿童家庭建设的相关案例与数据，在学习和实践中培养学生的爱国情怀，提升其利用科技服务社会的能力。

参考文献

[1] 教育部关于印发《高等学校课程思政建设指导纲要》的通知[EB/OL].（2020-05-28）[2024-02-03]. https://www.gov.cn/zhengce/zhengceku/2020-06/06/content_5517606.htm.

[2] 习近平谈全国高校思想政治工作要点[EB/OL].（2016-12-09）[2024-03-27]. http://news.cctv.com/2016/12/09/ARTIpLqQSZCLXX17PuXFYw3J161209.shtml.

[3] 新文科建设工作会在山东大学召开[EB/OL].（2020-11-03）[2024-02-03]. http://www.moe.gov.cn/jyb_xwfb/gzdt_gzdt/s5987/202011/t20201103_498067.html.

[4] 中共中央，国务院. 关于加强和改进新形势下高校思想政治工作的意见[EB/OL].（2017-02-27）[2024-03-27]. https://www.gov.cn/xinwen/2017-02/27/content_5182502.htm.

[5] 李树涛. 课程思政建设要充分发挥教师作用[N]. 光明日报，2020-06-16（15）.

[6] 陆道坤. 课程思政推行中若干核心问题及解决思路：基于专业课程思政的探讨[J]. 思想理论教育，2018（3）：64-69.

[7] 韩作生，林培光. 新文科背景下面向财经类高校的大学计算机课程建设[J]. 中国大学教学，2021（Z1）：69-74.

[8] 张江. 用科学精神引领新文科建设[J]. 上海交通大学学报（哲学社会科学版），2020，28（1）：7-10.

人才培养与专业建设

高校公益创业的育人功能及培养路径研究

——以"汇爱"公益创业项目为例

中华女子学院管理学院 李 阳

摘要： 高校公益创业作为近年来一种新兴的创业方式，向社会传递了同时追求经济价值与社会价值的创业理念。本文以2022年1月1日正式实施的《中华人民共和国家庭教育促进法》（以下简称《家庭教育促进法》）为政策背景，依托国家级创新创业项目——"汇爱"公益创业项目，通过为处境不利儿童①家庭提供家庭教育公益指导服务的实践，探索高校公益创业的育人功能和人才培养路径，以实现立德树人、公益育人、实践育人的培养目标。

关键词： 公益创业 育人功能 处境不利儿童家庭 家庭教育指导

一、现状与背景分析

（一）高校公益创业的现状

高校公益创业作为近年来一种新兴的创业方式，向社会传递了同时追求经济价值与社会价值的创业理念。我国高校公益创业始于2006年湖南大学创建的"滴水恩"公益创业协会；2009年前后，伴随首届中国大学生公益创业论坛、共青团中央"青年恒好"公益创业行动、清华大学"北极光杯"公益创业实践赛等系列活动的开展，公益创业在我国高校开始发展；2014年，由共青团中央等单位举办的"创青春"全国大学生创业大赛，将公益创业纳入大赛范围；2016年，第二届中国"互联网+"大学生创新创业大赛开始增设"互联网+"公益创业项目，倡导以社会价值为导向的非营利性创业，对推动

---

① 本研究所指处境不利儿童包括流动儿童、留守儿童和困境儿童等。

高校公益创业教育的发展发挥了重大的促进作用。

广州大学的"毕业后公益"项目和北京邮电大学的"夕阳再晨"项目是公益创业成功的典型案例,产生了非常广泛的社会影响,对大学生参与公益事业的发展起到了重要的促进作用。例如,2011—2019 年,"夕阳再晨"在全国 27 个城市的 100 余所高校中成立了 100 多支志愿服务队,拥有近 12000 名活跃志愿者,共服务 200 多个社区,直接服务社区老年人 25 万余人,间接服务老年人超过 80 万人。[1] 很多大学生通过高校公益创业,毕业后走上了公益事业之路。

(二)处境不利儿童家庭教育公益创业的背景及意义

2022 年 1 月 1 日,《家庭教育促进法》正式施行,特别强调对留守、困境未成年人家庭提供家庭教育支持。《关于指导推进家庭教育的五年规划(2021—2025 年)》中指出,要努力构建多方参与、协同育人的家庭教育新格局;广泛吸纳热心于家庭教育公益事业的教师、大学生提供公益性家庭教育指导服务,特别是对未成年人违法犯罪多发地区、城市流动人口集中地、城乡接合部、农村留守儿童集中地等重点地区,广泛开展预防性家庭教育指导工作。

近年来,在全国妇联联合多部门积极开展的农村流动留守困境儿童关爱服务活动中,家庭教育指导服务是其重要内容之一。但其目前大多以阶段性的活动或项目为主,覆盖面和持续性有限,远不能满足广大流动留守儿童家庭对家庭教育服务的特殊需求,存在巨大的人才缺口。中华女子学院作为全国妇联直属高校,具备鲜明特点和独特优势,师生可以通过公益创业项目,依靠并服务各级妇联组织,在有热情、有时间、有能力的条件下,为处境不利儿童家庭提供精准的家庭教育指导公益服务。

通过公益创业,一方面,可以提升学生的公益意识和社会担当,助力高校培养德智体美全面发展、具有公益意识人才目标的实现;另一方面,有针对性地引导高校学生志愿者成为公益创业者,探索在新冠疫情导致就业艰难的形势下公益就业的渠道,实现理想价值与经济效益的有机结合,充分体现"大思政"教育观,实现立德树人的目标。因此,研究高校公益创业的育人功能和培养路径势在必行。

二、高校公益创业人才培养的目的

（一）提升公益创业理念的知晓度，实现立德树人

目前，大学生对公益创业理念的知晓度不高，缺乏对该理念清晰、客观、全面、透彻的理解。本项目将通过培训的方式，邀请专家学者以讲座、会议的形式开展公益创业的宣传讲解，加深教师、学生对公益创业内涵、性质、功能、组织形式的了解，提升学生对公益活动的认可度和了解度，通过"汇爱"公益项目，开展处境不利儿童家庭教育指导公益服务，践行公益服务理念。引导学生投身社会，关爱弱势群体，在现实中寻找问题、发现问题并解决问题。同时植入社会主义核心价值观，在公益创业实践中培养创新意识、激发创业热情、塑造企业家精神，将学生的职业发展规划与社会需要相结合，从而实现个人价值与社会价值的有机统一。

（二）探索公益创业的育人模式，实现实践育人

本项目将探索与公益组织合作的模式，从社会实际需要出发，开展公益创业。带领学生走进公益组织，体验公益组织的创业文化氛围，学习公益组织的创新创业文化内核，学习公益带头人的创业精神，充分调动学生创新创业的积极性，使学生真正做到学有所成、学有所用。教师可以在产学研合作以及协同创新领域，加强对公益创业项目的发展与扶持，引领大学生投身公益创业。

（三）拓展后疫情时代大学生的就业渠道

2020年新冠疫情暴发以来，全球经济陷入困境，大学生就业更加艰难。对公益创业的育人功能和培养路径进行探索，既可以提升学生的管理能力，积累创业经验，又可以为各专业学生提供社会实践的有益渠道，特别是与家庭教育相关的专业，如社会工作、法学、心理学、教育学等专业的学生，可以强化其专业认同，为学生终身发展提供"持续动力"，并且有利于拓展学生的就业渠道，引导学生投身我国的公益事业。

（四）填补流动留守困境儿童家庭教育指导服务的人才缺口

高校公益创业应聚焦社会痛点，以问题导向、需求导向为出发点，发挥大学生应有的社会责任，同时实现自我价值，这是一个双向奔赴的过程。我

国流动留守困境儿童数量较大，义务教育阶段进城务工人员随迁子女（流动儿童）①数量逐年上升，2020年达到1429.73万人，受新冠疫情影响，2021年稍有下降，为1372.41万人。②留守儿童的数量因统计口径不同，不同的统计部门发布的数据存在很大的差别，但数量较多是多方的共识。对于此类儿童家长的家庭教育指导仍然处于探索阶段，最大的问题是，基层工作人员严重不足。乡镇（街道）儿童督导员和村（居）儿童主任是落实儿童关爱政策的最后一环，也是最关键的一环，但目前所有的儿童主任和督导员都是兼职，既没有任何报酬，也缺乏相关家庭教育指导的培训，工作的积极性和成效都难以保证。以家庭教育公益指导服务为主要内容的高校公益创业项目，初期可以小范围地满足流动留守儿童家庭对家庭教育服务的需求，同时探索操作性较强的有效模式，模式成熟后，可以在高校范围内进行复制推广，以进一步填补这一领域的人才缺口。

三、高校公益创业人才培养实现路径的经验探索——以"汇爱"公益项目为例

1998年，美国政府削减了对福利事业的资助，鼓励以私人捐助非营利组织的形式开展公益活动，由此，美国学者最早提出了"公益创业"的形式。近年来，虽然我国在大学生创新创业教育方面的重视力度不断增强，各级政府也出台了一系列相关政策鼓励大学生创新创业，但高校大学生公益创业还处于起步阶段。我国《家庭教育促进法》的出台，给大学生公益创业提供了良好的契机。高校公益创业是指以大学生为创业主体参与或发起的以解决社会问题为目的，并以此创新社会问题解决方案、提升就业率、促进经济增长且可持续发展的自主创业项目。依托高校的资源优势，可实现公益创业，"汇爱"家庭教育指导公益服务项目就是在这一背景下创立的。

（一）公益创业将成为高校学生创业的新途径

当前我国正面临百年未有之大变局、世界进入新的动荡变革期的复杂局面，因而客观上需要高校学生以社会责任担当为宗旨，以解决社会问题为己

---

① 进城务工人员随迁子女，是指户籍登记在外省（区、市）、本省外县（区）的乡村，随务工父母到输入地的城区、镇区（同住）并接受义务教育的适龄儿童青少年。
② 数据来源：教育部《全国教育事业发展统计公报》（2010—2021年）。

任，积极投身公益创业，以解决就业难和市场失灵问题，同时通过创立社会组织、使用创新手段来实现社会价值并产生社会效益。总之，公益创业将会成为高校学生创业的新途径，公益创业离不开高校学生，高校学生也需要公益创业。

"汇爱"家庭教育指导公益服务项目，通过连接大学教师及大学生志愿者、政府和多方社会资源，为处境不利儿童家庭开展"一对一"家庭教育公益指导服务，服务的主要内容包括家长科学育儿课堂、家长家庭教育指导沙龙、儿童陪伴阅读、儿童心理健康疏导、家长儿童博物馆研学等，通过不同场景、不同形式的指导服务，引导家长形成科学的家庭教育理念，运用最合适的家庭教育方法，促进儿童全面健康成长。

由此可见，高校通过公益创业项目，既可以满足现代社会的多元需求，又可以实现学生创新创业能力与专业能力相结合、理论知识与活动实践相结合的目标，更贴近学生，门槛更低，成功率更高。因此，公益创业必将成为高校学生创业的新途径。

（二）将高校公益创业与高校志愿服务有机结合，实现公益创业的持续性

拥有一支具有一定规模的稳定的志愿者队伍，能够提供持续的、高质量的、专业的志愿服务，是保证公益创业持续发展的关键因素。高校公益创业和志愿服务既具有相同的价值起点与宗旨目标，又具有同等重要的社会作用，志愿服务活动中的一些价值理念和方式方法也是公益创业的学习转化目标。

自1993年我国志愿者服务走入高校以来，高校志愿者组织在高校、共青团中央等部门的指导下迅速发展开来。中华女子学院的学生大多来自农村，相当一部分有过流动留守经历，因此参与相关志愿活动的比例较高，并且学院拥有优势专业，如社会工作、学前教育等，可以为"汇爱"创业项目提供丰富的家庭教育指导服务方面的专业志愿者资源。将公益创业与志愿服务有机结合，通过"汇爱"公益创业项目的实践，有针对性地引导一部分具有创新创业精神的大学生志愿者成为公益创业者，实现公益创业的公益育人及实践育人功能。

（三）发挥高校的专业优势和人才优势，保证公益创业的专业性

高校有着丰富的专业资源和人才资源，这是实现高校公益创业专业性的有力保障。第一，课程学习。高校普遍开设了"创业学"课程，有些高校还

开设了"公益创业学""社会与公益"等课程，这可以丰富学生创业的理论知识，提高其理论素养。第二，高校一般设有创业指导中心，为"大学生创新创业训练计划"立项项目创业团队提供不定期创业培训交流和机构注册等方面的咨询服务，有的已孵化出正式的公司或社会组织。第三，教师的专业指导。高校教师拥有专业优势和一定的社会资源网络，可以为学生的公益创业项目提供专业指导和资源对接。

中华女子学院作为全国妇联直属院校，在家庭教育领域有着丰富的学生和教师专家资源。"汇爱"家庭教育指导公益服务创业项目通过中华女子学院研究建设院级培训平台，对参与志愿服务的学生定期进行家庭教育指导服务与工作培训，从培训目标、内容和方式上进行整体设计，通过专业化、系统化的培训，为家庭教育指导公益服务培养出一支专业的公益服务队伍，以保证公益创业的专业性。

（四）借助政府的资源优势，实现公益服务的精准性

政府作为社会公共产品或服务的主要供给者，客观上无法满足目标人群的差异化需求和实现全覆盖。高校公益创业可以借助政府的组织资源优势，以目标群体的需求为导向，较为精准地提供更细致、人性化、差异化的公共服务。

《家庭教育促进法》第35条[①]明确了妇联组织为处境不利儿童家庭提供家庭教育指导服务的重要任务。中华女子学院作为全国妇联的直属院校，应当承担起相应的社会责任，学校开设了家庭教育、学前教育、心理学、社会工作、人力资源管理等专业，学生在学习专业知识的同时，可以通过该公益创业项目与社会接触，实践所学。妇联基层组织掌握着处境不利儿童家庭的基本情况，"汇爱"公益项目可以借助其力量，精准锁定服务对象，并在基层妇联主席的帮助下，与其建立彼此信任的关系，从而顺利开展家庭教育指导公益服务。

---

① 《家庭教育促进法》第35条：妇女联合会发挥妇女在弘扬中华民族家庭美德、树立良好家风等方面的独特作用，宣传普及家庭教育知识，通过家庭教育指导机构、社区家长学校、文明家庭建设等多种渠道组织开展家庭教育实践活动，提供家庭教育指导服务。

四、未来发展规划与展望

（一）注册民办非企业单位

高校公益创业，前期大多有教委、团委、学校等多方面的资金支持，然而发展到中后期，面临的突出问题集中在资金和管理等方面，因此，注册为正式的社会组织，参与社会服务，可以提升公益服务的质量、管理水平、运作能力等。具体到"汇爱"公益创业项目，《家庭教育促进法》给出了法律层面的支持，该法第 36 条明确规定："自然人、法人和非法人组织可以依法设立非营利性家庭教育服务机构。县级以上地方人民政府及有关部门可以采取政府补贴、奖励激励、购买服务等扶持措施，培育家庭教育服务机构。"

（二）与其他高校志愿组织合作

"汇爱"公益创业模式成熟后，可联合其他高校进行推广复制，争取更多的政府资源和社会资源，提供质量更高、覆盖更多的有需求家庭的家庭教育指导公益服务，将"汇爱"模式推向全国高校，从而更广泛地发挥高校公益创业的公益育人、实践育人功能。

参考文献

[1] 罗旭.中国社会企业效用评价模型研究[D].北京：北京邮电大学，2019：32.

[2] 彭小媚，严晓秋.新时代高校公益创业的育人功能实现路径研究[J].高教学刊，2021，7（22）：51-54.

[3] 杨宝光，金卓.志愿服务公益创业：继续探路前行[N].中国青年报，2022-01-13（05）.

[4] 吴蕾蕾，金伟琼.论高校志愿服务向公益创业的转化[J].广东青年研究，2021，35（2）：97-103.

[5] 樊有镇，杨梦婷.公益创业：大学生志愿服务持续性发展的有效路径[J].湖北开放大学学报，2022，42（4）：53-57，64.

[6] 田静.实践育人视野下大学生公益创业教育的发展路径研究[J].创新创业理论研究与实践，2021，4（5）：83-84，90.

[7] 宋露露.地方应用型高校公益创业人才培养模式研究[J].商讯,2022（14）:187-190.

[8] 温雷雷."双创"背景下大学生公益创业社会支持体系研究[J].教育与职业,2021（8）:100-103.

[9] 刘玉英,杨永邦,贺常乐,等."大学生创新创业训练计划项目"实施体会与思考[J].创新创业理论研究与实践,2022,5（7）:172-174.

[10] 倪阳平.组织生命周期视角下公益创业的困境与扶持[D].武汉:华中科技大学,2020.

新一轮审核评估背景下应用型高校质量保障体系建设研究

中华女子学院管理学院　金晓娜

摘要： 高等教育高质量发展的核心是提高人才培养质量，而本科教学审核评估则是提高人才培养质量的重要手段。《普通高等学校本科教育教学审核评估实施方案（2021—2025年）》明确提出新要求，对加强质量保障和质量文化建设发挥了重要的导向作用。理解和把握新一轮审核评估方案中质量管理、质量改进、质量文化的新内涵和新要求，并在此基础上探索构建应用型高校的质量保障体系，强化持续改进理念，为即将到来的审核评估提供有效支持，进而为推进应用型本科教育教学工作高质量发展提供实践依据。

关键词： 新一轮审核评估　质量保障体系建设　持续改进理念

基金项目： 2022年中华女子学院"院级发展课题"重大课题"新一轮审核评估背景下应用型高校教学质量保障体系建设研究"

2021年2月，教育部印发了《普通高等学校本科教育教学审核评估实施方案（2021—2025年）》，从此拉开了新一轮审核评估的序幕。高等教育质量保障的发展现状与现实需求，既是新一轮审核评估方案设计的背景，也是方案设计的逻辑起点。新一轮审核评估方案在更尊重高校多样化发展需求的同时，强化持续改进理念，特别是把对学校质量保障机制和能力的评估作为重点。因此，不难看出，在上一轮审核评估重点考察"教学质量保障体系运行的有效度"的基础上，高校内部质量保障体系的建设情况与运行效果仍将是新一轮审核评估的重要内容。

中华女子学院作为应用型普通本科高等院校，如何建设好、运行好内部教学质量保障体系并让其发挥最大作用，是教学质量保障体系建设过程中最为重视和关注的问题。在《深化新时代教育评价改革总体方案》《关于深化新时代教育督导体制机制改革的意见》《教育部关于全面提高高等教育质量的若干意见》等一系列政策的指导下，全面落实中央教育评价改革任务、加快构建中国特色高等教育质量保障体系、切实改进本科教育教学评估工作具有重要意义。

鉴于此，借助新一轮审核评估的契机，基于这次评估对应用型高校质量保障体系建设的新要求，提出对策建议，从而为完善应用型高校内部教学质量保障体系提供有价值的参考和借鉴。

一、新一轮审核评估：以评价改革促进高质量的教育体系建设

习近平总书记在全国教育大会上作出重要指示，要深化教育体制改革，健全立德树人落实机制，扭转不科学的教育评价导向，坚决克服唯分数、唯升学、唯文凭、唯论文、唯帽子的顽瘴痼疾，从根本上解决教育评价"指挥棒"问题。[1] 习近平总书记关于教育的重要论述为高等教育评估改革，特别是本科教育教学改革提供了根本遵循。新一轮审核评估的方案，就是贯彻中共中央教育评价改革的方案。

过去的水平评估主要强调引导、完善内部质量保障体系，审核评估的内容之一就是审核质量保障体系。因此，高校都在推动建立健全内部质量保障体系。新一轮审核评估总结了水平评估和上一轮审核评估的经验与问题，在此基础上，根据我国高等教育改革发展的新阶段和新使命，增加了网上专家评审以及后续的整改要求，并且把高校分为两大类、四小类，一校一方案，强调引导学校自主办学、特色发展、内涵式发展。

新一轮审核评估更加重视学校的自我质量保障，中华女子学院申请了第二大类中第二小类的应用型人才培养方向的评估，新一轮审核评估对这一类型高校的内部质量保障建设有一个政策导向：更强调质量管理、质量改进和质量文化。以往的水平和审核评估均要求对质量保障体系进行整改，然而对于如何建立健全该体系一直处于探索阶段。新一轮审核评估不是看有没有保障体系，而是看保障体系全不全、有没有效果，由此可以看出，新一轮审核评估对质量保障要求更高，质量保障占比更大，这也是我们面临的新使命——以评价改革促进内部保障体系的高质量建设。

二、新一轮审核评估对应用型高校质量保障体系建设的新要求

新一轮审核评估方案的亮点之一是高校质量保障体系,这是在上一轮审核评估的基础上,针对特定高校所设计的一种新的重点突出的评估方式,对于应用型高校质量建设应突出以下四点新要求。

(一)建设指标新要求

新一轮审核评估方案中应用型高校审核要素一级指标的第六项是质量保障,包括质量管理、质量改进和质量文化三个二级指标,其充分体现了"学生中心、产出导向、持续改进"的三大理念。一是坚持以学生为中心的发展导向,突出教学新模式:教师从教到学,从传授知识到能力培养,开展学习成果评价。二是强调教育产出质量,基于以学生的学习成果为导向的成果导向教育(OBE)理念,反向设计培养目标、课程体系,开展教学活动。三是强化持续改进理念,要有明确可行的持续改进制度和措施,让每个主体都自觉行动,从而形成一种质量文化。

(二)质量管理新要求

新一轮审核评估方案中的二级指标"质量管理"强调质量标准、质量管理制度、质量保障机构及队伍建设,重点为质量标准建设。每个学校要保证的质量不一样,因此要结合自身发展愿景和办学定位,依据和参照国家标准、行业标准以及相关国际先进标准等,并坚持层次性、多样性、规范性的原则,建立和完善质量标准体系,包括专业建设、课程建设以及主要教学环节的质量标准,覆盖人才培养的全过程,使人才培养的各项工作都能做到有标可依、有尺可量。

(三)质量改进新要求

新一轮审核评估方案中的质量保障二级指标"质量改进"强调学校内部质量评估体系的建立,要求学校以审核评估为契机,促进质量评估体系的建立与完善。一是建立内部质量评估体系,主要包括专业评估、课程评估、院部评估以及对课堂理论教学、实践教学、毕业设计(论文)、学生学业成就等主要教学环节的评价。二是注重内部质量评估结果。新一轮审核评估方案突出了对内部质量评估结果的使用,要求强化评估结果以促进教育教学改革,

实现教育教学质量的不断提升。专业评估结果可用来优化专业结构、加强专业建设和深化专业教学改革；课程评估结果可用于课程教学的改进以及课程教学质量的评优和问责；院部评估结果可用于院部工作的评优和问责；主要教学环节评价结果可用于教学工作的评优和问责；等等。

（四）质量文化新要求

加强高校质量文化建设是新一轮审核评估面临的新挑战。质量文化是一种文化的内省，在高校教学质量保障中起着举足轻重的作用，本轮审核评估，尤其是在对第二类参评高校的评估指标体系中，注明了评估学校自觉、自省、自律、自查、自纠的质量文化建设情况以及质量信息公开制度及年度质量报告情况。

新一轮审核评估借鉴了前两轮评估的经验教训，尤其重视质量持续改进机制的建立。持续改进机制是一种具有"评价—反馈—改进"反复循环特征的机制，其强调利用现代信息技术手段，开展数据的"分析—反馈—改进"，推动人才培养质量的持续提升，以保障其始终符合内、外部需求。同时持续改进毕业要求，保障其始终与培养目标相符合；改进教学活动，保障其始终与毕业要求相符合。

三、评估理念指导下应用型高校质量保障体系构建探索

在充分借鉴吸取过去评估经验与教训的基础上，对照新一轮审核评估对应用型高校质量保障体系建设的新要求，结合中华女子学院质量保障体系的现状，探索如何加强质量保障体系建设。

（一）强化新时代质量观

新一轮审核评估明确要求强化"学生中心、产出导向、持续改进"三大理念。因此要在全校范围内加强宣传，营造良好的质量文化氛围，引导全体师生及员工树立新的理念。开展强化先进质量理念的研讨活动，逐步将质量要求内化为全校师生的共同价值追求和自觉行为。

（二）与时俱进，不断完善教学质量标准

质量标准是监控和评估教育教学质量的重要依据，重视人才培养质量标准、专业标准、学科标准、课程标准的建立，不断完善教学质量标准，并把

这种标准内化到学校人才培养的全过程，做到不断更新、与时俱进。一是专业建设质量标准，各专业以通用标准为基准，结合专业特色制定专业补充标准，为专业建设和评估提供依据；二是课程建设质量标准，按照公共类课程、通识类课程、专业类课程分类，建立通用质量标准，并在此基础上建立课程补充标准，作为课程建设与评估的依据；三是主要教学环节质量标准，主要教学环节包括课堂理论教学、实践教学、毕业设计（论文）、实习、创新实践等。

（三）建立和完善内部质量评估体系

内部质量评估体系由院系评估、课堂教学评估、实践教学评估以及学生学业成就评估组成。一是院系评估。建立常态化的院系评估制度，出台关于院系评估的实施方案，规范院系的教学管理工作，促进教学改革和教学建设。二是课堂教学评估。对"以学生为中心"的课堂教学实施情况进行考察，开展以学生学习成果为导向的教学质量评价。三是实践教学评估。实践教学一般包括实验、实习、实训、社会实践等环节，要基于实践教学质量标准，制定实践教学评估制度，重点对以上环节开展评估工作，促进实践教学质量的提升。四是学生学业成就评估。坚持"学生中心、产出导向、持续改进"的质量理念，科学地设计学生学业成就评价指标体系，制订相应的评估实施方案，开展以学生学习成果为导向的评价，重点考核学生的学习成效。

（四）建立人才培养质量持续改进机制

新一轮审核评估注重持续改进，尤其要实现对培养目标、毕业要求以及教学活动的持续改进，需要建立"三大机制"：一是教学过程质量监控机制。按照日常标准和要求，定期开展课程体系设置和课程质量评价，定期进行课程教学大纲审查、课程教学过程监督检查及课程考核方式与内容的审查等。实现从教师"教"到学生"学"、从知识传授到能力培养两个转变；实现教学督导与教学基层组织、教师发展中心两个联动。二是毕业要求达成情况评价机制。通过收集和整理能够体现学生学习成果的课程质量评价数据和学生表现评价数据，分析研究得出结果，对毕业生达成毕业要求的情况进行评价，根据评价结果判定毕业要求达成度，为持续改进提供依据。三是毕业生跟踪反馈及社会评价机制。学院每年都会由麦可思公司对毕业生进行跟踪，以及行业企业和用人单位等利益相关者对毕业生进行评价调查，应进一步根据所获得的信息对培养目标的达成情况进行分析和评价，尤其是相关责任人在接到反馈后，要对培养目标进行科学化、系统化的持续改进。

（五）营造浓郁质量文化，办出水平、办出特色

质量文化是一种内驱力，是一种由内而外的文化自省和文化自觉。学校质量保障体系的建设和发展，是新时代背景下高校质量文化的有力体现和重要抓手，学校质量保障体系的发展，就是要从一种"被迫"发展向培养高质量文化机制的自觉转变，将质量保障机制建立为常态化的完整体系并有效开展，不再是"应对"检查的被动作为，而是从物质、制度、行为、精神四个层面，加强文化凝聚、提炼文化、提炼学校的精神内涵，从而使学生与教师形成共同的价值追求。

四、结语

新一轮审核评估主要检验学校自身质量保障机制的运行效果。因此，学院应根据教学成果和成效持续改进自己的质量保障理念，不断完善质量管理制度，加强对学生和教师的闭环评价，使教师和学校能够有据可依、有据可改，以不断优化质量保障机制，提高教学质量标准，发挥本校质量保障机制的监督作用，营造一种学校全员参与、积极主动改进质量的文化氛围和环境，确保质量保障过程的有效实施，从而推进学校质量保障的内涵式发展，提高人才培养质量。

参考文献

[1] 习近平：坚持中国特色社会主义教育发展道路 培养德智体美劳全面发展的社会主义建设者和接班人 [EB/OL].（2018-09-10）[2024-02-03]. http://www.xinhuanet.com/politics/leaders/2018-09-10/c_1123408400.htm.

数智化时代基于 OBE 理念的人力资源管理人才培养模式优化的探索

中华女子学院管理学院　张瑞娟

摘要： 数智化时代驱动了企业的数字化转型，包括人力资源管理数字化转型，同时对高校人力资源管理人才培养提出了新的要求。本文基于 OBE 理念，提出了人力资源管理专业优化人才培养模式的思路、课程体系和评价方式优化的具体措施，以及人才培养模式优化保障体系。本文为推动人力资源管理专业课程改革和培养模式优化提供了思路和借鉴。

关键词： 数智化时代　培养模式优化　OBE 理念

一、引言

随着互联网、大数据、人工智能、区块链等技术的快速发展，数字经济快速兴起并已经形成燎原之势。数字技术与实体经济深度融合，各种新组合、新模式、新业态深刻地改变着生产、生活方式，促使许多组织在业务流程和业务架构上不断做出巨大调整。数智化时代将从智慧化、数据化、人性化三个层面对组织的人力资源管理产生深远影响，给组织的人力资源管理带来巨大的挑战，也必将对高校人力资源管理专业的人才培养提出新要求。[1]

中华女子学院人力资源管理专业开设于 2002 年，在 2022 年获批北京市一流专业建设点。人才培养模式优化是一流专业建设点的关键环节。在数智化时代、新文科和商科融合发展的背景下，人才培养模式如何与时俱进，并根据国家政策、社会发展趋势、企业与市场需求等不断优化是一个重要的研究课题。

OBE 理念是一种以结果为导向的教育理念，强调在明确目标、预期成果、需要达到的能力等情况下,以学习者为中心,细化培养过程。其以培养学生的能力为目标导向,开展教学活动,进行教学评价,查找不足并逐步改善。因此,在数智化时代、新文科和商科融合发展的背景下,基于OBE理念,根据国家政策、社会发展趋势、企业与市场需求等不断优化人才培养模式是值得探索的重要课题。

二、基于OBE理念优化人才培养模式

(一)OBE理念的内涵和核心要素

OBE理念最早由美国人斯巴迪(Spady)于1981年提出,其核心思想是以学生在毕业时应达到的知识、能力、素质要求为结果,以此反向设计并持续调整学生的培养目标和教学模式。

1.OBE理念的内涵

OBE理念的内涵以学生为中心,以结果为导向,持续地改进。OBE理念强调成果导向、学生本位以及持续改进的教学理念,由学习成果驱动教学设计、教学实施与教学评价,注重保持教学与学习成果的协同一致性,实现学科导向向目标导向的转变、教师中心向学生中心的转变、质量监控向持续改进的转变。[2]

2.OBE理念的核心要素

阿查里亚(Acharya)于2003年提出了实施OBE的四个步骤:定义学习产出→实现学习产出→评价学习产出→使用学习产出。定义学习产出,即定义学习成果要充分考虑每一个教育参与者的要求与期望,包括政府、学校、用人单位、学生等,学习产出表现为学生适应岗位工作所需要的知识、能力和素质;实现学习产出,知识、能力和素质的培养需要通过课程教学来实现,所有教学计划和课程内容都要遵循反向设计原则,并指向学生实现预期学习产出,而不再是灌输式教育;评价学习产出,OBE理念对教学评价更侧重于学生获得的学习成果,一般采用多元和梯次评估机制;使用学习产出,即根据学生学习产出的情况,及时发现问题,动态调整培养目标、课程体系和评价体系。[3]

(二)基于OBE理念优化人才培养模式的思路

传统的教育理念是基于课程的教学设计与实施,教学计划的核心是确定

要上哪些课程，而确定课程的依据则是对于该学科的"理解"，教学计划的实施过程是安排上"好"每一门课，教学评估是评价每门课上得怎么样。而基于产出的教学目的是使毕业生达到一定的能力要求，教学计划要明确反映使毕业达到要求的支撑，上"好"课就是有效地完成相应的"支撑"，并逐项对应毕业要求是否完成。具体思路如图1所示。

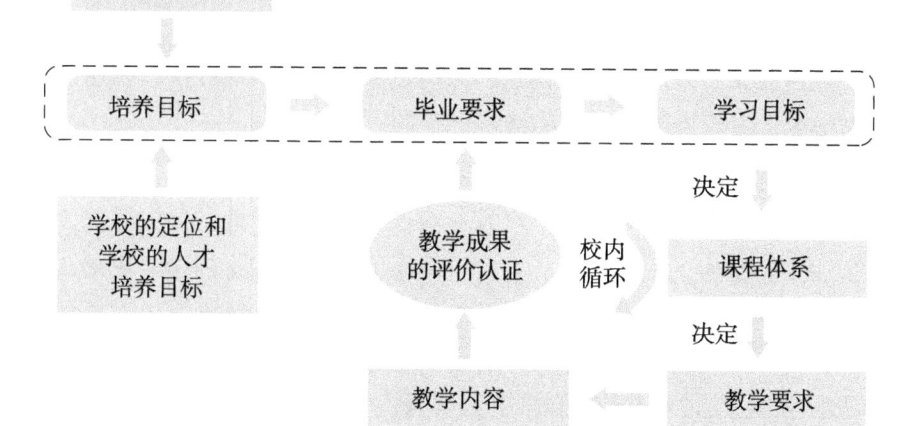

图1 基于OBE理念优化人才培养模式的思路

1. 明确专业社会需求，准确定位培养目标

专业与社会紧密对接，明确人力资源专业未来面向的行业、企业、工作类型等需求，在充分调研与分析的基础上，构建数智化时代人力资源管理从业者的能力素质模型（知识、能力和态度），根据人力资源管理从业者的能力素质模型准确定位专业培养目标。一般需要从两个层面进行专业需求分析：一方面是社会需求，即外部需求，主要指社会外界对专业人才的期望；另一方面是自我需求，即内部需求，主要指学校内部或学生自身对需求的预测与期望。

2. 优化课程体系

根据培养要求整合和优化现有的课程体系。现有的课程体系主要分为通识教育、专业教育和特色教育三个部分，基于专业教育和特色教育（人力资源专业能力课程群+数据化处理分析能力课程群、性别领导力特色教育课程群），树立大课程观念，优化课程内容，突出对数据化思维和人力资源专业技能的培养。打破人力资源管理专业课程内容的归属性，弱化课程个性概念，强化各门课程有机结合形成的人力资源管理专业应用知识和能力。优化实践课程体系，形成特色突出、有效衔接的人力资源管理专业应用能力。构建认知实践（专业讲座+企业参观座谈）+操作实践（课内实验课+案例讨论+社会调查）+综合实训（人力资源知识技能竞赛+综合仿真实验+实践综合案例操作+毕业实习）的实验教学内容体系，形成由浅至深的实践课程体系，抓好配套实验教学软硬件平台的系统搭建、专业综合实验教学和仿真模拟等环节。

3.改革评价方法

创建多元化、多阶段和多样化的考核体系，基于预期目标、职业能力标准，对学生学习效果进行全过程的考核评价。

4.创建反馈机制，推动持续改进

创建反馈机制，实时监控学习目标能否反映当前职业的岗位需求，培养方案能否支持学生达成学习目标，评价体系能否考核学生的学习成果，如果不能，则要及时进行调整和改进。

三、优化人才培养模式的主要保障

（一）深入推进教学方式、方法改革

广泛开展启发式、讨论式、参与式教学，减少教师课堂讲授学时，引导学生自主学习，促进学生的研究性学习，探索混合式教学示范课程建设的教学模式。同时推行基于问题、项目、案例的教学方法和学习方法，加强综合性实践科目的设计和应用。

（二）推进人力资源管理专业课程群教学团队的建设

课程体系优化是培养模式优化的关键环节，课程群建设是课程体系优化的重要方面，教学团队建设是课程群建设的保障。依据课程群的三大模块，即大数据相关课程群、人力资源管理专业课程群、性别和领导力课程群，来组建相关课程群的教学团队。

参考文献

[1] 赵曙明，张敏，赵宜萱.人力资源管理百年：演变与发展[J].外国经济与

管理，2019，41（12）：50-73.

[2] 周洪波，周平，黄贤立. OBE 理念下应用型本科人才培养方案的构建 [J]. 高教学刊，2018，10（3）：76-78.

[3] 曾丽萍. 应用型本科财务管理专业学习质量保障体系构建：基于 OBE 理念 [J]. 商业会计，2020，5（5）：106-110.

基于社会需求探索养老服务管理人才专业能力培养

中华女子学院管理学院　李乐旋

摘要： 老龄化、少子化带来的养老服务需求与供给的矛盾在未来一段时期内都将是社会关注的焦点。养老服务管理人才的培养要以养老服务行业的实际需求为基础，本研究以养老机构为例，通过对护理岗和管理岗21位在职人员的访谈，尝试对养老机构所需人才的专业能力进行画像，找到养老服务管理人才专业能力培养的方向，进而尝试对养老服务管理本科建设的人才培养进行探索。

关键词： 养老服务　管理人才　能力培养

基金项目： 中华女子学院院校发展重大课题"基于社会需求与OBE理念的养老服务管理专业建设探索"（项目编号：ZKY201010201）。

一、引言

国务院于2022年2月21日发布的《"十四五"国家老龄事业发展和养老服务体系规划》指出，要"优化养老服务专业设置，结合行业发展新业态，动态调整增设相关专业并完善教学标准体系，引导普通高校……加大养老服务人才培养力度"。[1]我国养老服务管理本科专业设立只有三年时间，还没有形成成熟的人才培养体系。作为应用型本科专业，教育的目标导向应更明确，社会需求就是指挥棒，如何在满足社会需求的基础上做好人才培养工作，是新建专业现阶段亟须解决的问题，这需要对人才培养建设进行多元化的探索。因此，本研究以养老机构为例，通过调查机构对养老服务人才的能力需求，提取所需专业能力，确定养老专业人才的培养方向。

二、养老机构养老服务管理人才专业能力需求调查

因目前还没有养老服务管理专业的本科毕业生,所以调研以专科生的职业发展为主。调研发现,养老服务管理专业专科毕业生在养老机构的职业发展路径与机构类型和规模有关。例如,对于一个典型的社区养老服务中心(见图1),专科毕业生可以选择的职业发展路径有:(1)活动策划→后勤部主任→中心经理助理→中心经理;(2)社工→督导部主任→中心经理助理→中心经理;(3)护理员→社区门店经理→社区养老服务部门主任→中心经理助理→中心经理。如果机构规模较大,还可以晋升到集团继续发展。

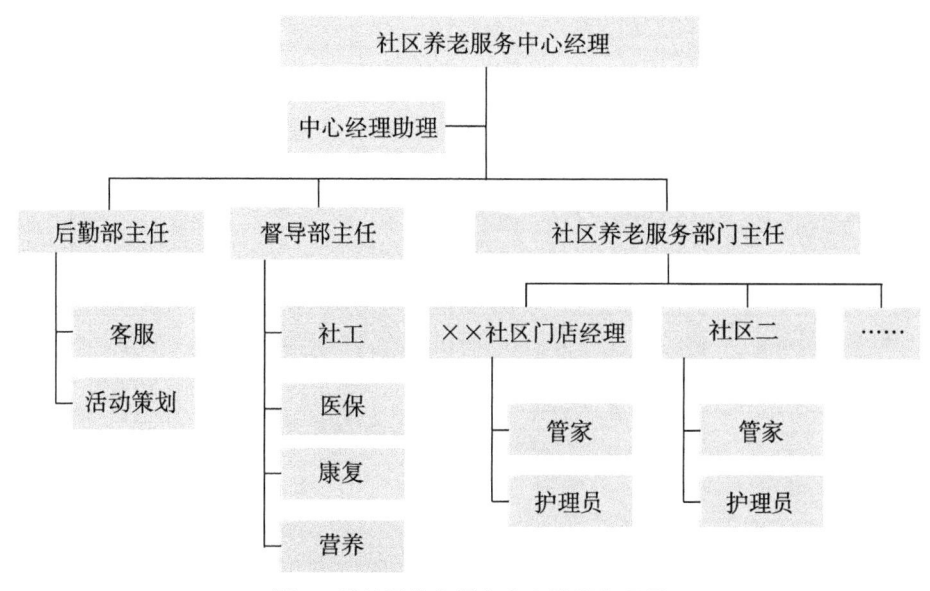

图1 某社区养老服务中心的岗位设置

一般来说,不论是在社区还是在机构,毕业生都会面临岗位选择,护理岗辛苦、工作时间长、压力大,社工、活动策划、销售、行政等岗位相对轻松,但就事业发展来说,虽然护理员这条职业发展路径在初期非常艰苦,但该时期积累的护理经验在以后的管理生涯中是非常重要的,同时这条路线的晋升相对来说也是最容易被认可的,是最容易加速的一条路线。一名合格的养老服务管理专业的专科毕业生在护理岗工作2~3年后,就有很大概率被提升到管理岗。正如一位毕业两年就晋升为门店经理且被央视采访过的专科毕业生所说:

"……有可能从社工做起，相对轻松，时间宽裕，如果社工做得特别好，则可能可以成为社工主管，慢慢也就有了晋升为机构负责人的可能。但是不管你在机构里从事哪一个岗位，你的护理知识、护理经验都是必需的。因为无论你是从事社工还是销售，以后想晋升的话，还是会涉及护理这一领域。"

在对其他管理岗的访谈中普遍存在类似观点：养老机构的负责人最好有护理经验，这是做好管理的基础。甚至有部分机构明确要求到管理岗任职要有至少两年的护理经验。

因此，未来养老服务管理专业的本科毕业生到养老机构工作，从护理员开始晋升发展是大多数有事业理想的学生的选择，那么就可以根据访谈重点构建对机构负责人岗位和护理岗的能力要求。

（一）访谈基本情况

课题组在2022年1—4月，访谈养老服务机构管理岗人员9位、护理岗人员12位，具体信息见表1。受新冠疫情影响，只有两位是面谈，其他访谈都是在线上完成的，主要采用腾讯会议视频、微信视频、微信语音和电话形式。访谈时间最长72分钟，最短30分钟。

表 1　访谈对象个人情况汇总

岗位	序号	职位	性别	组织性质	机构类型	年龄/岁	学历
管理岗	1	院长	女	民营	全国连锁养老机构	36	本科
	2	院长	男	民营	医养结合养老机构	43	本科
	3	副院长	男	公办	社区养老	29	专科
	4	院长助理	女	民营	医养结合养老机构	31	专科
	5	门店经理	女	国企	普惠养老型连锁机构	26	专科
	6	管理部主任	女	央企	高端养老机构	35	本科
	7	护理部部长	女	民营	一般养老机构	27	专科
	8	办公室主任	女	央企	全国连锁养老机构	36	本科
	9	养护主管	女	民营	社区养老	40	高中
护理岗	1	高级护理员	男	民营	全国连锁养老机构	29	专科
	2	高级护理员	女	民营	高端养老机构	54	初中
	3	护理员	男	民营	高端养老机构	48	初中

续表

岗位	序号	职位	性别	组织性质	机构类型	年龄/岁	学历
护理岗	4	护理员	女	公办+民营	社区养老	46	初中
	5	护理员	女	公办	医养结合养老机构	48	初中
	6	护理员	女	央企	医养结合养老机构	45	初中
	7	护理员	女	民营	医养结合养老机构	23	专科
	8	护理员	女	国企	高端养老社区	26	专科
	9	护理员	女	民营	医养结合养老机构	47	初中
	10	护理员	女	民营	医养结合养老机构	48	初中
	11	护理员	女	民营	社区养老	25	专科
	12	护理员	女	公办	社区养老	26	专科

（二）管理岗所需能力调查

管理岗能力构建源自：（1）对管理人员的访谈。识别管理人员在工作事件/问题处理中的优秀能力，以及管理岗应具备的能力。（2）对护理岗的访谈。询问护理岗对管理人员的能力诉求，例如：您心中的好领导是怎样的？您觉得合格的领导应该有怎样的能力？（3）岗位职责说明书。阅读组织制定的岗位职责说明书，从组织设计中提取任职能力信息。

如果岗位职责说明书或工作说明中的明确表述与访谈表述意思一致，则使用说明书中的内容，汇总形成简表（见表2）。

表2　机构负责人的能力提取

岗位职责/原始语料（部分）	知识要求	知识模块	能力
政治立场坚定、严守政治纪律	政治理论	思政素质	政治能力
定期组织员工的政治学习、思想教育	政治素质		
"熟悉党和国家的政策，有政策敏感性"	政治素质		
热爱养老事业、关心关爱老年人	工作伦理	人文伦理	法律伦理实践能力
"尊重员工、尊重老人"	人文关怀		
熟悉老年人保护、权益相关法规	涉老法律知识	法律素养	
熟悉养老行业的法律法规	行业法律知识		

续表

岗位职责/原始语料（部分）	知识要求	知识模块	能力
在上级民政部门的领导下，开展机构的各项工作	综合管理	领导力	综合管理能力
负责领导、运营管理团队	团队领导		
"有领导魅力，能把大家凝聚到一起"	领导艺术		
制订机构发展规划并组织实施	战略制定和执行力	战略管理	
对养老行业环境具有敏锐的感应力	行业敏感性		
"领导有好的发展计划，跟着他/她有前途"	机会识别		
贯彻劳动制度	劳动关系	人力资源管理	
贯彻人事等制度，选拔人才	人员管理		
组织机构设置、岗位设置	组织设计		
制定绩效制度	工作绩效制度设计		
做好养老院职工的聘任、考核、业务培训、晋升、奖惩等工作，对各行政、养老、经营管理科室责任目标完成情况进行考核	绩效考核		
制定规章制度、管理手册	管理架构设计	运营管理	综合管理能力
督促检查机构各项规章制度和岗位职责的执行情况，督促工作人员遵守劳动纪律，加强责任心和安全防范意识	监督管理		
组织每周科务会、每月例会、每季度座谈会，持续改进管理工作	质量控制		
日常经营管理，制定、健全养老院的医疗业务管理制度、目标管理规定和年度工作计划等计划管理	日常管理		
写好工作日志	事务性工作		
定期向上级主管部门汇报工作	日常管理		
切实采取有效措施，保证不断提高服务质量	服务质量管理		
与老人的家属签订协议，执行告知义务	清楚机构流程		
熟悉机构的管理模式	了解管理模式		
熟悉机构的服务流程	了解服务流程		
及时解决重大问题	应急处理		

续表

岗位职责/原始语料（部分）	知识要求	知识模块	能力
向老人及其家属详细介绍本机构的各项制度、服务	熟知机构的规章制度	运营管理	综合管理能力
较强的市场策划及运作能力	市场营销知识	市场营销	
财务管理，做好机构收支统计、分析工作，为老人服务创造社会效益的同时，创造合理的经济效益	财务管理基础知识	财务管理	
财务风险防范	财务管理基础知识		
定期参加护理工作，检查护理服务质量	护理知识、经验	护理	临床照护能力
"要懂护理才可以理解员工"	护理知识		
了解老人需求，及时向老人家属反馈老人信息，听取意见	协调沟通	协调沟通	人际交往能力
协调各方矛盾和关系	协调沟通		
接待社会各界的来访、参观、咨询，并与政府部门和有关社会团体、机构保持联络	外联		
"领导应该能够及时发现下属的情绪问题，并能够及时疏导，给予心理支持"	情商心理辅导	心理	人际交往能力
关心员工福利、思想动态	员工关怀		

注：斜体部分是访谈中的原始语料，其他部分则是从机构负责人岗位或职责说明书中提取的内容。

（三）护理岗所需能力调查

护理岗能力搭建资料源自两部分：（1）对护理员的访谈，主要采用事件访谈法，识别护理岗人员在工作事件/问题处理中的优秀能力和短板；（2）对管理岗的访谈，直接询问合格/优秀护理岗应具备的能力。综合整理后形成表3。

表 3　护理岗的能力提取

原始语料提取	知识模块	能力
帮助老年人完成日常起居 做好日常照护记录	日常起居照护	日常照护能力
为老年人合理规划膳食 为不同健康状况的老年人设计膳食	营养膳食规划	
对老年人健康状况进行评估 对老年人的身体功能进行评估	综合能力评估	临床照护能力
识别常见病，对慢性病病情进行观察 监督老年人用药安全 老年人常用药管理	老年病基础知识	
康复锻炼指导 日常活动指导	健康促进	
常见老年人健康风险急救 基础急救	急救知识	
引导老年人参与集体活动 调节老年人心理 老年人自己进行心理调节	心理疏导	人际交往能力
与老年人及其家属有效沟通 与上级和同事有效沟通 准确表达自己的意思	沟通	
与同事有效合作 与老年人及其家属有效合作	团队协作	
能指导实习护理员工作 帮助制订实习计划	培训	培训教育能力
老年人娱乐指导 设计组织老年人活动	活动策划	
认同养老工作 热爱养老事业 尊重老年人、有责任心	工作伦理	法律、伦理实践能力
为老年人普及涉老法律法规 为老年人提供基础法律援助	法律素养	

三、构建养老服务人才能力培养框架

调研基于的专科毕业生职业规划路径是从护理员起步,做到机构负责人后,如果任职的是大规模机构(如集团公司),同时具备本科学历,就可以到集团任职,正如某专科学历的社区照料中心负责人所说:

"……我有2年护理经验、3年中心负责人工作经验,现在除了学历,其他资历都达到了去集团任职的资格,那是更好的平台,但我现在工作非常忙,很发愁怎样才能拿到一个本科学历……"

本科毕业生比专科毕业生有学历优势,机会也会更多,至少在"十四五"规划期间,随着养老机构的扩张,机会是非常充足的。例如,一家全国连锁机构的负责人提道:

"我们分公司必须发展这种连锁机构,目前一年能新开20家左右。因为我们跟政府签署了协议,属于普惠养老型连锁机构。政府要求我们在沈阳市内建设运营160家,而且必须在5年之内完成,所以我们发展的速度比较快。"

就目前养老机构的状况来看,本科生的培养,除了要提升护理岗能力,还要做好管理岗能力的培养。为了确保学生围绕社会需求的能力而开展学习活动,使学生在毕业时获得实质性的学习成果,将本科生专业能力培养架构按照养老机构需求的岗位进行层级递进排列(见图2)。日常照护能力是一般护理员必须具备的能力,临床照护能力是专业性要求,具备这两种专业能力才可以完成护理岗的日常工作;好的人际交往能力可以提升被认可度,所服务老年人及其家属的认可、同事和上级的认可,是成为组长/楼层长必备的条件,具有一定的人际交往能力,才可以负责上传下达,组织协调一个团队;法律伦理实践能力是向机构管理层发展所必需的伦理和人文素质在日常工作中的体现,不具备这一能力、不热爱、不尊重这项事业的领导对机构的发展来说将是灾难性的;综合管理能力是护理部主任、社工主任、办公室主任等向机构负责人发展的重要能力;政治能力是机构发展方向正确的保证。

学生了解上述专业能力需求框架后,可先根据自己的职业规划确定职业目标,再根据职业目标所需能力确定课程,最终确定学习目标。由此可以调动学生学习的积极性,使学生认清课程与能力、能力与职业发展的关系,从被动学习转向主动学习,倡导学生"自主学习、合作学习、探究学习"。

政治能力
综合管理能力
法律伦理实践能力
人际交往能力
临床照护能力
日常照护能力

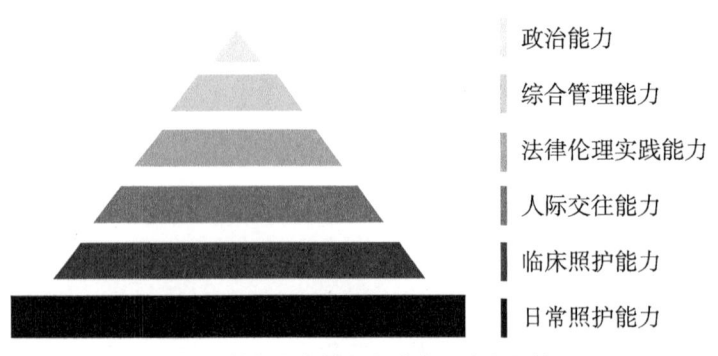

图 2　养老服务管理人才专业能力架构

四、结论

养老服务产业的范围很广，包括养老照护服务、老年医疗卫生服务、老年健康促进与社会参与服务、老年社会保障服务、养老教育培训和人力资源服务、养老金融服务、养老科技和智慧养老服务等。本研究仅从养老照护服务的需求入手，讨论养老服务管理专业本科生的专业能力需求，后续还应对其他服务类型的需求状况进行调研，以进一步完善养老服务管理人才专业能力框架。

参考文献

[1] 国务院关于印发"十四五"国家老龄事业 发展和养老服务体系规划的通知 [EB/OL].（2021-12-30）[2024-02-03]. https://www.gov.cn/zhengce/content/2022-02/21/content_5674844.htm.

"新文科"背景下金融学专业建设的思考

中华女子学院管理学院 李 鑫 国晓丽

摘要： 在"新文科"背景下，金融学专业的建设工作，应在以产业需求为导向、以学科交叉融合为特征、以产教协同培养为辅助的前提下探寻改革路径。首先，完善金融学专业课程体系，使之更符合产业升级以及金融行业的要求；其次，进一步挖掘实践基地的价值，培养出符合行业需求的复合型人才；最后，利用微专业或公选课，开设"金融+"系列课程，践行"新文科"建设专业融合的理念。

关键词： 新文科 金融学专业 专业融合

一、现阶段金融学专业的发展机遇

自2008年全球金融危机爆发以来，世界经济发展受到了巨大的影响，诸如财富分配不均等问题还未得到根本上的解决，近年全球又遭遇新冠疫情的暴发以及地区冲突等风险，造成了更大规模的金融动荡。在这一背景下，全球经济结构将被重塑，气候变化、经济发展不平等、人口老龄化等一系列问题影响着国家的发展，也影响着人民的福祉。随着经济结构的优化和通信技术的发展，数字金融和数字经济的发展虽是上述问题的组成部分，但也是问题的解决方法之一。这给金融行业带来了前所未有的挑战，同时也是金融学专业高等教育的发展与改革思路。[1]

过去的十年，我国持续深化收入分配制度改革，居民收入增加基本与经济发展保持同步，而居民家庭财富的增长也让家庭财富管理需求不断增加。面对金融机构财富管理方面的专业人才缺口，金融学专业定位于家庭财富管理，为行业输送了大量优秀人才，形成了一定的专业特色。未来我国将加快构建新的发展格局，推动高质量发展，建设现代化产业体系，以构建高水平社会主义市场经济体制。金融学专业势必将服务于这一国家发展战略，在已有的专业特色基础上，寻求进一步的发展。

关于中国高等教育事业的发展，习近平总书记曾在全国高校思想政治工作会议上指出，高等教育的质量一定程度上影响着我国的全球竞争力，国家对科学技术和优秀人才的需求比历史上任何时候都迫切和渴望。[2]2018年，习近平总书记在北京大学考察时强调，要下大气力组建交叉学科群和强有力的科技攻关团队，加强学科之间协同创新，加强对原创性、系统性、引领性研究的支持。[3]金融学专业建设的改革思路应遵循以上要求，深化学科交叉融合，推动交叉学科培育与建设。

二、"新文科"背景下金融学专业建设应满足的新要求

（一）以产业需求为导向

随着我国推进产业进一步升级转型，信息化技术的融合已成为现在和未来产业发展的要素与支撑，尤其是互联网、大数据、人工智能等信息技术已经对传统产业产生了颠覆性的影响。因此，在金融学专业的建设过程中，要考虑到现代服务业通过传统服务业的转型升级后，更注重知识含量、技术密度、产品附加值等因素。而培养符合这一要求的复合型人才，应是金融学专业建设的目标之一。

（二）以学科交叉融合为特征

"新文科"建设的要求是重新解构传统专业的内在结构，打破不同学科之间的森严壁垒，使学科之间交叉融合，以学生为中心，实现跨学科、多学科交叉融合发展。

在"新文科"建设的逻辑下，金融学专业建设首先可以考虑与类金融学专业相融合，打破专业知识壁垒，互取精华、渗透融合，以学科交叉、专业互融的方式，以现代信息技术为手段，寻找金融学专业发展新方向。同时把互联网、云计算、大数据、人工智能、区块链等现代科技融入金融学专业基础性课程体系中，并辅以综合性的专业课程，以打造多层次的课程体系。

（三）以产教协同培养为辅助

现代金融行业之间互相渗透、业务交叉，证券、银行、保险、信托已经

进入混业经营的阶段，如果从业人员仅能处理单一业务，则不能适应行业需求，因此，对学生的培养必须向全能型转变。此外，随着人工智能、大数据、云计算以及区块链等技术对金融行业的影响越来越深，金融机构对具有交叉学科背景的复合型人才趋之若鹜。这一现象要求高校培养的金融学专业人才除了具备完整的金融知识体系，还需要具有将金融与科技完美结合的能力，这样才能满足未来金融机构在金融业务以及产品创新方面的要求。

三、"新文科"背景下金融学专业建设的路径

（一）瞄准金融学专业发展定位，持续完善课程体系，使之更符合金融行业的要求

专业发展要适应社会需求、迎合行业发展、满足岗位需要，金融学专业首先要有自己的发展定位，寻求不同于其他高校人才培养的特色或比较优势。目前，金融机构财富管理方面的专业人才极其缺乏，有着大量的人才缺口，因此家庭财富管理专业的人才培养将有很大的发展空间。应用型本科院校金融学专业定位于培养家庭财富管理专业人才，必是顺势而为。

课程是高等教育的核心。金融学专业具有成熟的课程体系、丰富的课程资源和成熟的师资团队。但在数字经济助力产业升级的浪潮中，也要思考如何与时俱进地根据金融行业的特点与要求，在原有的课程体系基础上进行升级完善。当下信息技术为高校的教育理念、课程体系、教学模式等各个环节带来了深刻的变革。在这一背景下，金融学专业课程群应充分利用现代信息技术，结合优质课程资源，形成线上线下相结合的混合式课程模式，使课程组织方式向智能化、可视化、立体化的方向转变，使教学内容更加丰富，呈现方式更加直观，课堂更加生动。

另外，金融学专业应该顺应经济社会对金融学专业人才提出的全新要求，依据经济发展与金融行业的实际需要，以市场设课程。首先，注重对学生基本能力的培养，设置提高学生写作能力、协同能力、沟通能力的基础课程。其次，增设信息技术类基础课程，尝试将现代信息技术植入金融学专业课程体系之中，增加计算机、大数据、人工智能、区块链等技术的相关基础课程。最后，增设专业技术类课程，如供应链金融、大数据征信、保险科技、量化投资等。还可以考虑利用当前全新的网络技术对旧的课程体系以及内容进行改造，形成计算机＋金融、互联网＋金融、科技＋金融等特色专业课，让课

程与时俱进，更好地服务于产业升级。

（二）注重产教融合，深入挖掘实践基地价值

金融学专业的建设需要紧跟金融行业的快速变化，而有效途径就是实施产教融合。首先，在过去金融交易实验室的基础上，增加金融大数据、量化交易等金融科技实验室。其次，通过加强与各类金融机构的合作来建设实习基地。中华女子学院金融系已经与13家金融企业建立实践基地，同时实行"双导师制"，聘请了实践经验丰富的专家作为行业导师，由专业教师和行业专家共同参与指导学生的实习实践。后续需要深化并切实推进"双导师制"，由行业导师和学业导师共同设计教学内容，将人才培养方案与金融行业对人才的知识和能力要求有效结合，深入挖掘实践基地的价值，真正实现产教融合。最后，进一步深化校企合作，按照金融企业的需求进行订单式培养，与企业共同探讨教学内容的更新、专业教材的建设，在师资队伍培养等方面达成深度合作，实现共赢。

（三）加强专业融合，尝试运用"金融+"的微专业与公选课培养模式

"新文科"建设的核心理念是学科之间交叉融合，以学生为中心，实现跨学科、多学科交叉融合发展。而微专业的培养方式既是对主修专业的拓展和延伸，也是实现与其他学科交叉融合的路径之一。金融学专业可以通过微专业这一路径，主动适应并贴合行业中的新技术与新业态。

金融学专业原有课程体系中学科交叉特征就十分显著。例如，"金融+数学"交叉形成的金融数学、"金融+心理学"交叉形成的行为金融学、"金融+法学"交叉形成的金融法，以及近年来由"金融+大数据、云计算、区块链、人工智能"交叉形成的金融科技等。这些领域或以微专业的形式，或以公选课的形式，通过灵活、系统的培养，实施科教融合、产教融合方略，使更多学生能够在特定领域具备一定的学术专业素养和行业从业能力；使教育链、人才链与产业链紧密结合，满足科技前沿技术发展所需。最终让学生在离开校园后，能够更快地适应社会发展需求，提升学生的就业能力和就业竞争力。

此外，由于金融行业属于服务业，使得金融学专业对其他学科具有一定的支撑作用。例如，"金融社工"是社会工作和金融学相互结合而成的一个专业和实务领域；"养老金融"是为了应对老龄化社会的挑战而进行的金融活动

的总和，包括养老金融、养老服务金融和养老产业金融三方面的内容。[4] 在这些领域可以考虑更广义上的专业融合，创新人才培养模式，重塑教育教学组织形式。这不仅能够有效拓展学生的学术视野，丰富其知识储备，更为重要的是，还能让学生主动在自己喜欢的领域加上多元化的知识体系，从而激发学生的学习兴趣，提高学生的学习效率，推动高校有效实现教育教学目标，促进学生的全面发展。

参考文献

[1] 周颖刚，纪洋，倪骁然，等.金融学的发展趋势和挑战与中国金融学的机遇[J].计量经济学报，2022，2（3）：465-489.

[2] 全国高校思想政治工作会议12月7日至8日在北京召开[EB/OL].（2016-12-08）[2024-04-12]. https://www.gov.cn/xinwen/2016-12/08/content_5145253.htm#1.

[3] 习近平：在北京大学师生座谈会上的讲话[EB/OL].（2018-05-03）[2024-04-12]. http://www.xinhuanet.com/zgjx/2018-05/03/c_137152571.htm.

[4] 李俊峰，张永军.金融学学科前沿研究报告[M].北京：经济管理出版社，2013.

网络与新媒体专业新闻传播人才培养模式研究

中华女子学院文化传播与艺术学院　卢育娟

摘要：网络与新媒体专业是国家特设专业，一直以来，新闻传播学类专业都在我国高等教育以及国家建设和社会发展中占有重要地位，承担着培养新闻传播、制作运营、媒介管理相关人才的任务。随着网络在当今世界社会发展和文化生活中的作用与地位不断凸显，专业人才的培养需求也在不断加大，如何培养既有新闻传播学的理论知识，又有新媒体相关实践技能，且具有正确政治方向的人才，是新闻传播人才培养和教学过程中需要重点关注的问题。

关键词：网络与新媒体　课堂思政　新闻传播

一、课程体系

无论传播技术如何更迭、媒介的手段如何变化，新闻领域的人才培养仍然是新闻传播学类专业人才培养的重要方向，采、写、编、评的能力也依然是对新媒体时代新闻人才的基本能力要求。中华女子学院网络与新媒体专业的主要培养目标是学生毕业后面向各类新媒体，包括各类门户网站、互联网公司和手机等新媒体，移动电视、数字电视等传统媒体的新媒体部门，以及政府信息部门和各类企事业单位的网络传播部门。无论传播的场域发生何种变化，媒介的技术手段如何随着时代更迭，作为新闻传播学类的网络与新媒体专业，打好学生新闻传播的基本功，依然是专业人才培养的重要任务。据此，网络与新媒体专业打造了一系列连续性的课程体系。

（一）专业基础课

新闻学概论、传播学概论、马克思主义新闻观、新闻采访与写作作为专业基础课分别被设置在大一和大二的课程中,让学生在对自己所学专业具有全面认知的同时,打好理论基础,明确专业方向。此类课程虽然是专业基础课,也有较为成熟的教材体系,但仍需要在具体专业的基础上有所创新。例如,笔者所教授的课程"传播学概论",虽然传播学是研究所有传播现象的一门学科,但是结合专业方向,不能只停留在传统的传播学教材的内容框架之中,在教学过程中,笔者会给学生增加网络传播的内容,并适当压缩传统传播学教材以大众传播为基础的内容,让学生在学习传播学理论的同时,明确自己的专业和基础理论之间的关系。在课程建设上,传播学也会运用翻转课堂的形式,让学生以分小组汇报的形式,用传播学理论解析当下网络上的一些传播现象和热点话题,增加了学生对于基础理论学习的兴趣,有些学生甚至在案例调研过程中就已明确自己下一步的学习重点以及考研方向。

(二)专业核心课

融合新闻报道、新闻传播伦理与法规是和新闻传播相关的专业核心课程,分别在大二和大三开设,学生在学习专业基础课后进入更深层次的专业学习与实践过程。

融合新闻报道课程,是在传统新闻学的基础上新开设的专业课,其课程建设和内容与融媒体时代背景下的新闻传播特性紧密结合。在专业能力上,注重紧贴当前中外融合实践和理论创新前沿,培养思维模式,形成融合新闻策划意识,使学生具有新技术背景下记者所需的多平台策划、制作、分发以及运营的素质及能力,以应对当下及未来新闻报道方面的严峻挑战。另外,在媒介融合的全媒体时代背景下,培养学生形成专业新闻工作者所需的敏感意识,能够利用各种新的融合新闻技术手段,传播社会主义主流价值观和弘扬社会主义正能量。在融合新闻技术手段和报道样式多样化的今天,作为专业新闻工作者需要明白形式是为内容服务的,应具有职业素养,以更好地利用多样化的媒介手段为新闻报道服务。

新闻传播伦理与法规课程,是通过学习新闻传播伦理与法规的相关知识,掌握其基本理论和方法,了解并掌握新闻道德的底线、新闻职业道德规范和业界共识标准。了解并掌握与新闻伦理相关的理论,并初步尝试借助分析工具,探寻不同的伦理议题,结合相关媒介伦理案例,探索新媒体背景下媒体的道德、伦理及法律性问题。在实践教学过程中,新闻传播伦理与法规课程以案例教学法为主,通过互联网空间中一系列存在伦理争议的相关案例,使学生树立起正确的职业意识，为培养新一代新闻传播人才的职业道德打好基础，培养学生的新闻职业素养，使其具备对新闻事件的真实、理性、建设性表达能力，通过对相关法规的学习，使学生了解自己的权利和义务，能够对虚假新闻、新闻寻租、隐性采访、媒介审判等现象有其专业的判断和清醒的认知。

二、课堂思政

新时代新闻传播的特性，要求网络与新媒体专业的学生具有正确的政治立场，坚持马克思主义新闻观，在新媒体时代继续做好党的"喉舌"，具有时代责任与担当，因此该专业在大一就开设了马克思主义基本原理的基础课程，在其他专业方向课上，也积极与思政相融合，探索新的课堂思政路径。

（一）习近平总书记关于新闻舆论工作的重要论述

大一的马克思主义新闻观课程是为学生政治性的培养打好基础；大二的融合新闻报道专业课是在新闻报道的理念和创作上给学生以引导；大三的"习近平新闻舆论思想要论"课程则是紧跟时代的步伐，让网络与新媒体专业的学生意识到互联网作为新闻舆论的新兴领域，已经成为舆论生成、演化的主要平台，具有强大的社会动员功能。互联网是可能影响当代中国的最大变量之一，做好网络新闻舆论工作，对党的新闻舆论工作意义重大。通过职责使命论、党性人民性统一论、正面宣传为主论、创新为要论、时度效标尺论、增强国际话语权论、网上舆论引导论、媒体融合发展论、"四向四做"[①]人才论、善用善管媒体论十大章节来系统学习习近平总书记关于新闻舆论工作的重要论述，让学生系统地了解新闻舆论与治国理政之间的关系，坚持党管媒体的原则，深刻认识新闻舆论与中国道路之间的关系，这样才能让今后进入新闻传播领域工作的学生切实做到积极有效引导舆论，营造清朗健康的网络空间。

（二）新闻传播大讲堂

新闻传播大讲堂是由教育部高等教育司、中宣部新闻局委托高等学校新闻传播学类专业教学指导委员会举办的，是高校新闻传播教育展现落实"新

---

① "四向四做"是指：一是要坚持正确政治方向，做政治坚定的新闻工作者；二是要坚持正确舆论导向，做引领时代的新闻工作者；三是要坚持正确新闻志向，做业务精湛的新闻工作者；四是要坚持正确工作取向，做作风优良的新闻工作者。

文科"建设工作会议精神的迅速行动。新闻传播大讲堂运用现代视听技术与通信网络，面向全国所有新闻传播系师生开展。[1] 自 2020 年启动以后，多所高校新闻传播院系把新闻传播大讲堂作为新闻传播类专业必修课，并纳入学分管理，中华女子学院以拥有新闻传播教学指导委员会为特征，在第一时间（2020 年）就启动了新闻传播大讲堂。新闻传播大讲堂是部校共建的新成果、"新文科"建设的新探索、立德树人的新课堂，也是一门生动的国情大课、有温度的思政大课、高水平的专业大课。

2020 年，新闻传播大讲堂以"来自武汉抗疫一线的报道"为主题，邀请 14 家主流媒体中参与抗疫一线报道的 42 名新闻记者录制了 32 集视频教学内容，生动讲述、立体展现了中国新闻记者的家国情怀与专业素养。这对于师生来说都是一次难得的学习机会，通过课程学习加深了其对中国特色社会主义制度优势、理论优势和道路优势的理解，在学习中获得启发，增强了作为全媒体时代文化传播领域新生力量的使命感。通过课程学习，使学生进一步认识身为记者的荣誉感和使命感，并进一步增强其对今后从事新闻传播工作的向往。

2021 年的新闻传播大讲堂以"践行四力，与时代同行"为主题，邀请了来自 18 家新闻单位的 32 名优秀新闻工作者担任主讲人录制课程视频，以案例教学的方式创新马克思主义新闻观教学实践。各新闻单位的记者和代表以一线工作经历讲述了自己在工作过程中如何践行"四力"①，讲好中国故事，一系列鲜活的案例和一线记者的讲述能够更好地引导新闻学子认识中国国情、坚定"四个自信"、树立新闻理想、提升专业能力，培养有理想、有情怀、有担当、有本领的新闻传播人才；课堂教学以教师引导＋学生讨论＋点评总结的形式开展，学生在讲堂之外对于在融媒体时代如何做好一个记者、如何践行"四力"有了更深层次的认知；课后的案例分析与点评更是进一步锻炼了学生作为新闻传播学子的笔力，同时提升了学生的职业素养和职业角色认知水平。

三、实践能力

学习到、认识到，如何用课程促实践成为新时代培养融合新闻传播人才的关键，除了在专业课程上学习和锻炼到的实践技能，积极利用学校提供的

---

① "四力"包括传播力、引导力、影响力、公信力。

各种实践机会去开拓新的路径也成为网络与新媒体专业在专业建设中的工作重点。

（一）校内媒体

积极鼓励学生参与校内网和相关媒体的内容创作，网络与新媒体专业学生近些年在学校宣传部、文化传播学院都负责了撰稿、摄影、编审等相关工作。在新冠疫情期间，学生们利用学校提供的锻炼机会，其专业能力在一次次实践中得到了锻炼，并得到了相关部门和领导的一致好评，学生的专业归属感和荣誉感也在实践过程中得到进一步增强，为学校建设贡献了自己的专业力量。

（二）"网新观察"

"网新观察"是网络与新媒体专业创建的公众号，作为新一代的新闻传播类专业，"两微一端"的内容生产也是专业基本功，这个专业公众号就成为专业学生的"试验田"。"网新观察"由网络与新媒体专业的各个班级分小组轮值负责，已经建立起成熟的内容生产和审核编发制度，涵盖专业建设、讲座活动、学术前沿、学生活动等内容，同时也给了外界一个了解网络与新媒体专业的机会，是进行专业宣传、文化传播的重要阵地。

（三）教学实践周

网络与新媒体专业积极利用学校提供的实践机会，为学生安排了丰富多彩的实践活动。2019年，文化传播学院2018级网络与新媒体专业学生开展了以"追寻新闻初心、唤醒红色记忆"为主题的实践周学习活动。由专业教师带领学生来到延安，找寻关于红色、使命的记忆，找寻新媒体时代传媒从业者奋斗的初心，学生在一系列的学习和参观中进一步懂得了什么是新闻敏感和报道立场，为谁传播、应该传播什么和怎样去传播。

虽然近几年学生外出实践的机会较少，但在学院领导和教师的积极努力下，教学实践周采用线上线下相结合的方式，其中有专家讲座、影像创作、课程思政成果展示、寝室文化等活动，同时创新性地开展了新媒体实训活动，并引入专业的技术人员进行新媒体专业技能培训，以技能辅助内容生产。学生通过实践周的锻炼，进一步夯实了作为一名新闻传播者采、写、编、评的基本功。在课堂学习的同时进行实践作品的输出，并由业界导师及时点评和复盘，从而解决了如何将理论与实践过程相结合的问题。这些实训内容以小组汇报的形式展示，并由学生在校内网和"网新观察"公众号上进一步宣传，达到了相辅相成的效果。

四、问题与不足

（一）系统性需要增强

虽然网络与新媒体专业开设了一系列围绕新闻传播类人才培养的专业课程，但是也存在系统性不足的问题，如专业课教师，特别是新闻传播相关基础课程的教师需要集体备课，以防出现内容教授重复和教材建设重复等问题。另外，在讲授专业课的同时，也需培养学生的专业意识，不应只停留在课程内容本身，而是要帮助学生明确自己的专业定位和学习方向。

（二）专业实践体系化

网络与新媒体专业是一个重视实践的专业，近几年其在课程建设和学生实践活动方面都有所尝试，但仍需要在经验积累的基础上，逐步沉淀打造出一套可延续、可操作、可复制的实践体系，这样才有利于专业的长远和稳定发展，如从校企合作的角度打造产学研一体化的人才培养体系，多为学生打造校外实践基地等都可以成为其探索路径。

参考文献

[1] 教育部高等学校新闻传播类专业教学指导委员会.回响：中国新闻传播大讲堂2020[M].北京：人民日报出版社，2021：1-2.

新时代背景下中华女子学院人才培养目标的审视与思考

——基于中国、美国、日本、韩国四国的比较

中华女子学院儿童发展与教育学院　李英源

摘要： 中国特色社会主义进入新时代，我国已经开启全面建设社会主义现代化国家的新征程，学校发展也已进入新的阶段，我们必须与时俱进、抓住机遇、改革创新，书写好新发展阶段中国女子高等教育改革发展的奋进篇章。其中，培养什么人，怎样培养人，为谁培养人，始终是教育的根本问题。人才培养是高等教育的核心和基础，人才培养目标则是人才培养工作的基本依据，高校的人才培养质量首先取决于人才培养目标的质量。本文将以中华女子学院为代表的中国一流女子高校的人才培养目标，与美国、日本和韩国一流女子高校的人才培养目标进行比较，借"他山之石"，对我校的人才培养目标进行重新审视和思考，为将我校早日建成质量优良、特色鲜明的一流女子高校贡献一份力量。

关键词： 新时代　中华女子学院　人才培养目标

一、为何要重新审视与思考我校的人才培养目标

（一）时代变革的需要

作为一所女子高等院校，中华女子学院在长期的办学实践中，始终坚持社会主义办学方向，全面贯彻党和国家的教育方针，在探索女性成长成才规律、践行男女平等基本国策、服务妇女全面发展等方面做出了巨大贡献。正如习近平总书记所指出的，中国特色社会主义进入新时代，国内外环境的深

刻变化既带来一系列新机遇，也带来一系列新挑战，我们必须立足中华民族伟大复兴战略全局和世界百年未有之大变局，准确把握新发展阶段，深入贯彻新发展理念，加快构建新发展格局。[1]

（二）国家建设的需要

当前我国已经开启全面建设社会主义现代化国家的新征程，迫切需要构建高质量的教育体系，加快推进教育现代化、建设教育强国、办好人民满意的教育，努力培养可以担当民族复兴大任的时代新人，培养德智体美劳全面发展的社会主义建设者和接班人。因此，中华女子学院在继续坚持贯彻男女平等基本国策，服务妇女全面发展，服务经济社会发展，服务国家总体外交的基础上，必须与时俱进，抓住改革创新的机遇，敢于直面挑战、勇挑重担，书写好推进新发展阶段中国女子高等教育改革发展的奋进篇章。

（三）学校发展的需要

依据学校章程第7条的规定，目前中华女子学院的人才培养目标是：学校着力培养德智体美全面发展、具有"四自"精神和公益意识、知性高雅的应用型人才。这一培养目标是对我校办学历史、人才培养经验和未来发展定位的总结、凝练和升华，在对办学实践进行长期指导的过程中发挥着中流砥柱的作用。然而，随着时代的不断发展进步，以及党和国家教育方针政策的不断完善，学校的发展也进入了一个新的阶段。首先，学校加挂了"全国妇联干部培训学院"的牌子，承担了对我国身在职场的妇女干部的教育培训任务，学生身份和阅历更加多元化，从传统的"闭环大学"走向了"开环大学"。其次，学校设立了卓越女性人才培养基地——育慧书院，致力于培养具有领导能力和国际视野、较强社会责任感、较强专业能力，有持续强烈的动机并努力成为卓越优秀人才的女大学生。再次，学校获批了法律、社会工作、教育三个专业硕士授权点，形成了"高职—本科—研究生"人才培养的多元一体格局。最后，学校的专业人才培养和学科建设工作迈上了新的台阶，学前教育、法学、女性学、服装与服饰设计、播音与艺术获批国家一流专业建设点，社会工作、汉语国际教育、人力资源管理获批北京市一流专业建设点。为了深化综合改革，厚植办学特色，更好地实现"四个着力"①的办学目标，必须对我校目前的人才培养目标进行重新审视和思考。

---

① "四个着力"包括着力完善体制机制、着力推进结构调整、着力鼓励创新创业、着力保障和改善民生。

（四）学术探究的需要

培养什么人，怎样培养人，为谁培养人，始终是教育的根本问题。人才培养是高等教育的核心和基础，其贯穿于教书育人、科学研究、社会服务、文化传承和国际交流合作等高校职能的全过程。其中，人才培养目标是根本中的根本、关键中的关键，也是人才培养工作的基本依据，高校的人才培养质量首先取决于人才培养目标的质量。在高质量发展理念和目标的引领下，作为青年学者，必须对我校的人才培养目标进行新一轮的学术探究和审慎思考。

二、如何审视与思考我校的人才培养目标

（一）何为人才培养目标

人才培养目标是什么？学界对此众说纷纭，大体的共识是：人才培养目标是人才培养的规格和标准，是"高校培养什么人"的一种价值主张和具体要求，是高校人才观的集中反映；人才培养目标设计是人才培养体系中的第一要素[2-3]，是高校理想和使命的具体体现，始于目标也终于目标的实现[4]；人才培养目标既是高校人才培养工作的出发点和归宿，也是衡量和检验高校人才培养质量的依据和标准所在。[5]

人才培养目标、知识体系、培养模式、教学制度、文化环境及教师六大要素共同构成了大学的人才培养体系，其中，人才培养目标具有价值统领作用。[6]高校的人才培养工作及其管理活动始于培养目标，明确的培养目标既是知识体系即课程体系及课程内容设计的逻辑前提，同时也是人才培养模式即人才培养方法途径选择、教学制度安排、高校文化营造，以及教师素质要求的基本依据。高校人才培养活动的全要素、全过程都要围绕培养目标而组织、设计及展开。[5]

（二）他山之石，可以攻玉

本文拟将中华女子学院的人才培养目标与美国、日本和韩国三个国家的一流女子高校的人才培养目标进行并置和比较，并在此基础上提出适切性的建议。借他山之石，对我校的人才培养目标进行重新审视和思考，为我校早日建成质量优良、特色鲜明的一流女子大学贡献一份力量。

需要强调的是，对于其他国家一流女子高校的人才培养目标不可简单复

制,更不可盲目照搬,但其注重通过重构人才培养目标来引领和推动人才培养模式改革的思路,值得我们学习和借鉴。

三、中国、美国、日本、韩国一流女子高校的人才培养目标

女子高校为女性教育与发展的成功提供了有效的智力支撑,是高等教育中的一种特有形式,也是世界高等教育的重要组成部分。古今中外的许多著名女子高校,都为世界教育的发展做出了重要贡献,如韦尔斯利学院、史密斯学院、梨花女子大学、淑明女子大学、日本女子大学、御茶水女子大学、金陵女子大学[①]、北京女子高等师范学校[②]等。研究、总结和提炼世界各国女子大学的办学定位、办学经验、人才培养目标、人才培养模式、课程建设体系,对于我校积极探索当代女性教育的多样化形式,寻求适切于女性特质的教育理念与教育方法,促进全社会更加重视女性平等的教育权利和职业权利,具有极为关键的意义。

(一)中国女子高校的人才培养目标

1905年,由教会开办的华北协和女子大学开始招收学生,标志着我国第一所女子大学的诞生。此后,华西女子大学(1908年)、金陵女子大学(1915年)相继成立。1912年,中华民国政府制定了《壬子癸丑学制》,提出废除教育权利上的男女不平等制度。1919年,中华民国政府教育部颁布《女子高等师范规程》,确立了女子接受高等教育的制度。同年,由中华民国政府创办的北京女子高等师范学校成立并招生,这是我国自主创办的第一所女子大学。由教会相继开办的一系列女子大学,以宗教教育为主要形式,开设了专门的宗教课程,课外活动也都带有宗教色彩。

抗战期间,为了培养大批有理论武装的妇女干部和做实际工作的妇女运动干部,陕甘宁边区政府创办了各种女子干部学校,其中,中国女子大学的成立在中国女性教育史上具有特殊的意义。在中国女子大学开学典礼上,毛泽东明确指出了中国女子大学的人才培养目标:"女大的成立,在政治上有着非常重大的意义。它不仅要培养大批有理论武装的妇女干部,而且要培养大批做实际工作的妇女运动干部,准备到前线去,到农村工厂中去,组织二亿

---

① 现为南京师范大学随园校区。
② 现为北京师范大学。

二千五百万妇女来参加抗战。假若中国没有妇女的觉醒，中国抗战是不会胜利的。"[7]

1949年，我国已有四所普通女子高校，即金陵女子文理学院、华南女子文理学院、震旦女子文理学院、国立女子师范学院，但之后陆续被撤销合并。20世纪80年代以后，专门的女子高校在我国重新出现，我国高等教育的改革为女子高校的创立和发展提供了可能。1995年，妇女大会的召开为我国女子高校的发展提供了新的机遇，全国妇女干部管理学院改名为中华女子学院，并于1996年开始了普通高校的招生。一批新的女子大学应运而生，如同济大学女子学院、天津师范大学国际女子学院、岳阳湘北女校等。[7]

我国女子高校在研究女子高等教育规律的基础上，根据自身和社会发展进步的需要确立了人才培养目标，如中华女子学院就将"崇德、至爱、博学、尚美"作为校训，以培养德智体美全面发展，且具有"四自"精神、公益意识、知性高雅的应用型女性人才。[8]

高校内设女子学院的人才培养目标，基本上定位为培养高素质、高层次的女性专门人才，普遍重视女性的综合素质教育，强调对"四自"精神、实践和创新能力的培养。南京师范大学金陵女子学院以培养人格独立、品德高尚、气质优雅、富有科学精神和生活情趣的现代知识女性为目标；上海师范大学女子文化学院以培养德智体美全面发展，具有较高的综合文化素养和多种技能，具有现代意识及亲和力的复合型女性人才为目标；同济大学女子学院以培养具有坚实的专业基础和自主自立、积极向上的生活目标，具有领导能力和创新才能的高层次女性专业人才为目标。[9]

（二）美国一流女子高校的人才培养目标

美国女子高等教育始于1833年奥柏林学院（Oberlin College）首次招收女生。美国早期女子教育的主要人才培养目标是将女子培养成教育者或传教士，因此学习内容大多是识文断字、职业培训和宗教教育。

19世纪后期，美国最为著名的私立女子学院共有七所，并称"七姐妹"：巴纳德学院、史密斯学院、蒙特霍利约克学院、瓦萨学院、布林莫尔学院、韦尔斯利学院、拉德克利夫学院。瓦萨学院从1865年招生之日起，就坚持"可以完全与男性学院相媲美"的高招生标准和学术项目，开辟了美国女子大学的新时代。[10]史密斯学院、韦尔斯利学院、布林莫尔学院也开设了接近于男性学院的学习课程。以韦尔斯利学院的人才培养目标为例，学院首先必须确保学生掌握必备的技能，将其培养成熟练的知识工具的运用者；其次必须确保所有学生熟悉古今文化中较为成熟的人文主义精神，但并不限于希伯来文化、希腊文化以及现代文学艺术；最后必须确保学生理解人类社会生活的复杂性，尊重每一个个体的尊严。[11]

美国最早的公立女子学院在1884年创立于哥伦布市，即密西西比女子大学，其他州紧随其后。该校的主要培养目标是为女性提供超越传统职业领域的高等教育机会，其课程内容大多聚焦三大领域：艺术和科学教育、职业教育、教师教育。

美国还兴建了多所教会女子学院，其中三一学院、圣玛丽学院、圣凯瑟琳学院都享有盛誉，其主要人才培养目标特色鲜明：坚持向女性提供充足的文理教育，强调道德特色、注重智力发展、强调社会服务、强调实践技能和职业技艺。

20世纪六七十年代，美国女子高校发展进入转型期，关、停、并、转者比比皆是，一些办学质量很高的女子学院纷纷招收男生，成为男女合校的教育机构。其中最引人注目的是"七姐妹"之中的拉德克利夫学院，该校于1999年解散，成为致力于女性研究的哈佛大学拉德克利夫高等研究院，从此哈佛大学完全承担了女子本科生的教育任务。

1972年，美国女子学院联盟于华盛顿成立。该联盟是一个以女子高校为成员的非营利性团体，其目的是将处于危机中的女子高校联合起来，共同探讨发展路径，维护共同利益，实现共同理想；其宗旨是推进女子教育发展与女性进步；其内容有为教育决策者、参与者、媒体和公众提供以女子为教育对象的理论依据，收集性别平等、女性教育等相关资料并支持此类研究，将女子教育与性别平等研究成果推广到全社会，积极推动女性在数学、科学、技术、工程等领域的发展，探索并促进女性获得领导权和领导力。[12]

在各种不利处境之下，为了争取优质生源，继续生存和发展，美国女子高校在改革与调整中不断坚持。其改革策略有：加强与普通高校的联系合作，开展相互学习和交换生项目；改革课程模式和管理模式，增加新型学习项目等。[12]

（三）日本一流女子高校的人才培养目标

1900年前后，日本明治政府提倡科教兴国，大力兴办基础教育，积极模仿欧美兴办私学，私立女子高等教育机构应运而生。从20世纪初至20世纪

70年代，日本女子高等教育机构一直保持着培养"贤妻良母"的教育宗旨。例如，越原春子协助丈夫越原和于1914年创办私立名古屋女校，其办学宗旨为"本校将遵循国情与民度，大力发扬本国固有之女德，特别应以普通家庭现状为标准，编制统一必要的学术技艺，教授培养富有日进之智识的实用型女性人才，使其成为真正的贤妻良母"。[13]

20世纪80年代之后，日本社会性别分工教育模式开始瓦解，日本高等教育向纠正性别偏差的方向转变，为女性创造了更多更合适的就业空间，促进了高学历女性参与社会劳动，越来越多的日本高中女生志愿报名男女同校的高校，日本女子高校数量明显减少，这一情况与美国极为相似。[13]

在现代男女共同参与型社会中，日本女子高校对女性领导的教育培养效果一直为日本社会所期待。随着日本社会的发展，女性的价值不断被挖掘，女性的社会参与程度日益加深，社会地位逐渐提升，寻求女性领导人的声音变得更大。

例如，御茶水女子大学以往的人才培养目标是优秀女教师和贤妻良母，而当前的人才培养目标则为通过开展教育和研究，培养具备广博的知识和深度探究能力及丰富想象力，拥有作为社会一员的责任感，能够肩负日本和世界未来重任的优秀女性人才。[13]

再如，京都女子大学的人才培养目标是培养可以为女性发展和国际社会发展做出贡献的女性，该校以基督教精神为支撑，重视博雅教育，致力于女性研究和性别平等教育，非常重视女性自我能力和职业能力的培养，希望通过努力实现男女平等。

然而，日本女子高校中仍有一些学校实行传统的"贤妻良母"式女子高等教育，尤其是女子短期大学，依旧强调女性特色教育，培养专业女性人才，但也获得了政府与民众的认可。[14]

（四）韩国一流女子高校的人才培养目标

1886年，美国传教士斯克兰顿夫人创建了梨花学堂，其目标是实行完全的基督教教育，培养优秀的韩国女性。1906年前后，以淑明和进明为代表的私立女子学院纷纷成立。1910年，梨花学堂设立大学科，成为韩国第一所女子大学。

20世纪六七十年代，韩国经济开始腾飞，并于1996年正式加入经济合作与发展组织，成为发达国家。韩国这一时期的女子教育主要聚焦于性别平等教育、职业教育、终身教育、信息化教育等主题。

时至今日，韩国女子教育的使命已经从过去的培养贤妻良母，转变为培养社会参与型的、积极发挥作用的女性，以及实现性别平等、加强女性信息化教育等。这一时期的韩国女子教育，已经不再单纯停留于争取男女平等的受教育机会上，而是致力于启发女性的自主意识，为全社会的男女和谐发展创造条件，为更加深入地争取男女平等做出更大的努力。[15]例如，梨花女子大学在秉持基督教思想和"真、善、美"精神的基础上，教育女性要具有健全的品德和丰富的专业知识，并积极进行学术研究和社会志愿服务，从而为国家和人类社会的发展做出贡献。[16]

四、结语

中国特色社会主义进入新时代，我国已经开启全面建设社会主义现代化国家的新征程，学校发展也进入新的阶段，我们必须顺应时代变革、国家建设和学校发展的新要求，对学校人才培养目标进行重新审视和思考。需要说明的是，在校内许多文件和期刊论文中，关于中华女子学院（全国妇联干部培训学院）人才培养目标的表述不尽一致，这里以《中华女子学院（全国妇联干部培训学院）学校章程》（以下简称《学校章程》）这一办学治校的根本章程中的具体表述为准，即"学校着力培养德智体美全面发展、具有'四自'精神和公益意识、知性高雅的应用型人才"。相关的对比、剖析、思考和建议皆是据此展开的。

（一）进一步凸显劳动教育的地位和价值

虽然劳动教育的地位和价值已在我校新一轮修订的人才培养方案和课程大纲中得到了充分展现，但在现有的《学校章程》中，人才培养目标中"德智体美全面发展"的表述，缺少"劳动教育"这一重要组成部分和环节，因此必须依据《中华人民共和国教育法》第5条的规定"教育必须为社会主义现代化建设服务、为人民服务，必须与生产劳动和社会实践相结合，培养德智体美劳全面发展的社会主义建设者和接班人"及时进行修订。

（二）重视女子高校红色根脉与办学传统的赓续与传承

在对以往历史沿革和优秀传统的赓续与传承方面，美国、日本和韩国一流女子高校的做法值得思考和借鉴。韦尔斯利学院作为世界著名女子高校，在人才培养目标中依然将"掌握必备技能"放在首位，其后才是熟练运用知识工具、具有人文主义精神、尊重个体尊严等，因为在美国女子高等教育的诞生阶段，就是以技能培养为核心主旨的，美国其他知名女子高校亦是如此，都依然强调实践技能和职业技艺的培养。日本和韩国的一流女子高校也是如此。日本的许多女子高校在顺应时代变革的同时，依旧强调日本女性特色教育。时至今日，韩国梨花女子大学的人才培养目标虽然几经调整，但依旧秉持其创办时的基督教思想和"真、善、美"精神。

由此可知，我校的人才培养目标，同样需要重视中国女子高校红色根脉与办学传统的赓续及传承。从前文对我国女子高校历史沿革的梳理中可以看出，尤其是在加挂了"全国妇联干部培训学院"的牌子之后，中华女子学院毫无疑问地成为抗战时期创办于延安的中国女子大学的赓续与传承。尽管两校的历史沿革尚需进一步系统梳理和深度挖掘，但从初心和使命来看，二者是一脉相承的。抗日战争时期，中国女子大学的使命是培养大批有理论武装的妇女干部，而且要培养大批做实际工作的妇女运动干部；在中国特色社会主义进入新时代的当下，面临百年未有之大变局，我校同样担负着培养可以担当民族复兴大任的时代新人、巾帼英才，以及具有使命意识、担当精神的妇女干部的时代重任。

（三）统筹兼顾职业人才、复合人才和卓越人才的培养目标

放眼世界，从中国、美国、日本和韩国女子高校的人才培养目标来看，职业人才、复合人才和卓越人才培养是众多一流女子学校的主要定位。我校目前已经形成了"高职—本科—研究生"多元一体的人才培养体系和培养格局，而以职业技能和实践应用为主的应用型人才培养，依旧是我校的主要定位。

时至今日，应用型人才培养的主要定位已经不能满足时代、国家和人民的需要，以及社会对我校的期盼，因此必须统筹兼顾，合理调整和规划人才培养目标，深化综合改革，厚植办学特色，在办好艺术教育、职业教育和教师教育的同时，重视女性领导力教育与卓越人才培养，积极推动女性在科学、数学、工程、技术等领域的发展。为推进新时代中国女子高等教育发展，为国家发展，为人类命运共同体的发展，尤其是女性平等与进步，做出应有贡献，展现女院风采。

参考文献

[1] 习近平.把握新发展阶段,贯彻新发展理念,构建新发展格局[J].求是,2021(9).

[2] 眭依凡.素质教育:高校人才培养体系的重构[J].中国高等教育,2010(9):10-13.

[3] 眭依凡.杰出人才培养:大学必须守持学术理性[J].中国高教研究,2012(12):1-12,25.

[4] 刘智运.创新人才的培养目标、培养模式和实施要点[J].中国大学教学,2011(1):12.

[5] 项璐,眭依凡.培养目标:人才培养模式改革的价值引领:基于斯坦福大学"开环大学"计划的启示[J].现代大学教育,2018(4):103-111.

[6] 俞婷婕,眭依凡.大学课程与人才培养:基于大学教学理性的思考[J].清华大学教育研究,2013,34(6):30-38.

[7] 杜祥培.我国女子大学的历史、现状和未来[J].当代教育论坛(宏观教育研究),2007(3):48-50.

[8] 郭冬生.中美韩三国女子高校校训比较及其启示[J].中华女子学院学报,2012,24(2):43-46.

[9] 郭冬生.我国女子高校发展现状、问题及对策[J].中华女子学院学报,2013,25(4):38-43.

[10] 郭法奇,周晓丹.美国女子高等教育的早期发展:以瓦萨女子学院课程为例[J].山东高等教育,2019(2):76-84.

[11] 李巧针.坚守与超越:美国女子学院的发展之道 以韦尔斯利学院为例[J].比较教育研究,2013,35(3):39-43,63.

[12] 李巧针.美国女子大学[M].北京:中国传媒大学出版社,2014.

[13] 王瑶.日本女子大学的发展对我国女子高等教育的启示[J].中华女子学院学报,2012,25(3):35-39.

[14] 田钥.日本女子大学特色人才培养模式的启示[J].现代交际,2021(22):143-145.

[15] 文春英,金恩净.韩国女子大学[M].北京:中国传媒大学出版社,2014.

[16] 车如山,邢曙.韩国梨花女子大学办学特色研究[J].煤炭高等教育,2016,34(6):29-33.

面向新文科教育的数据智能微专业建设研究

中华女子学院数据科学与信息技术学院　陈　洁　刘　姝

摘要： 针对大数据、人工智能时代背景下文科信息技术教育的新形势和教育教学现状，以提高学生数据素养为目标，提出开设数据智能分析与应用微专业。基于本校教学环境，围绕数据素养组成要素，从人才培养目标、课程体系设置、教学组织与实施、育人成效等方面进行具体研究，突出交叉融合的创新育人模式。开设数据智能微专业可以从意识到知识与技能再到数据思维对学生进行全面的培养，以赋能新文科建设。

关键词： 数据素养　微专业　新文科　创新育人

在"数字中国"战略下，各行业对数字化复合型人才的需求日益增加，大数据时代产生的"数据密集型科学"研究范式对文科学生的数据素养能力也提出了更高的要求。2020年，教育部新文科建设工作组发布《新文科建设宣言》，提出紧跟新一轮科技革命和产业变革新趋势赋能文科教育。为推进我校新文科建设，提出面向文科学生开设数据智能分析与应用微专业（以下简称数据智能微专业），通过创新育人模式，提升文科学生的数据素养和技术自信力，促进数字技术领域性别平等，为妇女发展赋能。

一、新文科数据素养教育要求与教学现状

（一）新文科数据素养教育要求

国内外专家学者普遍认为数据素养是指人们采集、整理、分析、利用、管理、共享数据信息的能力以及对数据伦理规范的认知水平[1-2]，对应数据意识、数据能力、数据伦理和数据思维等维度。其中，数据思维是发展数据素养能力的高阶目标，是大数据时代观察和思考问题的重要思维，其核心是量

化、基于事实、用数据说话[3]，同时还涉及计算思维、关联思维、批判思维、跨界思维、辩证思维等多种思维能力。

大数据、人工智能等新一代信息技术的应用使"计算+"人文社科交叉融合的研究领域[4]日益增多。这些研究以人文社科领域中的数据资源为基础，以计算机技术为手段[5]，是计算技术与人文社科的跨界融合，这与新文科建设的内涵高度契合。因此，新文科数据素养教育具有显著的学科交叉要求。

（二）教学现状

国内外高校数据素养教育大多参考以往的信息素养培养模式，通过图书馆开展的系列课程或者计算机通识课程实现。例如，新加坡国立大学通识课程改革中增设数据素养模块，包括数据分析等课程；北京大学面向文科生开设基于 Python 的编程教学；南京大学历史学院开设通识课程——数字工具与世界史研究，讲授计算技术在数字人文中的应用。

根据我校 2021 年版本科人才培养方案中的"科学素养与大数据分析"通识教育模块的要求，数学科学与信息技术学院（以下简称数信学院）面向非计算机专业开设了"人工智能导论""数据科学导论""大数据分析基础""数据可视化"等课程，人力资源管理专业、金融学专业、法学专业等在 2021 年版培养方案中也开设了 1～2 门与大数据应用相关的专业课程。但是，通识课程无法覆盖数据素养的核心能力要求，且缺乏与其他学科的交叉融合应用，而且这些课程并非一个有机整体，基本都是选修课，无法形成一个连续的学习过程。

因此，需要探索数据素养教育新模式，优化整合已有课程，面向非计算机专业学生，构建包含数据素养核心能力要求的教育课程体系。

（三）文科数据素养教育面临的挑战

面向文科学生开展系统的数据素养教育，必须从课程设计、教学模式等方面结合学生学情，但存在以下挑战：

（1）培养技术兴趣与自信。信息技术的应用能力和信心不足，计算机自我效能感低，"数字性别鸿沟"使女生对于技术使用不够积极，软、硬件动手能力均较差。

（2）提升技术应用意识与能力。文、理学科知识存在较大差异，文科学生对于自身技术能力、技术重要性、参与技术的机会和困难以及学习更多技术的自我驱动力等的"技术认同"感较低，使用计算机技术解决问题的意识较弱。

（3）设计跨学科教学与实践体系。计算机通识课程缺乏与其他学科的交叉融合应用，文科专业课所涉及的相关教育教学内容也相对有限，数据素养教育课程体系则需要知识体系构建与跨学科应用能力培养并重。

二、数据智能微专业建设

（一）微专业建设的意义

微专业教育是一种新型人才培养模式，是围绕某个特定学术领域、研究方向或核心素养提炼开设的一组核心课程，使学生能够在特定领域具备一定的学术专业素养和行业从业能力。学生完成微专业课程学习，达到微专业培养要求，即可获得学校颁发的微专业学习证书。

开设数据智能微专业，可以促进信息技术教育、数据素养教育和学科专业教育的有机融合以及多元教育实施主体之间的合作，满足创新人才培养的需要；可以循序渐进地开展教育教学，进行从意识到知识与技能再到思维的数据能力培养，从而实现文科学生的技术赋能。

（二）数据智能微专业建设

1.人才培养方案的制订

（1）培养目标。在国家战略与社会经济发展对高等教育人才需求和新文科建设需求的框架下，设置微专业培养目标：在掌握主修专业知识、技能和素养的基础上，了解大数据与人工智能的基本概念，熟悉数据智能处理与分析的基本流程和常用工具，理解智能分析技术在社科领域的应用方法，能够与主修专业交叉融合应用，具有较强的数据思维和数字胜任力，以满足学生跨学科学习和个性化发展需要。

（2）课程设置。围绕数据生命周期的一系列知识与技能构建课程体系，包括大数据与人工智能概论、Python数据分析基础、数据采集与智能处理、数据可视化、大数据分析综合应用五门课程，共10学分，在第3～6学期完成。

该课程体系结合程序设计与开源软件工具（或平台），以实践应用为导向，覆盖数据采集、处理、分析与可视化的全过程。程序设计是计算思维能力培养的重要内容[6]，发展良好的计算思维，可以在不同的问题情境中，自觉地应用计算机科学的方法识别与分析问题,并形成解决问题的方案,也可以参考国外数据素养基础能力教育经验,采用Python语言学习编程知识。课程中引入机器学习、大数据技术等融合新一代信息技术的应用,符合新文科建设要求。[7]通过项目综合实践,体现以解决社科领域具体问题为导向的创新应用。

面向文科学生的教学,不是培养掌握大数据技术的专业人才,而是通过相关知识和技术的学习与应用,培养其使用计算技术解决专业领域问题的意识、方法和能力。

2. 教学组织与实施

(1) 师资队伍建设。可以融合学校多学科师资,也可以聘请校外专家,通过校企合作开展数据智能微专业建设。

(2) 教学形式。可以采用线上线下混合模式(例如,可以利用教师开发的慕课视频辅助教学),以案例驱动作为主要教学策略;也可以由不同学科教师合作承担项目实践的指导工作;还可以引导学生与计算机专业学生一起参加大创项目、科研训练项目和各类学科竞赛,学以致用,通过实践、实战,提高学生使用计算技术解决专业领域问题的能力。

(3) 课程资源建设。针对跨学科的教学需要,由不同学科教师协作设计和开发案例库。不同学科背景的学生共同学习,可以促进跨界思维、批判性思维、辩证思维等复合思维的培养,提高创新能力。所以,案例库中应该包含不同学科应用背景的案例。

微专业是在专业课程体系之外开展的,因此会有额外的学习付出。目前学生的周学时安排得都比较满,为了达到更好的学习效果,同时基于已开设的大数据应用专业课的主修专业培养方案,可以实行"学分置换",即使用专业课的学分置换微专业中相似内容的课程学分,以此鼓励更多的学生参与数据智能微专业的学习。

3. 育人成效及其辐射作用

(1) 推动现代信息技术与新文科建设的深入融合,培养学生的跨领域知识融通能力和实践能力,增强文科院校女大学生的技术自信力,拓展其职业发展空间。

(2) 微专业课程知识中蕴含着责任意识、伦理意识、科学精神、工匠精神、创新精神等丰富的思想价值和精神内涵,以及多样化的思维方法,可以将价值塑造、知识传授和能力培养有机融合,以充分发挥理工科教学在文科院校课程思政中的育人作用。

（3）通过微专业教育积累新文科背景下信息技术交叉融合的教学经验，为培育"计算+""人工智能+"等文理融合的新方向或新专业积累经验。

（4）微专业建设构建的面向非计算机学科的课程体系与教学模式，可以为在研究生教育、妇女干部培训中扩展更高阶的数据素养和数字胜任力奠定基础。

三、结语

大数据、人工智能等新一代信息技术对社会发展产生了深远影响，数据素养教育成为新文科建设的重要内容，微专业育人模式为文科信息技术教育改革提供了新途径。开设数据智能微专业可以培养学生的跨领域知识融通能力，同时也需要教师加强跨学科领域的知识学习、教学研究和科研合作，创新育人模式。

参考文献

[1] CARLSON J, BRACKE M S. Planting the seeds for data literacy: Lessons learned from a student-centered education program[J]. International journal of digital curation, 2015, 10（1）: 95-110.

[2] 郝媛玲, 沈婷婷. 数据素养及其培养机制的构建与策略思考[J]. 情报理论与实践, 2016, 39（1）: 58-63.

[3] 胡广伟. 数据思维[M]. 北京: 清华大学出版社, 2020: 39.

[4] 王丽华, 刘炜. 助力与借力: 数字人文与新文科建设[J]. 南京社会科学, 2021（7）: 130-138.

[5] 刘炜, 叶鹰. 数字人文的技术体系与理论结构探讨[J]. 中国图书馆学报, 2017, 43（5）: 32-41.

[6] 何钦铭, 陆汉权, 冯博琴. 计算机基础教学的核心任务是计算思维能力的培养:《九校联盟（C9）计算机基础教学发展战略联合声明》解读[J]. 中国大学教学, 2010（9）: 5-9.

[7] 樊丽明. "新文科": 时代需求与建设重点[J]. 中国大学教学, 2020（5）: 4-8.

服装表演专业人才培养"协同育人"模式探索

中华女子学院文化传播与艺术学院　张婷婷

摘要：为了顺应首都经济圈文化创意产业在新时代的市场需求，针对中华女子学院服装表演专业如何基于"协同育人"模式打造符合时尚产业未来需求的复合型创新人才，建构具有前瞻性和可持续性的服装表演专业人才培养方案，遵循服装表演专业具备的实用性、审美性、时尚性、开放性及独特性等特征，探索具有中华女子学院特色的服装表演专业在新形势下的应用型人才培养模式。"立德"与"树人"的高度统一是当前从人工智能到元宇宙科技日新月异的发展形势下，服装表演专业人才培养适应"艺科融合"的必要前提。

关键词：服装表演　课程思政　协同育人　艺科融合

自改革开放以来，我国服装表演专业已经开设了30余年，各大院校在市场的日益变化中不断调整、修订该专业的培养目标。传统的高校服装表演教育体系在数字媒体时代技术和市场的剧烈冲击下，从培养"高质量时装表演人才"与"名模"的定位，向培养中国服装与时尚产业在数字媒体传播语境下的专业复合型创新人才转变，紧跟时代，以适应文创产业和服装行业的未来发展需求。

一、新媒体发展推动传播人才培养模式不断更新

随着直播技术的不断发展，网络直播与云技术相结合并升级为云直播技术。云直播平台提供了更快速、稳定、专业的云端处理服务，云上时装发布通过企业直播系统，进行多场景直播、多方式发起、全终端观看的时装发布活动。

伴随渠道的快速发展，一批主流的零售电商平台已逐渐培养出年轻消费者网购消费的习惯，尤其是在受新冠疫情影响的 2020 年上半年，电商行业更是呈井喷式发展，2021 年总零售额已达 4064.4 亿元[1]，此次新冠疫情进一步将我国"新零售"模式推向数字化营销与展示方向。在这个迅猛发展的数字媒体时代，服装展示型人才不仅要会展示服装，而且需要具有文化内涵、审美素养，成为具有全媒体营销策划能力的复合型人才。在此大环境下，传统服装表演专业的学生将迎来一个新的发展方向，展示型人才需求激增，但不再局限于常规的平面模特和 T 台模特，更多的是通过短视频、直播、自媒体等多种方式进行产品的营销推广宣传，这成为未来商业变现和数字化营销的重要模式。

当今消费者的需求不再局限于产品本身，而是更依赖于数字技术，增加展示技术与艺术的多元化服务，主要是在与受众的互动中得到迅速而灵敏的信息反馈。这种消费走向改变了以往受众单向、被动地接受信息的零互动模式。这种全民参与的营销理念，极大地提升了受众对服装商品的认知水平，基于这一革命性的消费转变，对服装表演人才培养目标、课程体系、教育手段、教学方法等都提出了全新的要求。

二、跨学科素养作为高素质应用型人才培养目标

中华女子学院服装表演专业从时尚产品展示、服装文化、品牌传播推广、时尚数字媒体的业态现状和发展趋势出发，立足北京，发挥北京文化中心以及国际化大都市时尚前沿的地域优势，服务国家发展战略，以推动时尚创意及中华优秀传统文化传播为己任，以高素质应用型的时尚传播与展示型人才为培养目标，使学生具备服装表演与展示、活动策划与编导、管理与营销、媒体传播等能力。学生毕业后的职业选择方向有：时装静态与动态展示、时尚活动的组织与编导，个人及企业形象、服装与服饰的管理营销，自媒体运营以及艺术经纪与策划等相关工作，这从根本上解决了服装表演专业学生在"黄金年龄"后就业面狭窄的问题。

将可预见的职业情境作为课程开发和设计的抓手，在本科生不同的学段开设"时尚传播与新媒体运营""时尚买手""视频拍摄与剪辑""时尚摄影"等应用类课程，将时尚传播作为服装表演专业学生的另一个发展方向，在掌握新媒体营销推广渠道的基础上，帮助企业和品牌更好地展示服装类产品并

提升销售量，强调品牌策划知识与形象内容的输出，同时培养学生具备良好的人际沟通能力，具备运用新媒体手段进行时尚活动编排及营销与展示的能力。学习"时尚专题策划""整体造型设计""零售美学与搭配"等课程，让学生具备潮流分析、服饰搭配、人物形象企划等造型能力和职业素养。

在新媒体语境下，一方面，围绕"数字"与"互动"两个核心，促进专业的多元化发展，提高学生的综合素质、文化水平、职业能力，将他们培养成"能沟通、善展演、会营销、知产品、懂技术"的复合型人才。[3]另一方面，开设"中外时尚史""中国女性形象发展史""职业形象管理"等课程来提升学生对当代服饰艺术的认知与审美能力，从直观化分析到思想性解析，培养学生系统掌握理论学习与实践相结合的自主能力、艺术思辨能力和创新实践能力。在本科学习期间，夯实相关行业知识基础，拓宽展示思路，加强与新媒体传播及营销策划活动课程的联系；掌握服装表演相关专业知识与技能，并能融合表演的时尚性、互动性、展示性，能够在时尚传播及相关行业中发挥作用。

三、落实产教融合是协同育人模式建设的关键

中华女子学院服装表演专业在课程设计规划中加强教学与实践对中华优秀传统文化的挖掘和阐发，同时融入跨专业校企合作，学院先后与校外相关行业头部企业或机构创建了"传统服饰传承与创新—校企协同培养人才实践基地"等协同育人平台，为服装表演专业学生增加了对于传统服饰的实践体验，与绝设集团、北京新饰觉欧尚文化发展有限公司、北京希肯琵雅国际文化发展股份有限公司和北京至尚形象顾问有限公司等企业均建设了战略合作人才实践基地，为学生提供了演出的组织与管理、编排策划、视觉营销、时尚买手、展览展示等时尚表演与组织管理类的实践平台和机会，校外导师的引入为学生提前打开了获得行业趋势和一线工作经验的窗口。随着互联网技术的发展，在新媒介融合的大环境下，电商、直播带货等网络购物平台和渠道越来越多元化，但当下能够为商品进行形象服务的传播人才供不应求。因此，本专业将以江浙一带的市场资源为主，与当地服装加工厂、各大电商合作，建设网模实训基地，开办网模商学院，通过加强新媒体技术的运用，培养出具备商品策划营销能力、商品展示及传播能力的时尚推广人。

四、多元化提升学生的社会服务意识

借助北京国际化大都市的地域优势和行业信息传播领先度，围绕服装表演专业的特点，将服装表演与时尚传播有机融合，从整个时尚产业链入手，推动本专业成为中国设计师协会模特委员会会员单位，并参与中国（国际）时装周、中国大学生时装周、中国服装服饰博览会、中国·中东欧新春晚会、北京时尚文化活动展演等活动。通过广泛参与服装展示、时尚传播和品牌推广等方面的实践锻炼，提升学生的新媒体制作与传播能力，培养学生学以致用的思维理念，增强学生的主观能动性，将理论转化为技能，将知识转化成意识。

同时，本专业在整个实践过程中注重培养学生的社会公益服务精神，为了更好地发挥专业特色，配合学校完成各项志愿服务工作，提升了学校的知名度和社会影响力。本专业还开设了"专业礼仪"课程，借助学校平台和资源优势引入了"大学生志愿服务礼仪"教学内容，在2022年北京"冬奥会""冬残奥会"志愿服务活动中，服装表演专业的学生以饱满的精神状态和良好的工作热情，圆满完成了奥运会、残奥会开幕式各国运动员引领服务和部分颁奖仪式礼仪服务等工作任务，既充分展示了前期的教学成果，也展现了学生的社会服务意识。

五、有效拓展服装表演协同育人路径

本专业为培养出具有国际视野、知性高雅以及具有协同创新能力和社会责任使命的复合型、应用型时尚传播人才，从设立之初就实施了校外导师制度，充分利用北京国际化大都市人才济济的优势，引进了具有良好职业道德与艺术审美修养的时尚相关行业及引领传播潮流的跨领域专家团队，为专业建设注入了活力，为学生的培养保驾护航，专家团队除了能够带来前沿的时尚行业资讯，还对学生的专业知识和实践技能进行个性化指导，更为学生提供了大量的社会兼职和就业机会。

与此同时，本专业与模特经纪公司合作联合培养学生，为业界推送高素质的表演人才，先后与北京东方宾利文化传媒有限公司、龙腾精英国际模特经纪（北京）有限公司、上海英模文化发展有限公司等国内知名模特经纪公司共同选拔推送具有潜力的服装表演专业学生，接受社会的历练和市场的考验。院方与公司各司其职：院方进行理论知识的教授，经纪公司负责市场推广，占据优势资源，共同打造专业品牌。

六、融入优秀传统文化，倡导"浸润式"思政育人新模式

中华女子学院服装表演专业以教学实践为平台，探索优秀传统文化融入服装表演专业素质课程[2]，引导学生实现知识视野、文化素养、创新精神和实践能力"四维一体"，形成全面发展的服装表演专业人才培养模式，从而实现立德树人的目标。提炼优秀传统文化元素融入当下课程思政建设，将"舞蹈基础1""舞蹈基础2"教学内容融入《渔光曲》《汾水出嫁》等中华优秀舞蹈剧目；"戏剧影视表演基础1""戏剧影视表演基础2"将中华优秀传统剧目作为教学内容，对《日出》《阮玲玉》《骆驼祥子》等经典、专业的剧本片段进行观摩和教学，学习与运用斯坦尼斯拉夫斯基体系，结合实践逐步形成符合学生特点的教学方式；"传统服饰设计1""传统服饰设计2"是从立体裁剪到平面裁剪的学习过程，从旗袍到大唐服饰的设计、裁剪、制作，加强学生的动手能力，并对传统服装服饰文化形成深刻的认识，如服装表演课程将《服装展示技巧与风格展示》《镜前造型》对东方服装服饰的表现以及展现作为重点，分析总结优秀传统服饰文化的人文价值，并对上述具有一定引领、突破作用和示范性的做法进行定期剖析、归纳和总结，在教学中秉承"基于综合，立于专业，归于个性"的全方位体系以及中华女子学院校训中"崇德尚美"的教学理念。这些都能使学生在课程中领悟综合育人的方法和途径，注重培养自己的思维素质和审美能力，"润物细无声"地全方位、全过程浸润大美育理念。

将"浸润式"思政育人新模式融入表演实践类课程，借鉴并利用艺术教育和表演专业的资源与优势，充分考虑艺术类学生的特点，把思想政治教育融入表演专业教育全过程，将社会主义核心价值观内化于心、外化于行，构建具有表演专业特色的"浸润式"思政育人新模式。用肢体语言引发心灵律动，使学生产生心灵共鸣，感受艺术的魅力。

七、打破课程壁垒，提升教师的思政育人综合素质

发挥服装表演专业艺术人才文化传播的优势，打造立体兼容的美育课程

及课程思政体系。尝试将服装表演专业课程、设计类课程以及传播类课程与优秀传统文化相对接，同时打破课程之间的壁垒，设置层层递进的课程体系。以中华女子学院服装表演专业课程设置为例：在课程内容设计上，将"传统服饰设计1"中的旗袍设计与"戏剧影视表演"课程剧目《金陵十三钗》相结合，学生通过学习"中国服装史"了解剧中旗袍款式的演变历史，并根据人物设定的年代以及分配的人物特点设计制作"传统服饰设计1"课程中的旗袍，在"戏剧影视表演"课程剧目中体味并掌握具有东方韵味的表演与展示技艺；在"舞台化妆与发型"课程中学习唐、宋、清等不同朝代的妆面与发型的造型技巧，同时将"传统服饰设计2"课程、"舞蹈基础1"以及"服装风格与展示技巧"课程连通，从唐代舞蹈中学习体会唐代服饰的设计特点，通过唐代服装服饰造型和色彩，重新理解之前学习的"中国服装史""色彩原理"等课程，并根据自身特点与舞蹈形体动作要求，设计一套符合自身气质的唐代表演服饰，这便是"传统服饰设计"课程的结课作业。同时，学生将班级同学设计拍摄的服饰图片运用于"时尚编导与组织策划"课程，对设计制作的唐代服装服饰进行编导策划，并在"服装展示技巧与风格展示"课程中让每位学生对唐代化妆造型进行结课走秀展示。在此期间，学生穿着自己设计制作的唐代风格舞蹈服饰完成"舞蹈基础2"课程中唐舞《花间集》的结课展示。由此，使学生在"做中学，学中做"，对知识进行立体的链接与探究，以点带面，立体形象地掌握民族优秀传统文化，从而综合运用表演、设计、传播等跨学科知识，将课程思政纳入教师专项能力建设，这既是对教师课程思政意识的塑造，也是对教师思政育人能力的提升，更是对教师综合素质能力全面评价机制的升级。

八、结语

当下中华女子学院服装表演专业高度重视课程思政建设，深入挖掘各类专业课程的理论教育资源，着力打造基于应用、面向未来的实践教学体系，真正做到"立德""树人"齐头并进，实现二者的高度统一。同时还应时刻关注科技的发展，当今世界从人工智能到元宇宙科技发展日新月异，未来服装表演人才培养必须适应"艺科融合"的道路。随着数字化时代的到来，当下的时尚流行传播更加迅速广泛，业界跃跃欲试，与数字科技的结合指日可待。[3]完善服装表演专业人才培养模式，适应现代多元化的职业要求，进而从根本上提升学生的行业竞争力，为学生未来的职业道路拓展更大、更具持续性的空间。未来，服装表演专业将在教学体系以及教学手段上谋求更大的观念变革，"协同育人"模式始终围绕学生素质和实践能力动态演进，"产出导向"始终是我们检验专业建设和教学成果的重要标准。

参考文献

[1] 张宇姮. 新媒体语境下服装表演人才培养方向探析 [J]. 纺织报告，2021（1）：49-50.

[2] 教育部. 教育部颁布《教育部关于印发〈高等学校课程思政建设指导纲要〉的通知》[EB/OL].（2020-05-28）[2021-08-01]. http://www.gov.cn/zhengce/zhengceku/2020-06/06/content_5517606.htm.

[3] 吴冠军. 后人类状况与中国教育实践：教育终结抑或终身教育？人工智能时代的教育哲学思考 [J]. 华东师范大学学报（教育科学版），2019，37（1）：1-15.

新文科背景下新媒体人才培养与思政教育创新
——以"短视频运营与直播电商"课程为例

中华女子学院文化传播与艺术学院　刘　旸

摘要：新媒体时代，新闻传播教育发生了深刻的变革，既有课程体系与新技能之间、人才培养与行业发展之间都面临新的挑战。如何让学生适应不断变化的新媒体环境是本文的出发点与落脚点。本文的创新之处在于将行业"风口"短视频直播上升到教学改革层面，在新文科精神的指引下，借鉴OBE模式，构建短视频直播课程体系，打造混合式翻转教学环节，并对已有的三轮教学实践进行反思和总结，从而正确引导学生，提升其创新创业生存智慧与技能，对个人、学科和社会都具有积极的意义。

关键词：新媒体　短视频　直播　人才培养　思政教育

基金项目：中华女子学院本科教学改革重点创新项目"新文科背景下新媒体助农电商混合式翻转课堂教学改革"（项目编号：ZJG1010302）的阶段性成果。

根据中国互联网络信息中心（CNNIC）发布的第53次《中国互联网络发展状况统计报告》，截至2023年12月，我国短视频用户规模为10.53亿人，占网民整体的96.4%。随着5G技术的快速发展，短视频直播作为一种新媒体传播方式，将在相当长的一段时间内占据移动互联网的"风口"。新媒体人才培养创新和思政教育实践，不仅是主流媒体应对去中心化的环境的必然选择，更是实现新媒体传播形式创新、重回话语高地的重要途径。[1]

"新文科"是指对传统文科进行学科重组、文理交叉，即把新技术融入哲学、文学、语言等课程中，为学生提供综合性的跨学科学习机会。新媒体人才培养与思政教育实践从领域拓展、价值重塑、教学范式和话语主导四个方面体现了新文科的精神指向。

一、领域拓展：增加课程内容和授课对象

第一个"新"体现在"领域拓展"，从课程内容设计、授课对象，再到课程体系，新媒体人才培养在需求导向、精准匹配和持续递进中不断拓展自身领域，践行新文科理念。

（一）需求导向

传统上的新闻传播人才需要进行"新闻采访写作"[2]，随着新媒体发展的深入，媒体一线人才需求与供给之间的差距越来越大，从而使现实需求反向倒逼课程内容进行改革。主流话语变成视觉化语言，而短视频直播课程的人才培养目标就是培养能够实际生产、运营和变现的短视频直播应用型人才。课程开设之初对用人单位、行业龙头企业，专家、往届毕业生等进行多维度调研，将用人需求进行层层分解后具体体现在课程目标、教学环境、学习内容以及考核与成绩等方面。

例如，第一轮授课设计了 16 个学时的课程，主要是围绕短视频平台的推荐算法、垂直定位、短视频制作、运营与变现的全流程展开。在后续轮次的开课过程中，则根据外部需求变化对课程内容进行动态设计调整。例如，从潮流玩具、知识付费平台等机构招聘短视频运营人才的广告（"懂视频，有画面意识，需要将文稿可视化""负责短视频新媒体账号的创意输出与策划，依据需求创作短视频脚本""直播脚本撰写和物料准备，包括主播人设、主题视觉粉丝互动玩法、流程等""产出直播核心资料，包括脚本、手卡、道具等""建立脚本策划标准、账号运营准则等"）中可以看出"脚本写作"技能的重要性，因此，在第二轮开课时，课程内容设计强化了"脚本写作"技能的讲解与练习，要求学生对从镜头景别、内容、话术、时长、运镜到道具等多个要素在前期进行细致的设计。

（二）精准匹配

短视频直播初期的娱乐属性为大家所熟知，之后逐渐兼具了基础性的应用属性，成为打通不同学科的工具。本课程已经在中华女子学院开设了五轮次，从院内一个专业选修课到三个专业选修课，再到全校博雅课，五轮次的授课过程不仅是人数从 30 人到 126 人的规模扩大，更是不同学科专业的拓

展。课程包括网络与新媒体、播音主持、文化产业管理、国际汉语教育,以及服装设计、管理学、学前教育,以至于法学、社工等专业的学生都自主申请加入本课程。上课的学生的专业领域跨度之大,也说明了这门课程作为一种信息传播方式,能够将多元化的认知视野和人文体验聚合在一起,体现了对不同学科的融合和尊重。

针对不同专业学生的实践认知能力和学习特点来匹配课程设计。例如,网络新媒体学生的拍摄剪辑技能较高,播音主持专业学生的短视频作品编导能力和后期配音能力较强,文化产业管理专业学生对于短视频直播的营销与变现关注较多,而国际汉语教育专业的学生则更关心短视频的知识文化属性。上课之前在教案设计和案例选取上也会有意识地加以区分和兼顾,在后期的课程考核中则会根据前期制订的知识目标、能力目标与素养目标的完成情况进行综合评分。

(三)持续递进

课程体系围绕学生毕业要求研究制定,不同课程之间在逻辑上层次清晰,在内容上紧密连接、层层递进。例如,"短视频运营与直播电商"主要是通识类课程,包括短视频全流程的讲解;"数字视频剪辑"主要讲解视频编辑软件的使用方法,提升学生的短视频制作能力;"电子商务基础与应用"主要是在对传统电商知识传授的基础上,重点讲解短视频电商、直播电商课程,从商业变现的角度对以往课程进行补充,打造新媒体人才培养的知识闭环。

二、价值重塑:融入课程思政教育元素

我国的新闻传播教育要将国家需求和行业需求作为人才培养的目标导向,以"立德树人"为核心原则。[3]因此,在新文科精神指引下,短视频直播课程的第二个"新"体现为"价值重塑"。摈弃娱乐至上的观点,短视频直播课程关注中华传统文化、知识科普、电商公益助农等,为学生提供思想指引与价值选择。除此之外,课程还预先植入了党史、校史中红色文化资源的课程任务卡,以激发和培养学生的家国情怀与职业使命感,推动红色新闻文化的精神传承。

例如,在新冠疫情期间,网上有一则"其中成药可抑制新型冠状病毒"的消息被疯狂转载,一度登上微博热搜榜,许多药房门口出现了人们连夜排

队抢购和某口服液基本脱销的情况，主流媒体和专家纷纷辟谣。这个社会热点事件发生时正值短视频直播课程上课期间，便特地为学生布置了做科普类短视频账号的作业，鼓励学生利用手中的新媒体工具进行健康传播，正确宣传抗疫知识，帮助网民对网上的谣言进行辨析，获得了良好的效果；针对班级里国际汉语教育专业的学生，在讲解短视频运营课程时，专门选取了刺绣、蜡染、编织等传统手工匠人的账号作为案例，分析他们成败的原因；积极响应国家乡村振兴战略，安排在直播知识讲授环节以主流媒体为农产品带货的公益直播为课程案例，引导学生关注短视频直播带动地方经济发展的作用，让学生树立返乡就业振兴乡村经济的理想（见表1）。

表1 "短视频运营与直播电商"课程思政教育分解

知识点	思政切入点	素材/作业	思政目的
新媒体行业竞争格局	坚定"四个自信"坚持"两个维护"	监管政策和各地的扶持政策	政治素养第一培养与规范并存
短视频制作	德育教育	新冠疫情辟谣与健康知识传播	正确的舆论导向
短视频制作	劳育教育	家乡美食"云制作"分享	热爱家乡，返乡就业
短视频运营	智育教育	"女性之声"等各地妇联短视频账号运营比较分析	坚守女院主责主业
短视频变现	美育教育	将刺绣、蜡染、编织等传统手工匠人的账号作为案例	传承中华优秀传统文化
直播带货	乡村振兴	各地妇联的巾帼助农行动	培养爱国主义情怀

三、教学范式：打造混合式翻转课堂的教学环节

有学者专门对短视频平台——抖音中数千名拥有万名粉丝以上的数字劳动者进行调研，发现短视频可以为个人与行业赋能，使数字劳动者更加贴近社会，有助于培育创新的社会生态。因此，采用新的教学范式，进行混合式翻转课堂教学，同时将线上自学和课堂讲授、个人学习和团队协作、理论探究和实训演练、个性学习和普适学习、教育和社会责任相结合。

（一）自制14个章节的慕课，进行线上线下混合式教学

混合教学模式不仅是传统教学和网络教学的相互补充，还是包括教学空间、教学时间、教学方式和教学评价的教学模式的全面创新。为了上好视频

剪辑类课程，录制了每课时 10 分钟，共 14 个章节的在线慕课内容，涵盖了视频剪辑软件的各种功能。为了贴合"00 后"的新媒体使用行为特点，还专门设计了一系列生动的教学案例，如哈利波特的穿墙术、复仇者联盟的绿屏特效，以及 3D 透视相册等，这些内容在超星学习通中的任务完成率在 70% 以上，学生可以在课后根据学习情况自主反复观看，以确保不同基础的学生都不会掉队。线上教学不仅有利于学生课后复习，也可以帮助教师及时掌握学生的知识薄弱点和兴趣动向。例如，通过平台数据发现，对于难度级别较高的边框倒影、收缩淡出及透视效果的 3D 轮播组合案例，学生的喜爱度高达 84%。

（二）引入新的知识点，采用练习导向的翻转课堂模式

在每堂课引入新的知识点时，通常以翻转课堂的模式展开课堂教学，产生了较好的效果。以"美食制作"课程为例，第一步，"任务前置"。课前提供美食制作类短视频拍摄模板（包括做饭短视频的封面视频、准备阶段、烹饪过程和成品展示），然后发起"在家学做饭，疫情不扩散"的活动，将练习任务前置。第二步，"比较案例"。学生在课前将制作的西餐下午茶、包好的包子、炖的鱼、做的方便面等五花八门的美食课前小练习上传至超星学习通系统，并且班内学生彼此之间可以看到并进行点赞和评论；课堂上，教师择优请班内学生进行展示并现场给予点评和反馈。同时引入社会外部评价体系，以淘宝市场中的美食类短视频作品的售价作为比较，评估学生作品的价值。第三步，"探索新知"。在前两步的基础上进行知识点的深化。某学生拍摄和制作了去早市买鱼后回家烹饪的全过程，为了说明其作业的优点和缺点，引入知名美食节目《舌尖上的中国》中做鱼的视频，将这条视频分解成 20 个制作分镜头，为学生生动形象地展示美食类短视频拍摄和制作的要点（见表 2）。一些课堂上表现优异的学生，其社会实践便是为家乡的美食企业进行短视频的拍摄制作。

表 2　如何设计一堂短视频运营课程

步骤	教学过程	具体任务
第一步	任务前置	讲解基础知识设置情景 学生拍摄剪辑短视频
第二步	比较案例	学生内部比较 + 社会外部价值比较
第三步	探索新知	知识点的详细讲解和任务反思

四、话语主导：探寻国际传播中的中国形象

短视频直播课程不能局限于国内的抖音、快手和"B 站"等平台，还应当有选择性地研究国外的短视频号，研究其中反映出的中国智慧、中国方案和中国力量的内容，这也回应了新文科"话语主导"之新的第三个体现。例如，在课堂上带领学生研究 YouTube 上的案例，研究 TikTok 上中国烤鸭吃法突然走红的原因等，以此激发学生的学习兴趣。

最后，课程评价也采用了教学平台上的大数据的方式，采集全班百余名学生的意见，系统默认去掉最高分和最低分进行平均计算并实时得到结果。最终课程评价得分 4.68 分，在院系排名中位列 34/127，学生在评价中提到将课程与时代生活相结合，这符合时代潮流。有学生通过课程学习，将课堂作业孵化成了 1 个大创项目、1 个本科生科研项目，新媒体人才培养实践初见成效。

参考文献

[1] 喻国明，杨雅，曲慧，等.直播将成短视频平台的标配和价值"承重墙"[J].新闻战线，2020（14）：56–59.

[2] 白净.媒体融合背景下新闻实务教学改革和创新 [J].新闻与写作，2020（7）：30–36.

[3] 胡正荣.面向融媒时代的新闻传播教育 [J].新闻与写作，2017（4）：1.

家庭建设领域女性法治人才协同育人机制研究

中华女子学院法学院　邢红枚　黄　晶　唐　芳　刘永廷　邢国威

摘要：通过政产学研协同育人培养家庭建设领域女性法治人才是贯彻落实习近平法治思想和关于家庭、家教、家风建设的重要论述，落实新文科教学改革要求的重要举措，符合我校的培养目标。我校具有开展政产学研协同育人的政治优势和良好基础，但是在培养方案的安排和课程设计方面，学科、专业交叉不充分，在培养过程中复合背景协同育人的模式不够稳定，特色不明显，校外实务导师的作用发挥得不充分。未来应该通过课程、基地、师资队伍、项目等方面的建设，开展政产学研协同育人，着力培养家庭建设领域的女性法治人才，打造女院特色。

关键词：家庭建设　女性法治人才　协同育人

一、教学改革的背景

党和国家非常重视家庭工作，习近平总书记关于家庭、家教和家风建设的重要论述是做好家庭工作的重要指导，培养家庭建设方面的专门人才既是建设社会主义现代化强国的迫切需求，也是习近平总书记在"11.2重要讲话"中提出的殷切期望。一方面，习近平总书记指出，做好家庭工作，发挥妇女在社会生活和家庭生活中的独特作用，是妇联组织服务大局、服务妇女的重要着力点。要注重家庭、注重家教、注重家风，认真研究家庭领域出现的新情况新问题，把推进家庭工作作为一项长期任务抓实抓好。[1]作为全国妇联直属院校，中华女子学院承担着家庭建设领域女性法治人才培养的重要任务。为此，我们定位的家庭建设领域女性法治人才的培养目标是：具有良好的政治思想素质和道德品质，具有"四自"精神、公益意识和性别平等理念，具备扎实的法学理论基础和合理的知识结构，具备法律实务工作能力和一定的创新创业与法学研究能力，能够服务于我国家庭建设需要的应用型女性法治人才。另一方面，习近平总书记明确提出了"坚持建设德才兼备的高素质法治工作队伍"[1]的目标，我们培养的女性法治人才就是为德才兼备的高素质法治工作队伍输送人才。要完成这一目标，就要做好新时代法治人才培养的长远规划，创新法治人才培养机制，推进改革发展，提高人才培养质量。《法治中国建设规划（2020—2025年）》提出，要深化高等法学教育改革，优化法学课程体系，强化法学实践教学，培养信念坚定、德法兼修、明法笃行的高素质法治人才。而培养高素质的法治人才，实践教学环节必不可缺。[2]习近平总书记指出："法学学科是实践性很强的学科，法学教育要处理好法学知识教学和实践教学的关系。要打破高校和社会之间的体制壁垒，将实际工作部门的优质实践教学资源引进高校，加强校企、校地、校所合作，发挥政府、法院、检察院、律师事务所、企业等在法治人才培养中的积极作用。"[3]建立健全法学教育工作者和法治实践工作者之间的双向交流机制。为了实现家庭建设领域女性法治人才的培养目标，必须创新培养模式，形成特色机制，开展"政产学研"协调育人研究。

二、建设"政产学研"协同育人机制的可行性

（一）具有独特的"政产学研"协同育人政治优势

中华女子学院是全国妇联直属院校，同时也是全国妇联干部培训学院，学校的办学定位是着力强化妇联干部、妇女干部培训主责，建好建强妇联干部培训基地；着力打造优势学科，成为培养服务社会、家庭和妇女群众的人才摇篮；着力在国际妇女发展和性别平等教育事业中彰显中国特色，成为中国妇女民间对外交流交往的重要窗口；着力发挥妇女研究智库作用，成为中国特色社会主义妇女理论和家庭建设研究基地。学校还设有专门的家庭建设研究院。法学院作为中华女子学院最早设立的三个学院之一，长期致力于为全国妇联维护妇女权益方面的立法和政策制定提供专业支持，法学院教师深度参与了《中华人民共和国妇女权益保障法》《中华人民共和国反家庭暴力法》《中华人民共和国家庭教育促进法》等法律和地方法规的制定、修改工作；接受全国妇联和地方妇联的委托，从事与妇女权益有关的课题研究；发挥专业优势，经常性参与全国妇联组织的项目调研工作；与全国妇联权益部密切

合作，是全国妇联维护妇女权益先进单位。各级妇联组织长期给予学校育人工作大力支持，法学院一直聘请地方妇联主席、权益部长作为研究生联合导师，经常邀请他们来校授课。总之，中华女子学院具有非常稳定的"政产学研"协同育人政治优势和政府资源。

（二）具有良好的"政产学研"协同育人基础

1. 建立了多元化的校外实践基地开展协同育人活动

在多年的发展中，学校在法院、律师事务所、司法局下设单位、妇联、乡镇政府和企业都建立了实践基地。每年除了安排学生到上述实践基地进行专业实习，还结合实践基地的特点联合开展模拟法庭比赛、读书演讲比赛、法治视频大赛、普法宣传、党史宣讲等协同育人活动。

2. 依托校外实践基地组建了实力较强的校外实务导师队伍

目前我院有一支由法官、检察官、律师、妇联主席等组成的校外实务导师队伍，能够比较充分地满足实践教学的需求，为我院"产学"协同育人工作奠定了重要的人力资源基础。其中我院与北京市第三中级人民法院实现了双向交流，先后有10名法官以挂职身份成为我院教师，是比较稳定且素质较高的实践教学师资，使学生近距离接触实务的机会增多，实践能力得到显著提升。实务导师除受邀参与课堂教学外，主要就是指导学生参加模拟法庭比赛。得益于高水平实务导师的精心指导，法学院学生连续多年获得北京市大学生模拟法庭大赛二等奖。同时我院还聘请了妇联主席和婚姻家庭领域的资深律师作为兼职教授和实务导师，他们通过开展讲座、参与课堂授课、为学生提供实习岗位等方式参与实践教学，支撑起法学专业特色实践教学部分。

（三）具有培养家庭建设领域女性法治人才的校内平台

法学院教师在妇女儿童保护领域的研究一直走在全国前列，学院设有中国妇女儿童权益保障研究院和妇女儿童法律研究与服务中心。前者是妇女儿童权益保障研究的智库；后者是法学院学生的校内实践教学基地，可对外提供妇女儿童权益保护公益服务，曾经与律师事务所开展合作，引进律师进入学校作为中心的值班律师，带领学生接待涉及妇女儿童权益案件的法律咨询，提供免费法律服务，为当事人挽回了不少损失。

（四）具有培养家庭建设领域女性法治人才的交叉学科条件

我校设置的本科专业涵盖法学、教育学、管理学、经济学、文学、艺术学、工学七个学科门类，具备建设跨学科交叉专业或课程的基础。实际上，我校已经在课程教学和课题研究方面探索出一种新的多专业合作模式，例如，我校的培养方案中设置了"家庭社会工作""家庭暴力防治实务"课程，均由法学专业和社会工作专业教师共同授课。再如，2021年我校承接了教育部"家庭参与青少年法治教育"项目，由法学专业和社会工作专业、学前教育专业的教师共同完成。

三、法学专业原有培养模式存在的问题

多年来，法学专业始终坚持学科特色与专业融合发展，保持着性别与法律研究和教学上的国内领先地位。我校比较重视对学生男女平等理念、公益意识和社会性别意识的专业教育，并在注重法学核心课程教育的基础上，形成了以妇女法、婚姻家庭法和未成年人保护法等方面的教育为主的专业特色。重视实践教学，着力培养学生的实践能力，加强校外实践基地建设，形成了稳定的校外实务导师队伍，实践教学形式比较多样。但是，对应家庭建设领域女性法治人才的培养目标，培养女性法治人才所需的独特专业特色机制尚未形成，目前的人才培养模式仍亟待完善。

（一）学生选课机制不完善

课程设置方面，目前本专业特色课程设置比较突出，围绕学生家庭建设能力培养设计了特色课程群，其中全校通识教育模块"性别教育与婚姻家庭"部分包括性别发展、性别教育类，恋爱婚姻关系类、家庭建设类、心理类等，专业特色课程包括妇女法、婚姻家庭继承法、社会性别与法律、性与法律、妇女劳动权益保护、未成年人权益保护、信息技术与妇女儿童权益保护、家庭财富管理法律实务、家庭教育法律保障、家庭暴力防治实务、妇女权益保障法律诊所。虽然有课程模块指引，但受总学分限制，无法要求学生全面选修家庭建设法治人才所需课程，导致学生选课过于随意，学生的知识储备不够全面。

（二）校内复合型人才培养机制不完善

近些年本专业注重复合型人才培养，在法学培养方案中增加了与妇女儿童权益保护相关的社会学、心理学等课程。同时，鼓励法学专业学生辅修双学位项目，系统学习其他学科知识；法学院也开设二学位、双学位，吸引其他专业学生学习法学知识，形成"法律+"跨学科人才培养模式。但也存在

以下问题：一是对社会需求的了解不够深入，对家庭建设领域所需女性法治人才的理解比较片面，之前的复合型人才偏向于法学与社会学的结合，以促进男女平等、维护妇女儿童权益、解决家庭暴力等家庭问题为目标，以促进家庭经济发展为目标的家业兴建方面的设计不足，法学与经济学的结合较少。二是复合型课程内容较少，仅限于法学院内开设的选修课，未在培养方案上与其他专业的专业课程实现贯通，深度不够，不能满足培养复合型人才的需求。三是没有针对家庭建设领域法治人才设置专门的交叉领域平台课。例如，随着我国经济的发展，社会对家族财富传承专业人才的需求越来越迫切，该类人才培养涉及法学、金融学、税收学等多专业内容。我院的专业选修课程中设置了"家庭财富管理法律实务"，这门课程由法学院教师负责，金融专业教师没有参与，因此课程内容偏法学，金融学内容较少，略显单一。如果学生没有机会选修金融学的课程，那么其所学知识就会相对单薄。四是辅修法学专业的特色不足，辅修是以专业核心课的教育为主，受总学分影响，没有设计特色选修课程及实践教学环节，导致学生综合运用知识的能力不足。

（三）校内外协同育人模式并没有充分发挥作用

为了迎接上一轮审核评估，法学院积极加大对实践教学的投入，深化与法院、律师事务所、妇联等实务部门的合作，引进挂职法官、实务导师进入学校、深入课堂，全方位参与实践教学工作。与妇联合作开展课题研究，用科研反哺教学，已经形成了一定的学校、妇联、法院、律所等合作的"政产学研"协同育人模式。但是受多方因素影响，很多工作具有随机性和不稳定性，常态化的、基于专业特色的合作模式尚未形成。法官（检察官）、律师的工作任务繁重，难以为学生提供系统的培训，参与实践教学的主要形式为零星的授课与讲座、实习和模拟法庭比赛指导。在开展法学专业教育的大背景下，妇联方面参与教学的机会更少，能提供的实习岗位也不多。主要是我校师生为妇联提供的科研、普法宣传方面的支持，缺乏深入融合机制。因此，需要进一步明确各方的职责，优化"政产学研"协同育人模式。

四、构建"政产学研"协同育人培养模式的思路和举措

（一）主要思路

本项目的主要思路是贯彻落实习近平总书记关于家庭的论述和习近平法治思想，适应国家社会发展对法律人才的需求，结合我校专业特色和特长，

以培养家庭建设领域女性法治人才为目标，构建多学科多专业、"政产学研"协同育人模式。建立从学校到实务部门的全链条育人机制，在协同育人的过程中了解社会需求，为实践基地培养和输送人才，实现"政产学研"协同育人的闭环机制。结合自身优势条件和特点，以推进法学新文科建设为目标进行全方位改革，充分发挥学校的政治优势，在全国妇联的领导下，与其直属部门和地方各级妇联组织紧密联系，了解行业需要，明确目标定位。紧跟社会发展步伐，落实"立德树人"根本任务，贯彻"三全育人"的教育理念，创新育人模式，提高人才培养质量，满足行业需求和社会需求。立足我校"培养服务社会、家庭和妇女群众的人才摇篮"的办学定位，充分发挥我校法学、教育学、女性学、社工专业等优势学科和专业特长，实现多学科交叉（见图1）。

图1 主要思路

（二）具体举措

1.实现家庭建设领域跨学科、跨专业交叉培养

跨学科、跨专业的交叉融合既是新文科建设范式之一，也是培养复合型人才的题中应有之义。家庭建设包括家德培育、家庭教化、家风营造、家业兴建等方面，涵盖家庭成员之间的法律上的权利义务关系、家庭关系的处理、家庭财务管理、家庭财富传承等问题，涉及法学、社会学、管理学、金融学等多种学科。我校除法学专业外，还设有金融学、社会学、社会工作、管理学等多门学科，要培养家庭建设方面的复合型人才，首先要在学校内打破专业壁垒，开展跨专业合作，实现家庭建设领域的跨学科交叉。

2.进行家庭建设领域交叉课程体系建设

跨学科、跨专业交叉需要依赖具体课程实现，所以要紧抓课程这一最基本、最关键的要素，持续推进教育教学内容的更新，创新多学科、多专业合作的课程，如家庭社会学、家庭理财、家庭财富传承等，使法学与管理学等学科形成交叉学科，法学专业与社会学、金融学等专业形成交叉专业。法学院已在此方面进行了有益探索，并开设了家庭理财、家庭财富管理法律实务等专业选修课，取得了较好的效果，学生的满意度较高，可以在此基础上进行进一步探索。

3. 推动建立家庭建设领域女性法治人才专门协同育人模式

总结与校外实践基地合作的经验，推动家庭建设领域女性法治人才协同育人培养模式的创新，形成专门的协同育人机制。

（1）建立特色实践基地。筛选出与家庭建设相关的，业务突出、特色鲜明的人民法院、人民检察院、律师事务所、妇联等单位，作为培养家庭建设领域女性法治人才的特色实践基地，搭建培养家庭建设领域女性法治人才的专门实践平台。

（2）建设专门化、专业化的教师团队。依托家庭建设研究院、妇女儿童权益保障研究院，组建高质量的家庭建设领域女性法治人才培养团队。团队成员除法学专业教师外，还应包括家庭建设领域的资深校外实务导师。这部分实务导师应该主要来源于特色实践基地，以方便在实践基地开展协同育人工作。

（3）进一步开展课程建设。目前家庭建设领域女性法治人才的课程模块还不够完整，未来应该结合培养需要继续研究课程模块设计，形成培养目标—培养要求—培养计划—培养模式的完整链条。充分发挥挂职法官的作用，拓展婚姻家庭案例库建设和课题研究等方面的合作，形成常设性品牌项目。

（4）开发专门培训项目。利用小学期开展家庭建设领域女性法治人才培训项目，选择部分对此领域感兴趣的学生进行专项培训。培训内容主要是培养方案中家庭建设领域女性法治人才所需课程及实践环节的薄弱部分。使学生通过专项培训，充实知识储备、补齐短板，提升参与家庭建设的能力。

参考文献

[1] 习近平同全国妇联新一届领导班子成员集体谈话并发表重要讲话 [EB/OL].（2018-11-02）[2024-04-12]. https://www.gov.cn/xinwen/2018-11/02/content_5336958.htm.

[2] 中共中央印发《法治中国建设规划（2020—2025年）》[EB/OL].（2021-01-10）[2024-04-12]. https://www.gov.cn/zhengce/2021-01/10/content_5578659.htm.

[3] 习近平：立德树人德法兼修抓好法治人才培养励志勤学刻苦磨炼促进青年成长进步 [EB/OL].（2017-05-03）[2024-04-12]. https://www.gov.cn/xinwen/2017-05/03/content_5190697.htm#1.

女性学实践教学落实立德树人教育目标的探索

中华女子学院妇女发展学院　魏开琼　朱晓佳

摘要：自2016年启动实践教学改革以来，女性学系深入贯彻全国教育大会精神，提高立德树人水平和人才培养质量，形成了符合本专业人才培养要求的实践教学体系，探索出实现立德树人教育目标的实践教学路径。女性学专业立足课堂内实践与第二、第三课堂的实践，形成暑期社会实践、实践周、实践教学课程以及实践创新创业项目等互相支持的实践教学体系，将立德树人的教育目标所蕴含的要素纳入实践教学体系的全过程。

关键词：女性学　实践教学体系　劳动教育　立德树人

习近平总书记强调："要强化教育引导、实践养成、制度保障，把社会主义核心价值观融入社会发展各方面，引导全体人民自觉践行。"[1]高校作为培养社会主义建设者和接班人的重要阵地，承担着引导青年学生将社会主义核心价值观内化于心、外化于行的重任。想要让社会主义核心价值观成为青年学生的行动自觉和生活规范，以及日常工作和生活的基本遵循，需要将价值观的教育同青年学生的生活实践、成长发展历程紧密结合起来。实践教学作为人才培养方案中的重要环节，是根据各专业培养目标和教学大纲，依托不同的教学环境，有计划、有系统地组织学生开展的实践性活动。

一、女性学实践教学环节面临的挑战与应对

近年来，教育主管部门印发了一系列加强实践教学改革的文件，许多高校积极探索实践教学改革之路，并取得了一定成效。女性学系也在这些文件的指导下，反思过往实践教学中的做法，探索更加有效的实践教学形式，与课堂教学一起实现立德树人的教学目标。在反思以往实践教学手段与方式时，

女性学系也意识到，以往广泛使用的一些教学方式确实有重理论、轻实践的倾向，或是没有完全将实践教学纳入学校人才培养重要环节、没有纳入第一课堂的教学中等，导致大学生中依然存在轻视劳动、劳动观偏移等现象。为了发挥实践教学实现立德树人的教学目标的作用，结合女性学专业人才培养目标，特别提出从"思想政治引领、培养学生社会责任感、提升学生综合能力"三个侧面进行完善。

第一，将马克思主义妇女理论用于观察社会，培养学生找到解决妇女发展问题的思路，真正推动男女平等基本国策的实现。以往的校外实践教学形式比较单一，多以参访为主，导致学生实践走马观花，流于表面且针对性不强。通过实践教学改革，女性学系师生要以马克思主义妇女理论为指导，以妇女群体为中心，启发学生思考，鼓励学生践行，让大学生在家庭、社区与国家层面探索如何将妇女发展与推动社区、服务国家和地方社会发展结合起来。将社会性别视角与基层社会现实运作模式相融合，有利于找到解决问题、促进平等的切入点。让学生以马克思主义妇女理论为指导，以解决实际问题为导向，以提高实践能力为目的进行校内外社会实践。

第二，实践教学改革必须解决在校学生与社会现实脱节的问题，培养学生立足本土服务妇女与社会发展的责任感。以往的实践教学重视课堂中理论的理解和掌握，基本以课堂内实践为主，缺乏辩论会、研讨会等形式，课堂外实践内容较少且形式比较单一。通过实践教学改革，纳入劳动教育，拓宽校外实践活动的场所与形式，让学生做到与基层民众一起生活、劳动和学习，在日常生活层面的合作中，培养学生服务社会与人民，尤其是服务妇女发展的责任感。

第三，通过实地调研训练学生的写作能力，提升学生的批判性思维能力。以往的校外实践教学比较注重实践过程本身，而忽略了实践过程之后的总结与反思，以及实践报告的书面写作练习。女性学系实践教学改革探讨实地探究式的教学方式，有助于提升学生动脑、动手、思考与写作的能力，以及理性看待社会现实问题的批判性思维能力和总结反思能力。在学生实践能力得到提高的同时，训练其将实践结果和发现以规范的形式进行书面表达，并鼓励学生参与各种大学生创业创新大赛等学习和经验交流活动，以进一步提升其实践能力。

二、女性学专业实践教学改革的路径探索

经过几年的探索,女性学系整合"学校—社会组织—基层政府"的力量,以校社合作协同育人的方式,建立起适合不同年级特征的进阶式实践教学体系,形成实现立德树人教育目标的建设路径。

(一)建立有针对性、循序渐进的实践教学体系

高校实践教学以马克思主义劳动观为指导思想,根据教育规律和学校、专业、年级等特点建立起系统化、体系化、进阶性的实践教学体系。经过前期探索与后续的不断完善,女性学系建立了一套符合女性学培养目标、能切实提高女性学学生实践能力、纳入劳动教育的实践教学体系。女性学系的实践教学分为课堂内部实践和校外社会实践两个部分,按照年级和专业能力层次建立实践教学体系,分为基础阶段与提升阶段。

第一,在基础阶段的实践教学中,在重视培养学生熟悉妇女议题的基础上,提升其创新解决问题的能力。在一、二年级的实践教学中,通过对接社会组织和基层政府,让学生与基层民众,尤其是妇女群体进行真实接触,通过参访与观察了解妇女发展议题。在此基础上,进一步在专业实践中巩固和强化马克思主义劳动价值观,参与劳动知识和技能的创新式劳动实践。在学生实践专业技术和努力科研的同时,鼓励其进行创造性劳动。例如,使学生熟练掌握和运用专业化的技术方法(社会调查方法、数据处理方法等)来分析和解决问题,提升学生的实践操作能力和创新性思维能力。该阶段是学生真正接触社会、自主解决问题的阶段。通过这些环节,在引领新时代大学生练就过硬专业本领的同时,促使其坚定理想信念、培育劳动情怀,敢于担当、勇于创新。培养学生对中国特色社会主义道路充满自信,理解劳动在个人发展和社会进步中的价值与意义。

第二,在提升阶段的实践教学中,学生将妇女发展的议题置于家庭发展与社区建设的背景中,以培养家国情怀和服务社会的责任感。通过为期一周的田野实践,鼓励学生聚焦以妇女为对象的社会议题,从社会性别的视角进行考察,通过经济发展、社区再造、制度变革进行基层村/社秩序建设,促进村/社朝着平等与和谐的善治方向发展。这一阶段的实践,与课堂教学中的写作课相呼应,让学生在实践过程中练习课堂内习得的资料收集与分析技巧,

提升学生利用资料进行论文撰写的能力。这部分提升阶段的实践教学，有效地促进了学生学年论文与毕业论文的撰写。既是生动的专业学习过程，也是亲身融入环境的劳动教育，在培养学生的理论视野与地方视角上实现了教学目标。

（二）深化改革实践教学，实现立德树人教学目标的举措

根据教育部关于高校实践教学的指导意见，女性学系加大力度进行实践教学改革。在实践基地建设、实践教学过程改革以及师资队伍建设上进行了以下探索。

第一，推进实践教学改革，注重劳动教育实践基地的选择。在实践教育基地的选择上，女性学系按照高校劳动教育实践教学与爱国主义教育相结合的要求，主动联系爱国主义教育基地和国防教育基地。同时，考虑到实践基地的选择要结合家庭、学校、社会等一切社会资源，因此选择在城市、农村、社会服务机构等多种形式的社会实践活动基地进行劳动实践教学。利用现有资源，最大限度地采取校所合作、校企联合、学校引进等方式，对学生进行爱国主义教育和劳动教育。自2016年启动实践教学改革以来，女性学系先后与基层妇联、基层社会组织以及爱国主义教育基地等签订了实践教学协议。学生在真实的场景中了解不同田野点在推动地方妇女发展上的具体做法，提出妇女参与地方经济、妇女参与社区发展、妇女自主创业等议题，并由亲历者结合自己的领域进行现场分享。通过实地和在场的倾听与感受，学生体会到了生产劳动的不易，也增强了社会责任感和使命感，以及新时代大学生的劳动责任感和荣誉感，并在劳动中收获了崇高感和幸福感。

第二，推进实践教学全过程改革，注重丰富劳动教育实践教学形式和改进评价手段。社会实践是大学生接触社会的渠道，实践形式以参观走访、社会调查、社区服务、志愿服务、公益活动、岗位实践、勤工俭学、毕业设计等为主，引导大学生到社会基层中、到人民群众中去了解国情、了解社会。学生通过自己劳动，提升了独立生活能力和动手能力，培养了劳动兴趣和习惯，从而为将来走向工作岗位奠定了坚实的基础。根据教育系统关于劳动教育指导意见的要求，实践教学方法和形式的变革是实践教学改革的关键。在实践教学形式上，通过基于问题、基于项目、基于案例的教学方法，鼓励学生开展研究性学习和创造性劳动。在实践教学评价系统中，制定实践育人成效考核办法，破除以往多以书面报告为主的单一评价模式，拓宽思路、鼓励创新。女性学系在理论探索的基础上，特别制订了具体的实践教学方案，对于大二与大三学生，要求实践周必须提交主题性的研究报告：二年级的报告为议题引导型，三年级的报告需要具备一定的问题意识，须结合课程学习，进行访谈与调研并撰写调研报告。每次实践教学结束后，女性学系会以OBE原则探讨推动下一阶段的课堂内外学习，适时调整实践教学的一系列问题，以立德树人的教学目标为根本宗旨，不断调整相应的实践教学内容、教学方法，打造典型的教学田野点，不断夯实实践教学的基础。通过实践教学内容与教学形式的创新，培养学生的社会责任感，使其了解真实的中国社会以及妇女发展的现状，增强学生对中国妇女发展道路的自信，并学习如何撰写调研报告，提升学生的创新能力。

第三，推进实践教学改革，加强实践育人师资队伍建设。首先，通过邀请行业/专业人士在第一、第二课堂参与教学，使学生了解社会组织在参与基层治理过程中，是如何将性别视角与妇女工作的方法应用在日常生活以及妇女发展议题中的；了解基层政府，尤其是妇联群团组织是如何做好党和妇女群众之间的桥梁与纽带的。其次，女性学系也重视对自身教师的培训，不断提高其实践育人水平。一方面，教师通过参与政府与基层的科研项目、社会生产劳动与社会调查，以科研反哺教学，将具体案例运用到课程内容的教学中；另一方面，推进课程思政建设，通过与学生共同参与社会调查、社会实践等活动，带领学生接受劳动教育，将马克思主义劳动观落实在具体的实践教学过程中。最后，女性学系也重视将实践育人成果纳入内容教学评价过程中，以增强实践育人效果和制度保障。

三、实践教学改革实施以来立德树人成效初显

本次实践教学改革以"三有""四自""四教"[①]的人才培养为核心，坚持立德树人，通过实践教学体系进一步促进学生全面发展。通过以下举措，优化了学校、社会组织、基层政府等社会资源的连接方式，实现了"三全育人"、立德树人的教育目标。

第一，以实践教学体系切入课程协同思政教育，落实立德树人的教育目标。女性学专业是一门实践性与政治性都很强的专业，学生需要将习得的知识在实践中进行检验与反思，以提升自身的理论思维与价值观的辨析能力。

---

① "三有"指有理想、有本领、有担当；"四教"是指教体验、教思考、教表达、教应用。

通过四年环环相扣的实践教学，将意识形态的引领与思想政治的教育纳入所有课程的实践教学进程中，培养学生的社会责任感以及服务社会与妇女发展的意识和能力。"有理想、有本领、有担当"是时代新人的核心素质，也是立德树人的目标。新时代的大学生应该把自己的理想融入国家富强、民族振兴和人民幸福的伟大理想之中，将每一次实践课程都当作一次检验，认真完成并总结反思。

教师在带队进行实践教学过程中，实现了实践反哺教学与科研的良性互动。实践教学不仅培养了学生的专业能力，带队教师在这一过程中也将实践问题转换成了研究课题与教学案例。一方面，让实践带动的研究成果参与学术论坛，将研究发现纳入智库报告的撰写中；另一方面，将实践中发现的基层经验转换成教学案例。在此过程中，女性学实践团队取得了《女性学实践教学体系化的探索与实践》《女性学学科建设与人才培养路径探索》《女性学学科建设研究综述（2011—2015）》《从妇女问题研究走向学科化建设：女性学学科发展的脉络》等研究成果。"社会学研究方法"中的"大课程理念"教学法于2017年获评社会学类专业教学指导委员会优秀教学成果；"女性学导论"于2019年获评北京市优质本科课程、优质本科课件；"妇女发展政策"课程于2021年获评国家级课程思政示范课程；2019年，学生获第十届"挑战杯"首都大学生课外学术科技作品竞赛特等奖；等等。

第二，校—社—政合作共同育人，培养学生服务国家与地方社会的责任感。实践教学的教学点不再局限于教室，而是进入田间地头，创新后的实践教学更加注重思想道德教育和劳动教育。在实践基地的选择和具体实践环节，教师和学生通过了解田野点的历史与现状，对学生进行爱国主义和家国情怀教育，让其体会我国将男女平等上升为基本国策与推动妇女发展和进步之间的联系。同时，学生在实践中养成了劳动的习惯，既能体会到劳动的艰辛，也能感受到劳动的快乐。首先，学生以参观劳动、义务劳动、志愿服务等形式进行爱国主义学习，树立马克思主义劳动观；其次，在学生实践专业技术、努力科研的同时，鼓励其创新创业，在劳动中培养爱岗敬业、诚信友善的事业精神；最后，学生在择业、就业上，将个人发展与社会需求、志愿活动等相结合，将人生理想融入国家富强、民族复兴的伟业之中。校—社—政多方合作互为教学主体，让学生在实践中体会两性共享共治的重要性。在具体的实践教学过程中，基层妇女不再只是被研究与被想象的对象，学生与来自社会组织、基层政府的妇女群体在真实的场景中互相学习研讨，不同主体在互动中建立了良好的主体间性，通过观念的碰撞成为共同学习成长的主体，从而提升学生对妇女发展与男女平等议题的认知、理解水平，提高了学生贯彻落实男女平等国策的能力。

第三，纳入新的教学理念，以结果为导向评估完善实践教学体系建设。自2017年启动实践教学改革，到2019年将思政元素纳入实践教学中，再到2021年结合实践教学进行劳动习惯的培养，女性学系不断对实践教学的内涵与方式进行调整和拓展，落实立德树人的教育目标，培养社会主义时代新人。女性学系的实践教学改革模式也为同类专业院系进行实践教学创新提供了参考。在将近五年的实践中，本专业的"女性学研究方法"以课程为载体的课堂内教学实践，自2015年以来实践的学生学术会议，不仅得到了学生的认可，也受到了同行的赞誉，并被引入相应的课程教学中。春季学期的田野实践，秋季学期的问题调研也被其他院系的同行参考并运用到人才培养中。上述成果通过微信官方平台进行传播，获得了更多同类专业实践教学的认可。

四、结语

作为国内首开女性学本科人才培养的院系，女性学系一直坚持发挥在学科建设与专业建设上的引领作用，并根据国家战略、经济与地方社会发展以及行业发展三个层面的需求，不断调整、精炼专业女性学人才培养的目标，探讨实现本专业人才培养目标的路径，在课程体系建设、能力矩阵培养上进行了全方位的探索与深化。对于如何用好实践教学这一重要的教学环节，确保立德树人目标的实现，女性学系在整合以往探索的基础上，对标指导实践教学如何进行的相关文件精神，建立了全方位、渐进式的实践教学体系，制定了扎实推进落实实践教学目标的举措，并取得了初步成效。随着实践教学的深入推进，以及课程思政的广泛实施，女性学系也将继续深化实践教学改革，更加精细化、分层化地对学生进行社会主义核心价值观的教育与养成，培养合格的社会主义建设者与接班人。

参考文献

[1] 习近平出席全国宣传思想工作会议并发表重要讲话 [EB/OL]．(2018-08-22) [2023-07-04]. http://www.gov.cn/xinwen/2018/08/22/content_5315723.htm.

现代信息技术背景下女性学专业的优化与提升

中华女子学院妇女发展学院　魏开琼　杜声红

摘要：为了更好地助力落实高等教育立德树人的根本任务，妇女发展学院以"学科—学术—学生"为对象，以"教师—课程—课堂"为载体，将"价值引领—知识生产—人才培养"作为立足点，进行女性学专业的优化与提升。目前，已经形成一套初具特色且与现代妇女服务人才相匹配的人才培养方案，以及一套现代信息技术与教育教学深度融合、线上与线下相结合的教学体系，培养了一支能初步将大数据与女性学专业理念结合的教学科研队伍。

关键词：信息技术　女性学　专业优化

随着信息技术的普及与广泛运用，其注重工具理性、缺乏价值理性的弊端日益凸显，如果缺乏价值引领，一些社会问题，尤其是性别歧视问题可能因为互联网技术的"加持"而变得严重。在此背景下，女性学专业如何紧跟新一轮科技革命和产业变革的新趋势，实现新文科建设为技术社会的发展提供思想指引与价值选择的目标，积极推动人工智能、大数据等现代信息技术与女性学专业精神深度融合，推动女性学人才培养与教学研究范式的创新、专业知识体系和能力要求的更新，探索女性学专业内涵提升、改造升级的实施路径，是当前女性学专业发展不得不考虑的问题，也是本文关注的重点。

本文从学科、学术、学生一体化发展的整体思维出发，希望探索出女性学专业如何融合现代信息技术，实现专业优化与提升的路径和方法。具体而言，在学科建设中，应立足女性学专业人才培养经验，探讨将两性平等价值观融入人工智能，找回信息技术的"意义世界"和"价值空间"[1]，推动落实男女平等基本国策。在学术研究层面，为了避免信息技术可能加深性别鸿沟的风险，探讨如何运用现代科技、信息技术和人工智能等不断拓展女性学研究的内容与方法，彰显新时代性别研究的科学性。在学生培养过程中，应依托信息技术，不断创新教学方式、丰富教学内容、加强教学效果反馈、提升教学质量，增强学生的参与感、获得感和满意度。

一、双向赋能技术为女性学专业优化与提升提供可能

2020年11月3日，教育部新文科建设工作组在山东大学（威海）召开了新文科建设工作会议，会上发布了《新文科建设宣言》，提出"构建世界水平、中国特色的文科人才培养体系"，"牢牢把握文科教育的价值导向性"，"积极推动人工智能、大数据等现代信息技术与文科专业深入融合"等主要任务。[2]这也为现代信息技术背景下女性学专业的优化与提升提供了思路，指明了方向：一是加强女性学专业教育对现代信息技术的价值引领；二是以现代信息技术为依托，实现女性学专业的升级改造。

（一）赋能技术，强化价值引领

信息技术的发展在给日常生活带来极大便利的同时也存在着技术风险，探究网络社会中的"社会性"问题是21世纪社会学研究的重要内容。当社会生活经历数据化转型[3]时，人们被建构为服务器节点中的一个又一个数据，但人们并不了解甚至完全不知道其背后技术运行的机制，以及网络社会可能存在的风险。[4]人们默认"技术无意识"[5]，但不可否认，日常生活中的"个人麻烦"越来越具有数字化特征，形成新的"数字麻烦"[6]。这种"数字麻烦"也是性别研究领域和女性学专业教育需要重视与解决的问题。目前，充斥于网络话语中的性别偏见和女性权利尚未得到社会的充分关注，亟须加强人工智能中的性别平等审计，一些研究者对此进行了研究并达成了一定的共识，这些研究成果也为本专业探索新文科建设路径打下了良好的基础。

（二）技术赋能，推动教育现代化

专业教学与信息技术的融合是教育现代化的必然要求。信息技术的运用可以让复杂、抽象的知识变得生动而具体，从而有助于学生更好地理解理论知识。同时，信息技术的运用也打破了教与学的时空一致性，让远距离教学、非即时学习成为可能。因此，技术赋能教学势必成为教育现代化的必然要求和重要内容，也将促进形成一种新的教学常态模式，成为女性学专业优化与提升过程中不可缺少的工具。尤其是此次席卷全球的新冠疫情，在对教育提出极大挑战的同时，也为其带来了新的可能性。如果没有以信息技术为依托

的线上教学，就难以保障基本的教学秩序，更谈不上教学方法的创新与拓展。

二、探索女性学专业优化与提升的新文科建设路径

中华女子学院妇女发展学院萌芽于20世纪80年代的妇女运动，其于2001年独立建制，2006年招收中国大陆首批女性学本科生，2010年转为一本批次招生。2009年获教育部和北京市特色专业建设点称号，同年与东北师范大学联合培养社会学学术硕士研究生，2017年招收社会工作（妇女发展领域）专业硕士，2019年获批北京市一流专业建设点。目前正在积极打造国家级"一流专业"，优化提升女性学专业内涵，以便更好地将立德树人根本任务落到实处。

为了更好地助力落实高等教育立德树人的根本任务，妇女发展学院以"学科—学术—学生"为对象，以"教师—课程—课堂"为载体，将"价值引领—知识生产—人才培养"作为立足点，进行女性学专业的优化与提升。具体思路如下：女性学专业价值观如何嵌入信息技术→信息技术和大数据如何促进女性学学科发展→大数据+女性学如何有效融入教学体系，探讨新文科建设背景下学科之间与学科内部交叉后的女性学专业的提升与优化路径（见图1）。

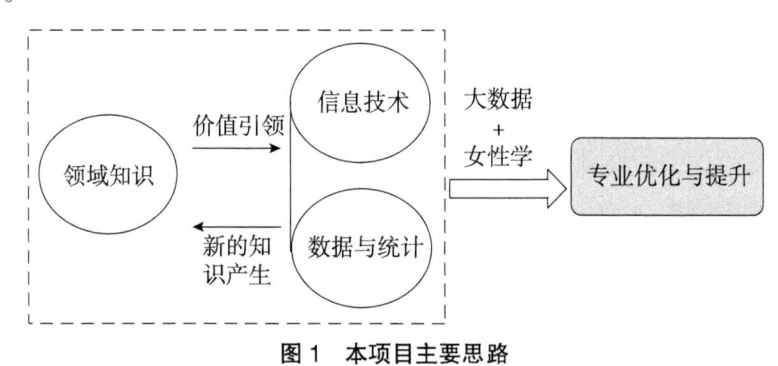

图1 本项目主要思路

（一）实现女性学专业价值观与大数据融合，让性别平等落到实处

在人工智能等信息技术的发展过程中，不仅要考虑技术本身的发展与变革，还要考虑其活动的目的、手段以及后果的正当性和正义性。但在信息技术领域，对信息技术的评价只是看其在代码开发上的效率，而对于可能导致的社会风险，尤其是性别歧视问题缺乏敏感的意识。随着自媒体、新媒体的发展，网络舆情监测成为政府部门的重要工作内容。目前在对媒体的法律政

策监管、监测方面，虽然《出版管理条例》《广播电视管理条例》等对于传播内容有限制性规定，但总体来看，这些条例基本没有对男女平等内容进行监管，只是笼统地规定了禁止淫秽色情内容，且这些要求都是原则性的，缺乏可操作性，对于违反规定的情况也缺乏相应的追责机制。[7]为了创建清朗的网络空间，提升网络治理质量，应正确引领大学生思想教育，培养新时代妇女服务人才。在将领域知识运用到技术层面，女性学在研究与教学中拟进一步探讨其对大数据的价值引领，从社会性别视角审视信息技术的运用，探索社会性别与信息技术互嵌的可能性，让性别平等真正落到实处。

（二）构建和完善研究方法体系，推动信息技术在性别研究领域的应用

女性学是一个有深厚理论背景的专业，也是一个颇具实践意义和应用价值的专业，其有一套较为成熟的跨学科理论与方法体系。然而，随着信息技术的发展、各类统计软件的出现，以及互联网中的海量数据，女性学研究内容和范式面临着机遇与挑战，亟须转变传统的女性学研究范式，充分挖掘历史数据和互联网数据，建立女性数据库，构建分析模型，讲好中国性别故事，促进女性学专业向内涵式与纵深式发展。在此背景下，女性学专业在开设课程和培养学生能力时，一方面，应重视对传统文献资料的挖掘，加强对口述史资料的内容分析，深描女性的历史与现实，系统阐释女性地位变迁的原因与机制；另一方面，在万物皆可为数据的背景下，利用信息技术进行数据抓取和仿真模拟，加强对女性经验与日常生活的研究，关注女性群体内部的差异性、面临问题的多样性，并模拟与预测女性发展趋势，针对贯彻落实男女平等基本国策提出有针对性、可行性、有效性的政策建议。通过对信息技术的广泛应用，在研究与教学中不断构建和完善女性学研究方法体系，拓展女性学研究的深度与广度，实现性别研究从两维到三维乃至多维的转变（见图2）。

（三）构建和完善教学内容体系，满足学生发展与社会人才需求

女性学专业旨在培养德智体美劳全面发展，具有"四自"精神和性别平等意识、公益意识，政策视野宽广、创新能力突出的复合型人才。在现代信息技术背景下，如何提升学生的信息素养和数据分析能力以满足学生发展与社会人才需求，是女性学专业在新一轮培养方案的修订过程中应重点考量的问题。从培养要求来看，在知识层面，希望学生能够熟悉社会科学研究方法

与大数据分析技术，熟练使用大数据技术在妇女发展领域内的应用框架及其生态系统；在技能层面，希望学生能够熟练掌握计算机及信息技术，学会使用统计工具软件，具备在大数据环境下进行数据处理和分析的能力；在素质层面，希望学生能够具有较强的性别平等意识和信息素养，能够敏锐地捕捉和鉴别互联网情境下的性别歧视问题。从课程体系来看，应结合学生的学习进度和兴趣，进行梯度式设计：第一层是通识教育课，如计算机应用基础，让学生对信息技术有初步了解；第二层是专业基础课，包括统计学、统计分析软件类、研究方法类等课程，旨在培养学生获取数据和分析数据的能力；第三层是专业方向课，包括计算社会科学导论、人工智能与妇女发展等课程，重点培养学生的数据分析和决策能力。

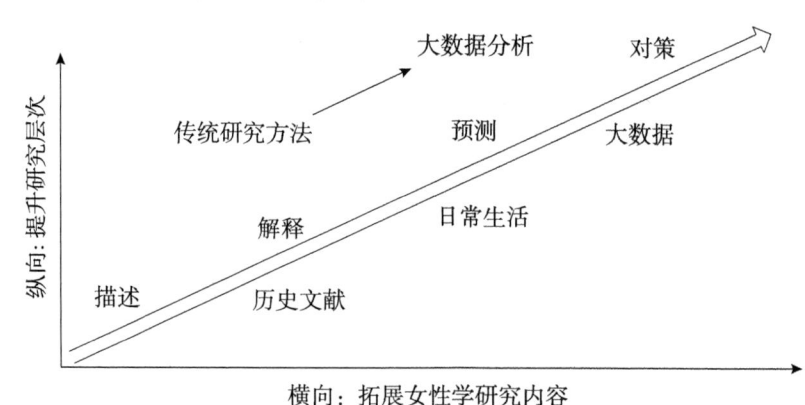

图2 女性学研究内容与范式

（四）完善教学模式与评价体系，不断提升女性学专业教学质量

信息技术作为一种辅助工具，在教育领域得到广泛应用，从而推动了课程教学方式和评价方式的变革。女性学在专业建设与学生培养过程中，特别重视将信息技术融入课堂教学中。第一，教师通过使用雨课堂、腾讯课堂等线上教学工具，辅助开展课堂教学活动，实现线上线下"混合式"教学，丰富课堂教学方式；第二，通过插入图片、视频等方式不断优化课件，增加课件的趣味性、生动性，吸引学生的注意力，活跃课堂气氛；第三，鼓励教师录制公开课，推广教学成果，形成课堂内与课堂外相结合、线上与线下相结合、专业内与专业外相结合的立体式专业教育模式。在教学评价方面，一方面，重视教师对学生学习效果的评价，构建过程性评价和终结性评价相结合的评价体系，并利用信息技术平台及时反馈学生成绩；另一方面，利用评教

系统收集学生对教师教学的评价，并及时将评教结果反馈给相关教师，以督促其改善课堂教学效果，提升教学质量。

三、面向未来的新文科建设的实践与成效

目前，妇女发展学院已经取得一批标志性的教学实践成果，形成了一套特色突出，且与现代妇女服务人才相适应的人才培养方案，建立起一批切实有效、能增强学生实践能力的实验和实训基地，打造出一支优秀的教学团队，正在努力把女性学打造为国家"一流专业"，并以女性学专业为平台，探索新文科建设的具体举措与可行路径。

（一）构建一套以马克思主义妇女观为指导，与大数据相结合的人才培养方案

目前，女性学专业已启动"大数据＋女性学"专业的探索，自2016年以来，新修订的培养方案中涉及多门与大数据、人工智能、统计分析相关的课程，形成公共基础课＋专业教育课＋全校通识课的教学体系，其中Python课程为本专业学生通识必修课，社会统计学（上、下）为专业必修课，生活统计学与妇女发展、数说性别为全校通识选修课。2020年正式启动女性学新文科建设研讨会，将"大数据＋女性学"从观念探讨转换为实践探索，培养学生的"数据素养""信息素养"，打造"数智人文"学科典范。在进一步优化与提升后的人才培养方案中：一方面，强调专业间的融合，依托女性学重视妇女工作的传统，结合当前妇联改革提出的社会化需求，进一步优化服务妇女发展的专业方向；另一方面，重视文理专业的融合，培养可以将"大数据＋女性学"融合的专业人才，从而通过现代信息技术、大数据分析实现妇女精准服务，提升专业效能。具体而言，即增设了与专业方向密切相关的关键课程，如"计算社会科学导论""人工智能与妇女发展"等；同时将"性别、全球化与发展""性别与公共政策"等与妇女发展紧密结合的课程作为试点，通过提升大数据与课程目标相结合的实践教学，进行课程案例的开发与建设，提升学生以马克思主义妇女观为指导进行大数据分析的能力。

（二）形成一套现代信息技术与教育教学深度融合、线上与线下相结合的教学体系

妇女发展学院一直积极探索推进现代信息技术与教育教学的深度融合，

打造线上和线下结合的优质精品课程，探索实施翻转课堂、混合式、项目式教学等课堂教学革命。在课程方面，目前本专业已开发了"妇女与发展"视频公开课，正在录制"性别、全球化与发展"视频公开课，拟录制"性别与公共政策"课程。"妇女与发展"被教育部评为精品视频公开课；"女性学导论"先后被北京市教育委员会评为优质教材、优质本科课程，并获得"优质本科课件"荣誉称号。在实践教学方面，通过不同层次的第二、第三课堂的实践教学，培养学生的自主研究能力，并在实践中服务社会和进一步推进社会性别平等。近年来，女性学专业实践教学成果显著。2021年12月，实践教学成果《女性学实践教学落实立德树人教育目标的路径探索》获得校级一等奖，并被推荐参评2021年北京市高等教育教学成果奖。学生积极参与课堂内外的实践活动，在"挑战杯"与大创项目比赛中表现突出，获得了"挑战杯"首都大学生课外学术科技作品竞赛特等奖、首都大学生暑期社会实践优秀团队、首都大学生暑期社会实践优秀成果、全国移动互联网大赛华北赛区高校组优秀奖等荣誉。这一系列教学成果，充分肯定了女性学专业线上与线下相结合的教学体系，彰显了女性学专业学生的理论素养与信息素养。

（三）培养一支能初步将大数据与女性学专业理念结合的教学科研队伍

教师是教学活动的实施主体，是教学质量得以保障的基础。女性学专业一直重视师资力量的培养和教师能力的提升：一方面，通过有计划的培训、对外交流、到妇联或相关部门挂职锻炼等多种方式培养和提升现有教师的大数据处理水平；另一方面，引进学科建设急需的人才，包括妇女服务实践管理人才、大数据分析人才等，不断壮大师资队伍。近年来，为了适应学科与专业发展，女性学系逐渐建立起以性别研究为主、多学科交叉融合的教研团队，团队成员涉及女性学、社会学、人口学、经济学、管理学、统计学、计算机科学等众多学科，具有多学科交叉视角，研究领域主要包括大数据与公共治理、技术社会学、人口社会学、社会调查和评估、性别统计等。团队成员在数据库建设方面获得了国家级数据库应用系统设计高级技术证书，以及国家社科基金课题立项，具有扎实的研究基础和丰富的教学经验，"大数据+女性学"教研团队已初具规模。

四、结语

信息技术带来的社会变革已极大地改变了人们的生活方式，与之相应的社会结构与社会观念也在悄然发生着变化。为了迎接数字时代的到来，中共中央制定了《中华人民共和国国民经济和社会发展第十四个五年规划和2035年远景目标纲要》，指出要加强数字社会、数字政府建设，提升公共服务、社会治理等数字化智能化水平。此外，第53次《中国互联网络发展状况统计报告》显示，截至2023年12月，我国网民规模已达10.92亿人，其中30岁以下的网民占比近35%。为了更好地培养适应未来发展的社会主义建设者与接班人，有必要在新文科建设的大背景下，优化并提升女性学专业建设的内涵，将信息技术领域的工具性与女性学专业领域的价值性结合起来，减少并消除信息技术领域的性别歧视，缩小并消弭信息技术领域的性别鸿沟，本文所主张的立足专业建设的努力，是希望通过专业人才的培养，避免现实生活中的不平等与歧视在虚拟社会中得到强化与复制，进而阻碍公平包容与共享社会愿景的实现。

参考文献

[1] 徐飞. 新文科建设："新"从何来，通往何方 [EB/OL]. （2021-03-20）[2024-05-23]. https://m.gmw.cn/baijia/2021-03/20/34701706.html.

[2] 教育部. 新文科建设宣言 [R/OL]. （2020-11-03）[2024-05-23]. https://www.eol.cn/news/yaowen/202011/t20201103_2029763.shtml.

[3] MAYER-SCHÖNBERGER V, CUKIER K. Big data: A revolution that will transform how we live, work, and think[M]. London: John Murray Publishers, 2013.

[4] 周旅军，吕鹏."向善"且"为善"：人工智能时代的算法治理与社会科学的源头参与 [J]. 求索，2022（1）：135-142.

[5] CLOUGH P T. Autoaffection: Unconscious thought in the age of teletechnology[M]. London: University of Minnesota Press, 2020.

[6] 何祎金. 解锁技术嵌入的社会性与数字麻烦：大数据时代的社会学想象力 [J]. 社会学评论，2021（6）：156-174.

[7] 刘利群，王琴. 媒介话语传播与内容监管：从春晚小品看男女平等价值观的传播 [J]. 妇女研究论丛，2015（3）：58-60.

课程建设与教学改革

旅游管理专业与 GIS 技术融合课程体系建设研究

——以中华女子学院为例

中华女子学院管理学院　肖练练

摘要：地理信息系统（Geographic Information System，GIS）课程的开设有利于培养旅游管理专业学生的综合分析能力，促进多学科交叉融合，回应数据旅游时代发展的需求。本文以中华女子学院旅游管理专业为例，基于旅游管理实践与 GIS 的密切关系，探讨了旅游管理专业 GIS 理论课程体系和实践模块设计，并提出改进教学方法，以期为旅游管理 GIS 课程体系的完善提供参考和借鉴。

关键词：旅游管理专业　地理信息系统（GIS）　课程体系建设

基金项目：中华女子学院教改项目"基于 GIS 技术的《计算机辅助旅游制图》课程建设研究"（项目编号：ZJG1010312）。

地理信息系统是集计算机科学、地理科学、测绘学、遥感学、环境科学、空间科学、管理科学等多学科于一体的新兴边缘学科，被广泛应用于测绘、资源管理、城乡规划、国防建设等多个领域。[1]随着人工智能、移动互联网、3S 技术的普及，GIS 技术在旅游业中得到了广泛运用，如旅游资源评价、旅游线路设计、旅游流的空间分布与预测、旅游规划制图等。[2-6]因此，建立旅游管理专业与 GIS 技术融合的课程体系，回应了大数据时代旅游行业发展的需求。越来越多的高校旅游管理专业将 GIS 引入教学体系中，如武汉大学、中山大学、华东师范大学、陕西师范大学、华侨大学等。部分学者对旅游管理专业中 GIS 教学内容与方法进行了研究，如张战军等提出了基于提高旅游管理专业学生综合素养的旅游管理 GIS 课程设计建议[7]；张伟伟根据已有的研究和教学经验，提出了构建旅游管理专业 GIS 课程教学体系的原则，并对其教学内容进行了分析和探讨[8];秦静分析了旅游类 GIS 实践课程建设存在的困难,设定了旅游类专业 GIS 课程培养目标,并构建了 GIS 多层次实践教学体系[9];吴儒练等从教学内容、教学方法和考核方式三个方面提出了对旅游管理专业研究生"地理信息系统"课程的教学改革建议[10]。

本文基于中华女子学院旅游管理专业融合 GIS 技术实践,构建了满足旅游管理专业发展需求的 GIS 理论课程体系,并结合旅游规划和实践构建实践课程模块,以期为旅游类专业 GIS 课程体系的建设与完善提供参考和借鉴。

一、旅游管理专业 GIS 课程体系建设存在的问题与挑战

(一)课程目标不清晰,导向模糊

地理信息系统已成为各领域不可或缺的重要工具,在旅游行业也被广泛地运用。虽然越来越多的旅游院校开设了该课程,但课程师资相对不足,课程开设目标较为模糊。旅游管理专业 GIS 课程开设与地理科学、城市规划等专业有一定差别,其对数据分析、制图表达等方面有细化的要求。因此,旅游管理专业 GIS 课程体系应具有清晰的目标和导向,并符合专业培养的要求。

(二)GIS 预修课程较少,学生基础薄弱

目前,旅游管理专业课程设置多侧重于管理类、史地类、计算机类,而在地理基础课程、数据库技术等预修课程设置方面略显不足,学生学习基础较薄弱。而 GIS 课程具有一定的技术门槛,需要综合应用数学、地理信息系统、数据库等技术,学生在短时间内难以深入掌握上述知识,且缺乏空间分析思维。这就要求旅游管理专业的 GIS 课程应目标聚焦,侧重 GIS 在旅游行业中的实践应用,通过与实践应用的结合来加深学生对理论知识的理解。

(三)缺乏针对性的教学资源

目前,旅游管理专业 GIS 课程没有对应的教材,其所使用的教材主要分为两类:一类是通用理论型教材,如电子工业出版社的《地理信息系统导论》、科学出版社的《地理信息系统——原理、方法和应用》;另一类是实验类教材,如汤国安、杨昕主编的《ArcGIS 地理信息系统空间分析实验教程》、宋小冬、钮心毅主编的《地理信息系统实习教程》。但上述教材缺乏针对旅游发展情境的案例,对于缺乏先导知识基础的旅游管理专业学生来说,难以理解其中的理论知识,更难以掌握该技术在旅游开发与管理中的应用。

二、旅游管理专业 GIS 课程体系建设

（一）旅游管理专业 GIS 课程设置

2019 年，中华女子学院旅游管理专业开始探讨旅游管理专业与 GIS 融合的课程体系建设，开发了"计算机辅助旅游制图"课程，以满足旅游规划与开发的实践需求。该课程的教学目标是通过 GIS 技术教学，让学生掌握 GIS 的基本理论知识，并运用 GIS 技术分析旅游规划、开发和管理中的实际问题，了解 GIS 的发展前沿和趋势，提升其空间大数据分析能力。本课程共计 48 学时，其中 18 学时为理论知识学习，30 学时为 GIS 应用实践。通过理论知识学习，可以培养学生的空间分析思维和想象力，使其掌握 GIS 理论基础知识。理论知识主要包括 GIS 基础理论知识、GIS 空间数据编辑与管理、空间参考与变换等七个模块，各理论模块之间循序渐进、衔接紧密。具体课时安排和教学内容见表 1。

表 1　旅游管理专业 GIS 课程理论教学内容和学时安排

序号	教学模块	教学内容	学时
1	旅游规划与管理概述	介绍旅游规划的类型、主要内容和图件要求	2
2	GIS 基础理论知识	GIS 的基本概念、主要功能；GIS 在旅游规划与管理中的应用	2
3	GIS 空间数据编辑与管理	地理数据库创建；空间数据采集；空间数据编辑	2
4	空间参考与变换	空间参考与地图投影；投影变换	2
5	地图制图	制图符号化与样式；制图表达；制图综合	2
6	GIS 矢量数据空间分析	空间数据提取；泰森多边形分析；缓冲区分析；叠加分析	4
7	GIS 栅格数据分析	栅格数据的基础知识；密度分析；距离分析；提取分析；栅格插值；重分类	4

（二）旅游管理专业 GIS 实践课程设计

在理论知识教学的基础上，将 GIS 理论与旅游开发、管理情境融合，开展实践课程设计。旅游管理专业 GIS 实践课程主要包括基础实践和综合实践

两类。以江西省旅游开发为例，其基础实践的主要目的是使学生了解 GIS 的基本界面和功能、空间数据的采取与处理，掌握矢量数据和栅格数据的空间分析方法，共设计了江西省旅游资源调查与评估、旅游社会经济条件分析、旅游环境承载力分析三个模块，使学生熟练掌握 GIS 的各项功能；综合实践则通过综合性案例将 GIS 所有单一的功能模块串联起来，让学生使用 GIS 对旅游规划与管理中的实际问题进行综合分析，以提升学生的综合分析能力和可视化表达能力（见图 1）。

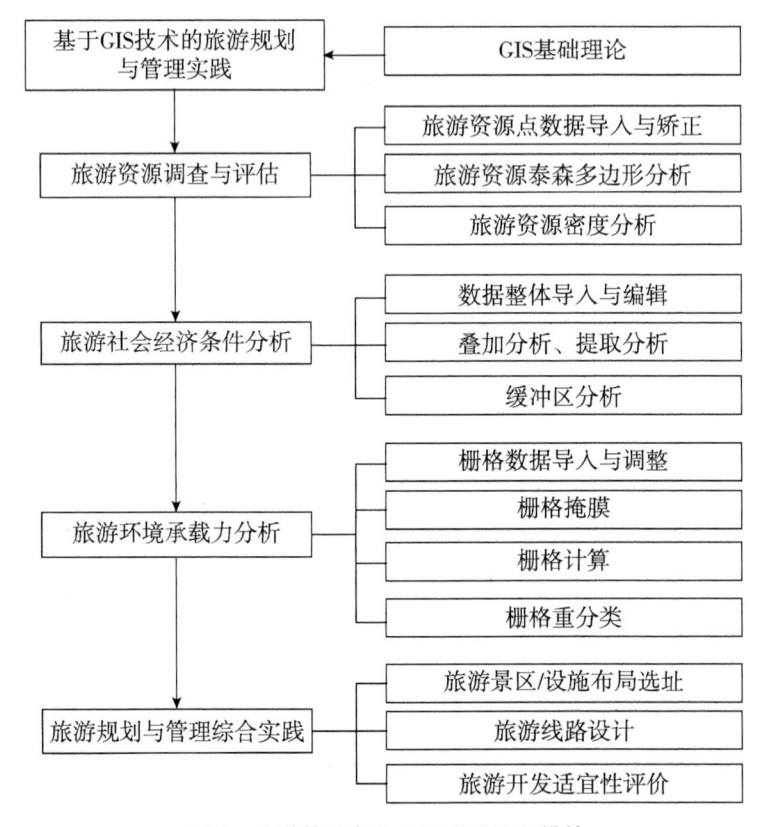

```
基于GIS技术的旅游规划与管理实践 ← GIS基础理论
    ↓
旅游资源调查与评估 →
    ├─ 旅游资源点数据导入与矫正
    ├─ 旅游资源泰森多边形分析
    └─ 旅游资源密度分析
    ↓
旅游社会经济条件分析 →
    ├─ 数据整体导入与编辑
    ├─ 叠加分析、提取分析
    └─ 缓冲区分析
    ↓
旅游环境承载力分析 →
    ├─ 栅格数据导入与调整
    ├─ 栅格掩膜
    ├─ 栅格计算
    └─ 栅格重分类
    ↓
旅游规划与管理综合实践 →
    ├─ 旅游景区/设施布局选址
    ├─ 旅游线路设计
    └─ 旅游开发适宜性评价
```

图 1　旅游管理专业 GIS 实践课程模块

通过对江西省旅游规划与开发的评价，让学生将 GIS 空间分析技术与旅游开发过程有机融合。在实践过程中，教师设定好旅游开发情境和要求，在专业教室的计算机上分组完成，并提供现场指导。同时，鼓励学生在专业课程学习、文献阅读的基础上，对旅游开发评价的指标体系、线路设计等进行适当拓展。

（三）教学与考核方法

旅游管理专业 GIS 课程的开设要求学生既要掌握旅游管理的基本理论知识，又能灵活运用 GIS 解决旅游管理中的实际问题，并将分析结果进行可视化表达。但是，GIS 是一门融合地理学、计算机、管理学、统计学等多学科的课程，学习难度较大。因此，应采用多样化的教学方法，使学生能积极参与软件的学习和操作，在实践中学会 GIS 的操作和应用：①案例教学。通过选取旅游管理专业的实践案例，使教学内容更有针对性，学生能更好地将 GIS 技术与解决旅游管理中的实际问题结合起来，使其学习更有积极性和主动性。②以赛促学。积极引导学生参加各级旅游管理专业大赛，如全国红色旅游创意策划大赛、"挑战杯"等，充分利用 GIS 技术进行旅游制图和空间分析，提升 GIS 的实践应用能力。③项目驱动教学。以小组为单位，引导学生参与和设计旅游规划及开发项目，并根据项目定位、需求，使用 GIS 完成系列分析，以此提升学生的分析问题能力和创新思维。

课程考核由平时成绩（40%）和期末考试成绩（60%）两部分组成。平时成绩注重课程学习的过程考核，由考勤和实验作业组成。期末考试则是设定一个旅游规划与开发情境，由学生在相关理论和实践分析的基础上选择相应的指标体系，采用 GIS 工具进行空间分析，并绘制相应的图件。本课程考核既采用传统方式考查学生对基本概念、理论的掌握情况，又加大了实践和过程考核力度，考查学生是否掌握 GIS 技术，是否可以运用相关知识分析问题、解决问题等。

三、教学实践反馈

为了比较教学实践效果，在课程开始与结束后向 2017—2019 级学生发放课程建设调查问卷，共获取有效问卷 59 份。问卷使用李克特量表了解学生对 GIS 技术对旅游管理实践中的重要性认识，反馈结果如图 2 所示。

根据调查结果（见图 2），开课前，5% 的学生认为 GIS 技术在旅游管理实践中并不重要，该数据在课程结束后降低至 2%，而认为非常重要的学生比例由开课前的 19% 提升至开课后的 59%。但是，开课前 56% 的学生对 GIS 技术没有任何了解，对该技术有一些了解的学生仅为 7%。这说明本次课程教学使学生切实体会到了 GIS 技术在旅游管理实践中的重要性。

□ 开课前 ■ 开课后

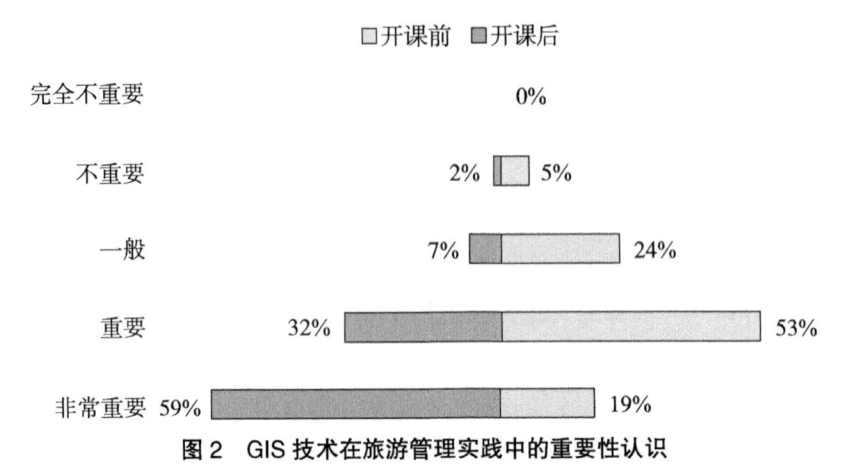

完全不重要	0%
不重要	2%　5%
一般	7%　24%
重要	32%　53%
非常重要	59%　19%

图 2　GIS 技术在旅游管理实践中的重要性认识

采用半结构式问卷了解课程的教学效果。30% 的学生认为 GIS 技术的学习难度在于工具较多，难以记住；27% 的学生认为以前对 GIS 技术缺乏了解增加了学习难度。通过课程的学习，26% 的学生了解了 GIS 的基本原理，28% 的学生能使用 GIS 工具进行空间分析，25% 的学生能使用 GIS 绘制地图。部分学生认为，为游客提供高质量的旅游体验是旅游行业发展的重要目标，因此，融合 GIS 技术与旅游管理理论，为旅游规划提供科学合理的依据，是旅游管理专业教育的责任和义务。

四、结语

在智慧旅游时代背景下，将 GIS 技术融入旅游管理专业教学，构建合理的教学体系，对丰富旅游管理学科知识体系，培养学生的空间分析能力和科学思维具有重要意义。GIS 技术的学习难度较大，因此如何在有限的课时内使学生掌握 GIS 技术的基本理论，并灵活运用 GIS 技术分析和解决旅游开发与管理中的实际问题，是本课程体系建设的核心问题。本文构建了旅游管理专业 GIS 课程理论知识体系，设计了基础实践和综合实践两类实践课程。课程开设前后的反馈显示，本课程的学习提升了学生对 GIS 技术在旅游行业中的重要性的认识，使学生掌握了 GIS 技术的基本原理和空间分析技术，拓宽了学生对于 GIS 技术与旅游规划管理的融合理念。但是，课程体系的完善是一个长期而持续的过程，未来应根据旅游业发展趋势，不断丰富旅游管理专业 GIS 案例库和实践操作教程，以提升旅游管理专业 GIS 课程的教学效果。

参考文献

[1] 加力戈, 长安. 旅游管理专业地理信息系统课程建设探讨 [J]. 中外企业家, 2018, 13: 162-163.

[2] 黄潇婷. 国内基于 GIS 技术的旅游研究进展 [J]. 地理与地理信息科学, 2009, 25 (4): 79-83, 99.

[3] 程雪兰, 方叶林, 苏雪晴, 等. 中国东部沿海 5 大城市群旅游流网络结构空间分布特征研究 [J]. 地理科学进展, 2021, 40 (6): 948-957.

[4] 郝金连, 王利, 孙凡凯. 城市旅游目的地旅游资源空间分布与旅游功能区重构: 以大连市为例 [J]. 湖南师范大学自然科学学报, 2021, 44 (6): 37-45.

[5] 刘敏, 郝炜. 山西省国家 A 级旅游景区空间分布影响因素研究 [J]. 地理学报, 2020, 75 (4): 878-888.

[6] 刘庆芳, 王兆峰. 武陵山片区生态旅游潜力及其空间异质性研究 [J]. 山地学报, 2021, 39 (4): 563-575.

[7] 张战军, 郑朝彬, 谢成德. 旅游专业学生综合素养的 TGIS 课程设计 [J]. 安顺学院学报, 2015, 17 (4): 61-63.

[8] 张伟伟. 旅游管理专业 GIS 课程教学体系的构建 [J]. 地理空间信息, 2011, 9 (5): 139-144.

[9] 秦静. 面向旅游类专业的 GIS 多层次实践教学课程建设 [J]. 教育现代化, 2019, 6 (58): 67-69.

[10] 吴儒练, 古雄, 李洪义. 旅游管理专业研究生《地理信息系统》课程教学改革探讨 [J]. 湖南工业职业技术学院学报, 2021, 2 (2): 96-99.

核心素养导向下混合式教学模式的构建
——基于财务管理的课程实践

中华女子学院管理学院　官严慧

摘要：混合式教学是将在线教学和传统教学的优势结合起来的一种"线上+线下"的教学形式。通过两种教学组织形式的有机结合，可以把学习者的学习由浅入深地引向深度学习。而目前混合式教学改革从理论到实践均存在一定误区，有相当数量的教师认为混合式教学只是简单的教学形态的改变，没有从教学本质与教学规律中探究混合式教学改革，忽略了混合式教学改革的最终目的。本文认为混合式教学改革应以核心素养为导向，并结合财务管理课程，从课程目标、教学环节设计和教学评价等方面讨论了混合式教学改革的实践与效果，依据教改反馈持续地完善混合式课程教学。

关键词：核心素养　混合式教学　财务管理

混合式学习（blend-learning）[①]在 2003 年被首次提出以来，在教育领域逐渐得到认可并迅速发展。本文认为混合式教学改革应以核心素养为导向，因此结合财务管理课程实践探讨了混合式教学改革的构建与实施，并依据教改实践结果对财务管理课程进行持续优化，希冀对其他课程的混合式教学实践有所启发。

[①] 混合式学习与混合式教学表述极为相近。严格来说，"混合式教学"与"混合式学习"并不等同，前者以教师为主导，而后者更关注学生主体。但从教学方式到教学效果，进而到学生学习成果的展现均存在明显的教学—学习传导路径。本文认为，尽管教学与学习的主体不同，但在教育活动中有着实质的共同目标，教育目标的实现依赖于教学—学习的有效传导与转化。因此，本文不严格区分混合式教学与混合式学习。

一、核心素养与混合式教学改革

一方面，核心素养体现了混合式教学改革的目标。高等教育承担着培养高级专门人才、发展科学技术文化、推动现代化建设的重大任务。大学教育作为联系学校与社会的桥梁，承担着为社会培养与输送人才的基本职责。这种职责不仅局限于专业知识的传授，其意义更在于通过大学教育实现对个人核心素养①的塑造，从而使其在以后的社会工作中具备持续发展与创造的能力。这要求大学教育在其人才培养中应一以贯之地体现教育的天然使命，不断创新教学理念与教学方法，改变以往重视知识传递、轻视能力培养与品格塑造的局面。因此，混合式教学改革不应只体现在教学形式与教学手段的"混合性"上，而应通过创新教学形式与教学手段，重构教学活动的设计、组织和实施，服务核心素养的塑造与提升。

另一方面，核心素养体现了以人为本的教育思想。包括中华女子学院在内，大多数院校的专业培养目标与课程目标的确定均体现了三维目标观点。"所谓的三维目标，应该是一个目标的三个方面，而不是三个互相孤立的目标，对其理解，可以准确地表述为'在过程中掌握方法，获取知识，形成能力，培养情感、态度、价值观'。"[1]我校的专业培养目标与课程目标的确定基本都体现了这一思想，并从知识、能力、素质三个方面加以明确。但是，三维目标（知识、能力、素质目标）更多的是从教学角度、教师主体出发，强调"教"这一过程与环节。传统单向的以教师为主导的输出型教学由于忽略了学生学习的主观能动性，因此教学效果备受诟病，也不利于学生批判性思维与创新能力的形成。混合式教学改革则致力于通过教学组织形式的改变，最终引导学生实现有效学习，提升个人综合素养。素养是内在的，是以人的视角来界定课程与教学的内容和要求。如果只强调教学目标、只重视教师环节，缺乏学生的自觉自愿参与，则素养将难以养成并获得提升。核心素养导向意味着在大学人才培养中需要通过适当的教学设计引导学生积极参与，更加强调从以"教"为主转化为"教"和"学"的结合与统一。因此，核心素养导向要求对课程进行重建，并且使课程的形态内容标准（三维目标）走向成就

---

① 教育部在《关于全面深化课程改革 落实立德树人根本任务的意见》中，明确把核心素养的内涵界定为"学生应具有的适应终身发展和社会发展需要的必备品格和关键能力"。

标准（核心素养），"这种变迁基本上体现了从学科本位到人本位的转变"[2]。

二、核心素养导向下财务管理课程的混合式教学实践

本文以核心素养为导向，首先在 2017 级会计学专业的财务管理课程中进行混合式教学改革的探索，包括开课前课程教学目标的明确与分解、围绕核心素养导向设计并组织教学活动、将混合教学平台测评结果纳入过程考核。

（一）课程教学目标的明确与分解

核心素养的培育在专业培养中需要结合专业及其学科的属性特征，而学科核心素养是学科本质和学科育人价值的体现。大学专业教育目标体现为构建合理的课程体系，以若干课程目标的有机结合为支撑，通过知识、能力和品格的传达来培育学生的核心素养。因此，人才培养目标作为人才知识、能力和品格的综合要求，有赖于细化为课程目标得以具象支撑。而教学内容的选择与重组、教育评价制度、教育方法等专业教育的诸多问题，无不依据课程目标而最终确定。因此，教师必须清晰地把握本学科、专业、课程对于学生发展的独特价值和贡献，以明确教学目标。

根据中华女子学院关于专业培养方案以及课程教学大纲的编制要求，课程目标应包括知识目标、能力目标和素质目标。为了体现核心素养导向，会计学专业的混合式教学改革应以我校专业培养方案和财务管理课程教学大纲为基础，将课程教学目标按知识目标和能力目标细分到各章节的知识点中，例如，将 2017 级会计学专业开设的财务管理课程的内容分解为 46 个知识目标和 30 个能力目标（表格略）。

（二）混合式教学活动设计

任何教学活动的效果都取决于学生能否有效参与其中，因此，混合式教学改革的重点是以学生为主导，通过教学活动调动学生的积极性，提升学生的自主学习能力。

财务管理课程围绕核心素养导向，以知识目标、能力目标为核心，从课前、课堂与课后全教学环节设计教学活动，并将品格塑造渗透进教学内容中。在混合式教学活动中，本课程考虑了线上工具与课堂教学的特点，主要使用雨课堂与云班课 APP 作为辅助教学工具（两种线上工具的对比分析见表 1）。其中，通过雨课堂在每次课堂环节发布课堂互动题目，并开启弹幕讨论；通

过云班课发布课程资源 44 个、课程活动 34 个。此外，根据课程内容性质与难易程度，从激发学生学习参与度与自主性出发，对教学活动的主要形式进行选择，如学生自学为主、教师讲授为主、教学共同参与等。

表 1 雨课堂与云班课对比

使用平台	雨课堂	云班课
	嵌入 PPT	独立 APP
互动形式	·发送主观题目、客观题目、弹幕 ·课程直播，支持远程教学	·发布资源与活动，资源可以上传文档、视频或网络链接等多种形式 ·活动包括测试、讨论、作业、头脑风暴、投票等形式
互动对教师的要求	·题目需课前设置，因此课前需要精心设计互动题目与类型 ·弹幕可以随时发起，适合随时讨论 ·客观题目结束后自动批改，主观题目需要课后手动批改	·资源与活动均可以随时上传与发布 ·可根据课堂动态随时添加投票、讨论、头脑风暴等活动 ·测试自动批改，作业、讨论等需要手动批改
互动对学生的要求	课堂限时参与并完成，要求学生在课堂环节紧跟教师授课	·资源一经发布，可随时反复查看 ·活动有时限要求，需要在教师限定的期限内完成
操作性	·教师备课时在 PPT 中完成编辑，课堂讲授中不便修改 ·教师在授课中可通过计算机或微信小程序进行过程控制 ·学生通过微信参与课堂互动，操作简便	·活动与资源可以选择在计算机网页或手机 APP 中进行操作，支持随时编辑修改 ·界面清晰简洁，教师操作方便 ·学生通过 APP 参与互动，操作简便
教学反馈	·客观题目结束后生成学生数据，可以及时了解学生的课堂掌握情况，方便教师有针对性地讲解分析 ·每一次课程结束后均会生成课堂报告，方便教师了解本次课程的整体情况	·可以随时查看学生的各项学习数据，了解学生学习与活动的参与度、个人与班级平均水平、优秀水平的差异度 ·对学生学习动态的显著变化自动发送提醒 ·通过设置挂科预警，可以随时掌握学生的挂科风险，从而有助于进行有针对性的干预
定位	课堂管理工具	教学辅助工具

1. 课前环节

以学生为主，目的是通过预习使学生对所学的知识有基本的了解与理解，提高课堂效率。对于一些知识性为主的内容（如筹资形式）本课程要求学生自学，并对自学内容采用测试形式进行检验。为了开阔学生视野，引导学生建立起课程与专业、学科之间的联系，财务管理课程通过云班课按章发布相关案例、文献等资源。对自学或预习存在困难的同学，本课程建议其通过中国大学慕课和学堂在线观看财务管理课程慕课以加深理解。

2. 课堂环节

课堂环节以教师为主导，重点进行知识点的逻辑梳理、课程知识与学科知识的拓展延伸、理论与社会现实的联系与区别讨论。其目的在于深化学生对相关内容的理解，挖掘教材背后深层次的知识，引导学生参与讨论与分析。为了提升讨论的及时性与广泛性，财务管理课程应充分使用线上教学工具。目前主流的在线教学工具APP均能实现与学生的互动，如云班课可以实时发布讨论任务或头脑风暴任务。在课堂环节，本课程主要使用PPT授课，而嵌入PPT的雨课堂可以更快速、方便地实现与学生的互动。财务管理课程主要使用雨课堂发布题目，以弹幕的形式实现课堂互动，并且可以及时投屏显示互动结果，从而方便学生了解自己在班级里的学习情况。

3. 课后环节

课后环节主要通过适当的作业、复习、自学等要求，使学生深入理解并掌握课堂学习内容，巩固学习效果。课后环节虽然以学生为主，但教师依然需要通过作业检验、答疑等互动形式监督与了解学生的学习动态。由于云班课可以分章节发布作业、讨论等多种活动，且页面简洁、活动清晰，因此，教师端可以随时查看学生数据，了解学生的完成程度与参与度。本课程的课后任务主要是通过云班课发布测试、作业、讨论等活动。此外，为了更好地了解学生的学习效果，每章均发布了章节总结活动与答疑活动。为了兼顾学生学习的不同需求和能力差异，课后学习任务布置还区分了必做内容和自愿内容。混合式教学环节安排见表2。

表2　混合式教学环节安排

学习环节	课前	课堂	课后
学习要求	理解相关知识背景，预习	理解知识的逻辑结构，挖掘知识点与学科、社会现实的联系	知识掌握、分析与应用，知识反思

续表

学习环节	课前	课堂	课后
线上学习	·云班课资源（案例、文献与文章、微视频） ·MOOC（视频）	雨课堂交互	·云班课活动（作业、答疑、总结、测试） ·云班课资源（深度拓展内容） ·网络资料收集与分析
线下学习	教材预习，自学	课堂学习	教材与讲义复习、文献资料收集与分析

（三）教学监控数据分析

混合式教学模式可以充分运用线上平台与工具，因而学生评价具有以下特征：

（1）评价结果科学化。加强对学生的过程管理、加大对过程的考核比重已成为课程考核的基本共识。但在传统教学模式下，由于课堂互动有限，除了几次作业成绩有据可查，教师在期末评定学生平时成绩时往往比较随意且主观性较强。混合式教学在线上教学工具的辅助下，每次教学互动均有数据自动生成与保留，期末过程评价就可以根据设置的各项活动权重自动生成过程评测结果，从而提高了过程评价的科学性，并且由于过程考核结果客观公正，因此过程评价与期末考核相关性较强。

（2）过程监控全员覆盖。传统教学模式下，由于课堂讲授环节时间有限，教师往往只能随机挑选几名学生参与课堂互动，而大部分学生则会选择"搭便车"，缺乏课堂参与的自觉性与紧迫感。而混合教学模式下，由于能融入线上教学工具发布互动题目，全体学生都可以参与并在线完成提交，从而可以提升学生的课堂参与度与活跃度。

（3）过程反馈及时。传统教学模式下，教师主要依赖课后作业了解学生的学习状态，这无疑使学习过程的反馈滞后。当然，教师也可以选择在课堂中穿插课堂作业题目来了解学生的课堂掌握动态，但是批改还是要递延到课后才能完成。混合教学模式下，基本所有线上教学工具均能实现对客观题目的自动批改，因此，教师在课堂中发布客观题目后，可在活动过程与结束后实时查看学生的完成度与正确率。此外，弹幕、头脑风暴等功能可以使学生更广泛、更及时地参与课堂讨论，反馈教学意见，从而实现学生的相互学习与借鉴。

（4）评价手段多元化。传统教学模式下，由于物理局限，教师对学生学习过程的评价主要依赖于作业、提问、测试。混合教学模式下，由于在线工具的支持，教师可以通过资源学习、个人或小组讨论、投票、弹幕、头脑风暴、测试、作业等多种形式了解和评价学生的学习动态与存在的问题，从而实现对学生的全面评价。

对采用混合式教学的两个班，进行了雨课堂、云班课与期末考试成绩的单变量回归（见表3）。其中，雨课堂、云班课成绩与期末考试成绩的相关系数均大于0.5，显著性检验系数均远小于0.01。这表明辅助教学平台的平时成绩对期末考试成绩有较大的解释能力，平时成绩较好的学生在期末考试中通常也表现较好。这说明由于雨课堂、云班课的平时成绩即为课堂检测、课后测试、作业、讨论、签到、资源学习等多种学习活动的综合反映，因此相对于传统教学在过程考核中过于依赖作业的形式，其能更全面客观地反映学生的学习过程。该结论也支持在教学过程中的应用，根据辅助教学平台的数据对学生进行有针对性的过程管理，如对平台数据表现较差的学生需要提前进行干预。

表3 过程评测与期末考试成绩的相关性统计

样本	雨课堂		云班课	
	相关系数 R	显著性 F	相关系数 R	显著性 F
1班	0.641110801	2.52256E−05	0.507898125	0.001565713
2班	0.698795416	1.06461E−06	0.649902721	1.00714E−05

三、财务管理课程混合式教学实施效果

为了进一步了解混合式教学的效果，本文对采用传统教学模式（以课堂讲授为主、课后作业为辅）的2017级审计学专业与同年级采用混合式教学模式的会计学专业的教学效果进行了对比。尽管专业不同，但财务管理课程是两个专业共同的专业核心课程，课程要求以及先修专业课程均一致，因此专业差异不会影响课程的对比试验结果。其中，财务管理课程为了了解学生在混合式教学改革后的学习效果，还要求会计学专业的学生采用李克特量表进行自我学习测评。

（一）学习目标完成程度

对课程教学内容的 46 个知识目标和 30 个能力目标采用李克特量表的形式，会计学专业的学生对照学习目标，从课后、复习后、巩固后三个阶段按照目标达成度进行评分。其中，1 分为很差；5 分为很好。如表 4 所示，随着学习的深入，目标达成度逐步提升。这也验证了学习是一个反复的过程，学生个人对课堂内容的复习与巩固至关重要。只有进行有效的复习与巩固，学习内容才能逐渐被内化为个人能力。因此，良好的学习习惯是实现知识迁移、提升个人综合能力的关键。

表 4　会计学专业学生自评量表

目标	课后		复习后		巩固后	
	均值	标准差	均值	标准差	均值	标准差
总体	2.70328	0.10585	3.47025	0.09813	4.05689	0.08869
知识目标	2.75362	0.12645	3.51564	0.13480	4.10630	0.10465
能力目标	2.62609	0.08771	3.40065	0.07992	3.98114	0.09495

知识目标中达成程度最好的知识点是财务管理目标、货币时间价值的计算，均值为 4.3 分（详表略），这表明对财务管理最基本的内容与分析技术较为熟练；能力目标中表现最差的是用现金流量分析解释与解决现实经济问题（均值为 3.7），这表明学生将理论与实践相结合的能力还需提升，因此，在课程改进中应重点关注该问题，引导学生对现实问题进行关注与思考。同时，该能力的提升还取决于学生批判性思维能力的拓展，也有赖于专业培养体系角度的系统性培育，如相关实践或实验课程。

知识目标的达成度优于能力目标，说明知识目标相对容易实现，而能力目标则因学生个体的不同而存在一定差异。从学习目标总体看，学生之间的个体差异可以通过个人有效的复习与巩固来减小。但具体的 46 个知识目标与 30 个能力目标单项标准差显示（详表略），差异的弥合程度参差不齐。一些较难的知识与能力目标并不能通过学生的复习与巩固而有效地减小差异，这意味着学生深层次的素养（如深度学习能力）并不能短期内通过一门课程得以迅速提升，而是需要纳入整个培养体系才可以解决。总之，在课程改进中，教师应加大对学生的课后引导与管理力度，使学生树立学习信心，养成良好的学习习惯。同时，教学的重点应放在对学生能力提升的引导上。

（二）课程掌握程度

本课程采用问卷形式，在课程结束后分别调查了采用混合式教学模式的会计学专业和传统教学模式的审计学专业的学生对本课程的掌握程度。5级评分调查显示，两个专业的大多数学生认为课程掌握程度中等。其中，审计学专业的学生对财务管理课程的掌握程度为中等及以上的占比为62.16%，平均分为2.6486；会计学专业的学生课程掌握程度为中等及以上的占比为80.28%，平均分为2.7887。混合式教学模式下的课程掌握程度明显优于传统教学模式（见图1）。

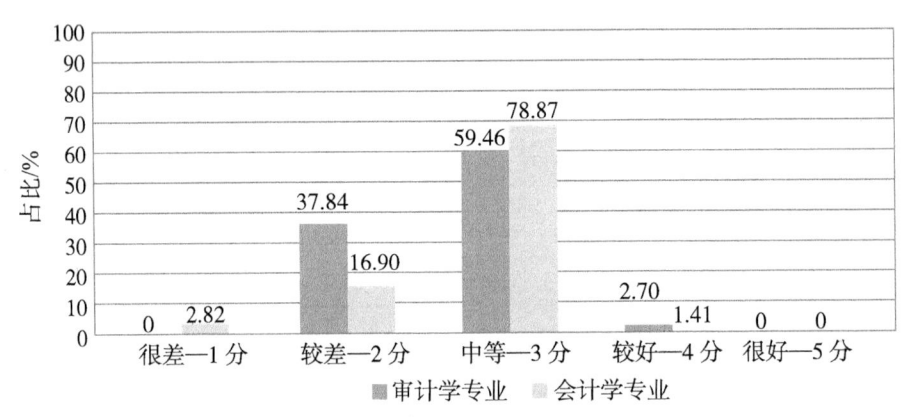

图1 课程掌握程度自评对比

（三）个人能力收获

问卷显示，所有会计学专业和审计学专业的学生均认同财务管理课程有利于个人能力的提升。其中，审计学专业学生认为课程较有用和很有用的比例为54.06%；会计学专业学生认为课程较有用和很有用的比例为76.06%（见图2）。其结果与课程掌握程度调查结果较为吻合，说明混合式教学模式下学生对课程的掌握程度更好，相应地，个人能力也能得到更好的发展。

（四）考试成绩

财务管理课程知识点较多、课程容量较大，是会计系中难度较大的专业课程。该课程重点考查学生对专业知识的理解、分析与应用能力，同时，由于课程内容与其他专业课程存在一定交叉，往往需要学生站在更系统、更全面的角度解释与解决问题，因此课程考核难度也相对较大。在采用混合式教学改革之前，卷面成绩偏低，综合评定成绩有一定比例的挂科率。从卷面成绩来看（见图3），审计学专业学生的平均分为54分，中位数为54分，卷面成绩60分以上的学生占比36%；会计学专业的平均分为58分，中位数为61分，卷面成绩60分以上的学生占比56%。可见，混合式教学模式下，教学效果明显较好。

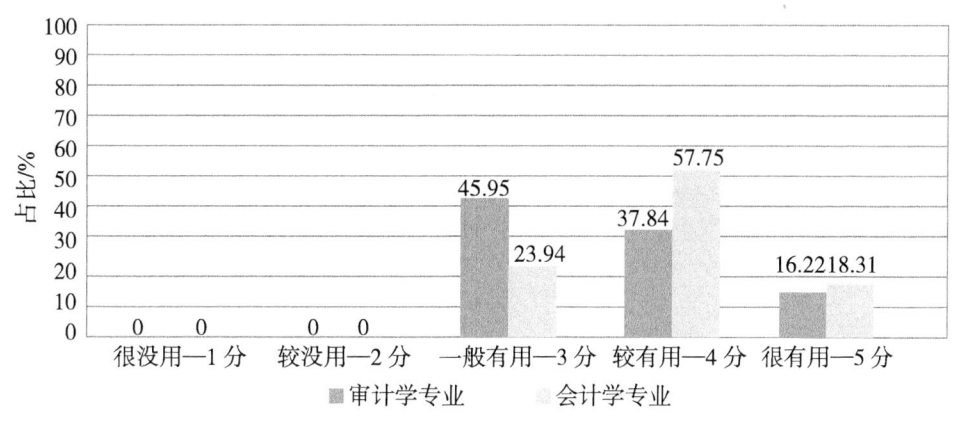

图2　个人能力收获对比

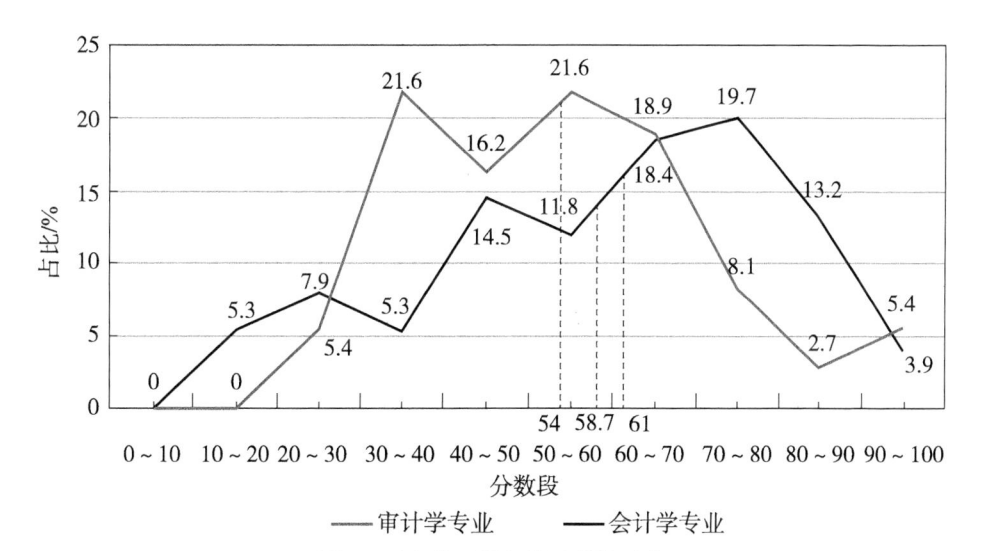

图3　财务管理课程卷面成绩对比

卷面成绩同时显示，学生个体差异较大，审计学专业学生的卷面成绩标准差为16.87132，会计学专业学生的卷面成绩标准差为21.51406。由此可见，混合式教学改革虽然有助于提升学生的整体学习效果，但学习效果却因人而异。此外，在混合式教学模式下，由于教学的重点从知识传授转为能力提升，因此对学生自身的学习投入有较高要求。问卷显示，审计学专业和会计学专业的学生对影响本课程学习效果的因素按重要性排序均为：学习习惯不好、学习动机不足、学习能力有限、学习环境不好、教师教学水平不高（见表5）。学生将学习效果主要归因于自身，尤其是学习习惯不好、学习动机不足、学习能力有限这三个因素。这表明教育工作者应加强对学生学习的引导，也说明以核心素养为导向、以学生为主体的混合式教学改革尤为必要。

表5 影响课程学习效果的因素按重要性排序得分

选项	平均综合得分（审计学专业）	平均综合得分（会计学专业）
D.学习习惯不好	4.16	3.77
A.学习动机不足	3.76	3.68
C.学习能力有限	2.95	3.55
E.学习环境不好	2.43	2.06
B.教师教学水平不高	1.54	1.18

（五）教学评价

通过学校教学质量评价体系可以发现，教学模式调整后学生的教学评价明显提高（见表6）。在传统教学模式下（审计学专业），课程教学评价高于院系评价平均水平4.04%、高于学校平均水平3.12%。在混合式教学模式下（会计学专业），课程教学评价高于院系评价平均水平6.07%、高于学校平均水平4.66%。以上评价数据表明，混合式教学模式的效果得到了学生的普遍认可。

表6 课程教学评价得分

专业	课程评价得分	院系平均分	学校平均分
审计学（传统教学模式）	4.63	4.45	4.49
会计学（混合式教学模式）	4.72	4.45	4.51

四、教学改革反思与改进

财务管理课程的混合式教学改革实践证明，混合式教学模式比传统教学模式具有更好的教学效果，其在学生目标完成、课程掌握、能力收获等方面均实现了学生素养的提升。同时课程改革实践也证实，学生学习的主动性与参与度对其个人素养提升至关重要。

（一）存在的问题

通过对财务管理课程混合式教学模式的探索，发现教学活动中还存在以下问题需要解决：

（1）批判性思维需要得到有效训练。如前所述，核心素养导向要求学生具有深度学习的能力，将所学知识内化为自身的能力与素质，进而实现个人核心素养的提升。批判性思维作为一种高级思维[①]，通过积极、创造性地对已有的知识和信息进行怀疑、批判、证伪来实现知识的创新，是实现深度学习的必备技能，也是核心素养的重要组成部分。缺乏批判性思维，就容易陷入原有知识的陷阱中不能自拔，从而养成盲从的习惯，更不可能形成独立观点与知识创新。这要求学生具备一定的批判性思维能力，但通过课程教学实践发现，根据批判性思维的能力目标，学生的达成度普遍较低，而且不同学生之间的差异偏大。

（2）合作交流不足。为了发展核心素养，学生需要在复杂多样的真实情境中，在有意义的、开放的任务与活动中，通过实践、讨论、质疑和反思，用已有的专业知识与经验来分析和解决问题。这一深化学习的过程，如课程目标实践结果所示，会由于学生的特质而存在一定差异。这种差异会导致部分学生对课程学习产生沮丧的情绪，影响了其学习的主动性与积极性。而合作交流不足，将会进一步固化学生之间的能力差异。

（3）数据素养不足。财务管理课程由于专业特点，需要学生具备一定的数据识别、筛选、加工、分析能力。从过程性考核数据和期末考试成绩中可以发现，学生的数据素养参差不齐，整体有待提升，部分学生缺乏对数据的敏感性，很多学生的数据加工、分析能力较弱。在"大智移云"的信息时代，数据素养缺乏将直接影响学生以后的职业发展。

（4）学习主动性、自觉性不足。如前所述，以核心素养为导向的混合式教学模式强调以学生为主导重构教学关系、开展教学活动，但教学效果则有赖于学生学习的主动性、自觉性。尤其是像财务管理这种应用性、实践性较

---

① 根据布鲁姆对知识的分类，知识分为六个层次：知识（knowledge）、理解（comprehension）、应用（application）、分析（analysis）、综合（synthesis）、评价（evaluation）。如果将知识的六个层次根据思维方式的不同进行等级划分，其中"知识""理解""应用"属于低级的思维技能，"分析""综合""评价"则属于高级思维技能，即"批判性思维"。高级思维技能和低级思维技能的主要区别在于：低级思维技能主要是记忆、简单理解和使用被动接受的信息，而高级思维则是积极、创造性地处理原有信息的过程。

强的课程，学生如果不能全身心地投入学习将很难掌握本课程内容。如试卷成绩所见，本课程卷面成绩会低于其他大多数专业课程。同时，通过课程教学发现，学生对学习资源与内容的关注程度取决于该内容是否被纳入课程考核范围。例如，云班课资源的阅读没有被纳入平时成绩构成，因此，一部分学生便会不阅读或很少阅读课程资料文献。这反映出学生学习还是以教师推动为主，缺乏足够的自觉性以及内在驱动力，与问卷显示结果一致（影响学习效果的两个最主要因素是学习习惯不好、学习动机不足）。

（二）财务管理课程的持续优化

根据2017级混合式教学改革的效果，财务管理课程教学对以下五个方面进行了改进。

1.进一步优化了课程目标

教学目标有助于学生明确学习要求，进而作出合理的学习规划。根据教学反馈，从目标的可理解性与监测的可执行性进一步优化了2018级会计学与审计学专业的相关目标。全面修订了2019级会计学专业的课程目标，将课程与社会现实问题的联系纳入知识目标与能力目标，并增加了素质目标，从而强化了课程的价值引领导向。2019级学生的课程目标共有110个，其中知识目标69个、能力目标27个、素质目标14个。

2.设计有挑战性的学习任务，促进学生与任务的深度互动

教学干预对学生的批判性思维能力的培养主要体现在两个方面：一是培养学生对不确定问题的解答能力；二是培养学生针对问题寻找支持证据的能力。因此，财务管理课程加强了学生将所学知识与具体情境、社会现实相结合进行综合分析的训练，如增加了开放性问题讨论、案例分析、对思维能力要求不高的内容以加大自学比例等。课程发布了大量云班课资源，旨在帮助学生构建理论与实际的连接，加深学生对所学内容的理解，扩充学生的资料来源，提升所学内容的深度，以达到锻炼学生思维的目的。为了提升学生对这部分资源的重视程度，2019级学生还增加了云班课资源课程的思政作业、实践作业。

3.通过学生研讨与交流，增加学生之间的互动

如前所述，个体由于自身局限性，其思维容易固化，进而出现学习困难。通过小组讨论、学生合作等使学习过程思维外显，有助于学生之间相互学习，进而突破自身的思维局限。因此，在2018级、2019级会计学专业教学活动

中，通过云班课增加了讨论类活动。

4.通过学生管理的精细化，促进学生与教师之间的深度互动

教学实践发现，学生个体差异较大会影响整体教学效果。传统教学模式下，教师由于物理局限，难以对每个学生都予以关注和有针对性地发现与解决问题。而混合式教学模式下，教师可以凭借在线教学工具的数据统计功能进行有效的课程过程管理。例如，云班课根据学生的学习数据，可实时更新学生预警状态以及学生的个人综合评价。财务管理课程在过程管理中，加大了对这些功能的使用与参考力度。根据个人综合评价，教师可以发现某些学生的各项活动水平与班级平均水平、优秀水平的差距，从而有针对性地提醒学生进行改进。根据挂科监测预警，教师能够及时识别与帮助有挂科风险的学生，加强对这部分学生的教学过程干预，如个人谈话交流、学习进度督促与提醒等。通过教学过程干预，财务管理课程挂科率明显下降，2017级会计学专业课程挂科率为20%，而2018级、2019级分别为4%、1%。

5.提升数据素养

由于专业特点，需要将数据素养的培育纳入整个专业培养体系中进行系统考虑。一方面，需要其他相关课程的支持，如开设数据分析相关课程；另一方面，在本课程中融入数据分析工具，以提升学生的数据处理能力。但由于课程容量与课时的关系，财务管理课程目前仍难以在课程中融入数据分析工具。因此，财务管理课程在2018级和2019级的课程教学中选择相关公众号推送、微视频（Excel在财务管理中的应用）的形式，让学生自学以获取相关数据分析能力。

参考文献

[1] 吴伟.历史学科能力与历史素养[J].历史教育（中学版），2012（21）：3-8.
[2] 余文森.核心素养导向的课堂教学[M].上海：上海教育出版社，2017：50.

校企合作背景下的案例教学法实践与探索

中华女子学院管理学院　杨　丽

摘要：案例教学是一种开放式、互动式的教学方式，是实践教学的一种重要形式。近年来，针对管理学院市场营销专业的课堂教学，笔者实践了哈佛商学院案例教学法、毅伟商学院案例教学法、耶鲁大学管理学院原案例教学法，拟尝试通过深化校企合作将调研—策划—应用型原案例教学法应用于养老服务管理专业的教学实践中，以提升学生的理论素养与实践实战能力。

关键词：校企合作　案例教学法　原案例

基金项目：中华女子学院校级教改课题"养老服务管理专业课程'原案例'应用研究"（项目编号：ZJG1010318）阶段性成果。

2022年教育部颁发的《普通高等学校本科教育教学审核评估指标体系（试行）》中设置了强化实践育人、构建实践教学体系、推动实践教学改革情况的考核指标。其中，实践教学是贯彻落实国家的教育方针、实现学校人才培养目标的必经途径，是确保人才培养质量的关键，也是深化教学改革的关键环节。案例教学作为实践教学的一种重要形式，以培养学生的应用能力为宗旨和目标，可以在教授理论与实践的沟通中起到中介作用。近年来，笔者针对管理学院市场营销专业的课堂教学实践了哈佛商学院的案例教学法、毅伟商学院案例教学法、耶鲁大学管理学院的原案例教学法，拟尝试通过深化校企合作，将调研—策划—应用型原案例教学法应用于养老服务管理专业的教学实践，以提升学生的理论素养与实践实战能力。

一、案例教学法溯源

案例教学法由美国哈佛大学法学院前院长兰代尔于1870年首创，到20

世纪 70 年代已成为哈佛商学院的主流教学方式。20 世纪 80 年代，案例教学法被引入我国。案例教学法是将学生带入社会实际的有效途径，教学案例为学生营造了一个解决问题的情境，有助于学生运用理论知识来解决实际问题。[1] 目前，国际上有代表性的教学案例为哈佛商学院教学案例、毅伟商学院教学案例和耶鲁大学管理学院原案例，我国也有不少 MBA 教学案例库，主要吸收了哈佛商学院和毅伟商学院教学案例的风格。

（一）哈佛商学院案例教学法

哈佛商学院案例教学法的作用机制主要体现在以下三个方面：其一，学生的知识来源方面，传统的课堂讲授局限于从教师到学生单方面的信息交流，而基于以往教学理论的案例教学知识来源除了教师，还包括同学、自我；其二，学生的学习内容方面，传统的课堂讲授学习的主要是陈述性知识，而案例教学学习的主要是程序性知识，其理论基础是信息加工理论；其三，学生的学习效果方面，在传统课堂讲授背景下，学生面对各种复杂的管理情境需要进行非程序化决策，决策难度大，而案例教学则通过对大量有代表性的案例进行分析与讨论，实现决策模式从非程序化决策到程序化决策的转变，决策效率明显提升，其理论基础是学习迁移理论。[2]

（二）毅伟商学院案例教学法

蔡建峰指出，加拿大毅伟商学院的案例教学具有案例生产的多元化（包括教师、博士研究生、职业案例创作人员、业务案例写作者等）、案例培训的系统化（针对案例生产者、使用者、接收者）与案例学习的阶梯化（将案例学习分为个人准备、小组交流、课堂讨论、事后总结等环节）的特点。[3] 其案例开发包含八个步骤（寻找案例线索、初步制订案例计划、取得企业合作、计划与实施、确认案例议题、确定案例故事、案例写作与修改、案例出版），运用两种数据收集方法（实地采访和文献检索），教学案例写作有三种风格（作家讲故事风格、记者报道风格、学者分析风格）、两个部位（案例撰写和教学提纲撰写）和七个部分（起首段、组织历史、背景、组织焦点行为、写作延伸、结语、附录）。[4]

（三）耶鲁大学管理学院原案例教学法

耶鲁原案例是耶鲁大学管理学院为培养社会和商业领袖而设计的案例教学模式综合创新课程的组成部分，以确保耶鲁大学管理学院的 MBA 学生在学习基础管理技能的同时,培养其对日益复杂的全球环境的真正理解力。与哈佛教学案例提供的线性和静态组织信息的形式相比,耶鲁粗案例(The Raw Case)通过网络资源,适时向学生提供关于复杂管理情况的广泛的、复杂的数据,该模式再现了丰富的、具有挑战性的管理场景,更好地还原了现实世界中管理者接触并使用信息的方式,可以培养学生找到复杂、非结构化问题的解决方案的能力。[5]

在哈佛案例教学法和耶鲁原案例教学法的基础上,张景云和王胜男指出策划型原案例的提法[6-7],并与澳优、同升和、义利、北冰洋、通三益、内联升、北京稻香村、护国寺小吃、光合未来、旺顺阁等企业进行校企合作,通过组织学生参加竞赛、发表策划型原案例论文等方式将理论与企业实践相结合。从狭义角度看,策划型原案例是基于企业实际问题和困惑而设计的用于策划案选题的教学案例,主要包括企业概况(或历史背景)、已有的相关进展(或已经开展过的相关活动)、面临的困惑和企业需求等部分,篇幅一般比较短,以2000～4000字为宜,主要在课下使用,有别于课堂教学案例;从广义角度看,策划型原案例的应用过程属于一种人才培养模式,是将学生专业赛事从实践教学转向实战教学的路径之一。[5]

二、案例教学法的课堂应用实践

(一)"营销案例"课程的哈佛商学院案例教学模式应用

1.应用模式

在面向市场营销专业学生的"营销案例"课程讲授过程中,笔者与市场营销教研室的任锡源、宋洪波、宋宏磊三位教师尝试采用哈佛商学院MBA所用案例及方法进行课堂教学模式的改革。该课程从2010级市场营销专业开始,通过师生互动(方法介绍、答疑)、生生互动(组内讨论及组间PPT展示讨论)、师师互动(教师相互听课、研讨)的方式将理论与企业曾经历的真实情境结合起来。

"营销案例"课程的第一次课采纳哈佛商学院编著的《案例学习指南》中如何进行案例阅读、分析、讨论、形成报告等操作流程。学生在课前先自行研读配套的《营销管理》教材中指定的案例及相关理论知识,在课堂上组内进行案例讨论、组间开展案例分享及提问,最终形成案例报告。经过几届学生的教学实践,为了提升教学过程的可操作性,从而便于学生进行自主学习和讨论，任课教师对小组分工、案例阅读及讨论等环节进行了相应的教学设计，并从内容、呈现、提问及回答、出勤等方面，对最终的案例报告和汇报成绩的考核标准进行了规范。

2.效果评价

从2010—2017级市场营销专业学生的课堂应用情况来看，哈佛商学院案例教学法流程清晰、可操作性强，凸显了学生主导、教师辅助指导的翻转，总体效果良好。但是，其最大的不足在于所用案例尽管情境源自国外真实企业、资料要件齐备，但所述事实是10多年前的事情，即使国外高校运用这类案例也要滞后2～3年，现实情境已经发生了很大的变化，学生的代入感较弱，因而结课成果的价值感较低。

（二）"女性营销""品牌管理"课程的耶鲁大学管理学院原案例教学法应用

2016年以来，笔者尝试将耶鲁大学管理学院原案例教学法应用到"女性营销""品牌管理"课程中进行探索性实践，并与"营销案例"课程所用哈佛商学院案例教学法进行对比。"原案例"的精华是"原"，案例抛出的问题一般是真实的、未解决的问题，或者是解决了一半的问题，或者是其他衍生出的问题，接近真实的企业管理现实世界。与传统案例教学法相比，耶鲁大学管理学院原案例教学法更加真实、系统和全面，相关的理论点全部被涵盖在内。

1."女性营销"课程的应用模式：走出校园，接触企业

从2016年开始，笔者对"女性营销"课程教学及结课方式进行了改革，要求每组学生选择自己感兴趣的企业，通过访谈调研，了解该企业的女性营销现状，分析其存在的问题并提出建议，最后进行课堂汇报（见图1）。

这种方式能让学生走出校园，走进企业进行实际体验，但其局限性也很明显：学生进行的短暂的调研只是对企业的基本情况有粗浅的认知，最终形成结课展示材料，对企业的运营并没有产生直接影响。

2."品牌管理"课程的应用模式：校企合作，成果应用

2019年秋，在甘肃漳县政府、商务局、文旅局、农业农村局等部门的支持下，"品牌管理"课程与入驻电商中心的漳县广益堂中药材种植农民专业合作社、汪航盐画艺术工作室等企业合作，指导2017级市场营销班37名学生完成了21篇（总字数近3万字）漳县农特产品等原创推文（见表1），在自建微信公众号"迤逦甘肃，漳县臻品"上陆续发布，并在微信朋友圈转发。

(a)"Uplady"小组约谈了该公司的创始人李鹤,了解了中国第一个女性极限运动平台在女性营销方面的特别之处

(b)"阿里巴巴"小组参加了只面向内部员工及其家属的"2017阿里巴巴第十三届阿里日",针对阿里巴巴对内部女性员工的友好政策进行了调研

(c)"海淀老龄大学"小组不仅采访了学校讲师及学员,还与该校副校长进行了座谈,了解了老年群体的市场状况

图 1 市场营销专业学生课程汇报部分截图

表1 微信公众号"迤逦甘肃,漳县臻品"推文一览表

公众号系列	栏目	推文标题	作者
漳县历史·漳盐系列	漳县历史	1. 遇见漳县——诉不尽你的辉煌	王心岳、吴玫、景嘉
	漳盐系列	2. 话说漳盐(上)——宝井汲玉,历史回溯	张晓何、赵珠圆
		3. 话说漳盐(中)——漳县井盐不得不说的二三事	许盼盼、燕凌宇
		4. 话说漳盐(下)——问盐何能尔?	杨倩倩、王竹怡
漳县中药材系列	漳县三宝	5. 走进漳县——你不知道的漳县三宝	王琦
	当归篇	6. 中华当归甲天下,岷州当归甲中华——当归篇(上)	郭宇航、薛新新
		7. 治血当归一物精,去瘀还可令新生——当归篇(下)	胡亚男、龚涵屹
	党参篇	8. 党参简介篇——古来神仙药,铁拐嘴里嚼	吴丽、王欢
		9. 党参功效篇——天降之才,宝藏女孩	卢珺、陈丹妮
		10. 党参产地篇——自古漳县出好"参"	龚玉冰、周文丽
	黄芪篇	11. "春草明年绿,王孙归不归"——黄芪篇(上)	梁婧雯
		12. "黄耆色黄,为补药之长"——黄芪篇(中)	李佩涵、汪诗洁
		13. "白发欹簪羞彩胜,黄耆煮粥荐春盘"——黄芪篇(下)	彭宇、马令昕
漳县特产·美食系列	羊肚菌篇	14. 第一季:野生羊肚菌——掉落人间的珍品	杨灵灵
		15. 第二季:国际范儿的羊肚菌	乔妍博、杨灵灵
		16. 第三季:舌尖儿上的羊肚菌	乔妍博
	沙棘篇	17. 漳县"棘"——初见沙棘(上)	卢帆帆、江奇珍
		18. 漳县"棘"——又见沙棘(中)	游琦琦、梁钰荣、贾慧
		19. 漳县"棘"——再见沙棘(下)	杜钰滢、张梅霞、梁钰荣
	蚕豆篇	20. 漳县籍蚕豆的自我介绍	乔妍博
	美食篇	21. 舌尖上的漳县——美食如嚼月,中有乐与贻	王瑶、张娟、覃彦颖

课程的教学创新点在于：其一，将理论知识与实践相结合，让学生能学以致用，有学生提到"漳县推文的作业形式是'实战'，而非课后案例作业，更能带动我们的积极性，把我们的理论知识真正运用到了实践中""写推文的过程需要选题、收集资料、作图、作视频、写文案、排版一系列过程，多方面锻炼了我们的能力，让我们更加全能"。其二，通过教学促进了学生科研能力的提升，一些学生因为受课堂实践影响，申请了相关题目的大学生科研创新项目，毕业论文也选择了相关选题。其三，学生结课后获得了合作单位颁发的荣誉证书（见图2），对其付出的努力进行了认证，已毕业的学生提出，"课程完成的项目，可以作为学生本科阶段的作品之一，可以作为优势在考研、考公、求职简历中体现"。

图2 参与公益扶贫实践的荣誉证书

在实操过程中发现了如下问题：其一，由于无法带学生到远在甘肃的漳县进行实地调研，相关资料的获取依然只能是线上对接漳县相关单位人员、收集二手文献资料，缺乏现实体验感；其二，全班整体同步完成推文写作难度大，且学生对于当地中药材等农特产品缺乏了解，每篇推文都需要一对一多次辅导，耗时费力；其三，学生的参与积极性呈正态分布，不积极参与学生的进度严重滞后，往往会拖延到截止时间才达标，影响整体进度；其四，因考虑到学生作品的质量及合作企业产品的可靠性，自建公众号的推文仅进行漳县及农特产品的形象宣传，未对接合作企业的具体产品推广，宣传途径也仅限于朋友圈转发，未大范围扩散，因而影响力有限。

3."女性营销"课程校企合作升级版尝试

2020年春，为了响应国家乡村振兴的号召、克服远距离校企合作无法实地调研的弊端,"女性营销"课程选择与北京延庆某精品民宿合作。同时,考虑到学生的参与意愿和积极性,设置了两种结课模式备选(二选一)。其一,自愿报名参与校企合作(限额12名,先报先得,后续名额放宽到24名),由教师与企业负责人共同指导,拟参观考察企业后嫁接课程相关理论进行企业宣传片制作、活动策划、旅游攻略及杂志软文撰写等多种形式的练习,其中被选中的活动策划文案直接由学生参与实操,宣传片等直接应用于各类自媒体平台;其二,自主联系企业或教师协助联系感兴趣的企业进行调研访谈,完成课堂汇报和讨论,形成案例报告。然而,受新冠疫情影响,2020年春季学期均为线上授课,无法到企业进行实地考察调研,且企业处于歇业状态,所以最终仅有两个方案被采纳并直接投入应用,其他旅游攻略、节假日活动策划等方案留作备用。

对于"女性营销"课程的校企合作尝试,学生反馈其优点在于"和民宿合作的推广包含了视频、公众号和小红书等多种形式,让我们能够了解不同平台本身对营销形式的要求和其受众关注重点的不同,同时这些平台也是目前市场中较为主要的几大阵地,所以对于未来从事营销工作的同学来说都非常有益""与企业方的合作使这个课程真正做到了'教师指导,企业把关',帮助同学们在学习的过程中明确校方与企业方不同的侧重点,对同学们以后的就业具有很深刻的影响"。然而,由于新冠疫情影响未能进行实地考察,对于民宿的宣传大多基于想象和过往资料,给活动策划案撰写带来了一定困难,策划案与企业实际不能很好地对接,大部分成果无法直接使用。

三、校企合作背景下的"调研—策划—应用型原案例教学法"设想

2021年,管理学院养老服务管理专业开始招生,目前已与盈福养老公寓、缘爱康宸养老院、首开寸草养老机构等北京当地养老服务企业建立起实习基地合作关系,笔者拟选择"老年市场营销案例"课程展开"调研—策划—应用型原案例教学法"校企深度合作。

(一)解决以往案例教学法课堂实践中存在的问题

如前所述,尽管前期已经在"营销案例""女性营销""品牌管理"课程中进行了哈佛商学院案例教学法、耶鲁大学管理学院原案例教学法等多轮教

学实践，但在课堂操作中仍存在结课成果评价体系不完善、实践内容与理论知识关联不够紧密、专业课程相互独立缺乏协同等问题，在"老年市场营销案例"课程中，计划通过参加专业培训、集体备课、互相听课、组织研讨等方式进行优化。

（二）实现从实践向实战模式的过渡

实践教学是一种教学设计或者参与专业赛事，侧重于让学生了解运作流程，是一种仿真教学；而实战教学来源于企业的真实需求，侧重于效果的达成，在真实的市场竞争中，二者如何对接尚需找到合适的路径。经过多轮案例教学实践，目前已初步实现了从调研型原案例到策划型原案例的转变，下一步将加强与合作企业的长期动态沟通，进一步实现调研—策划—应用型模式的转换，加强学生的实战体验。

（三）实现从教学到科研的转化

基于近年来案例教学法课堂实践的经验，部分学生通过参与企业实践会对科研产生兴趣，进而主动申请与课程内容相关的大创课题或加入教师在研的课题，形成论文等研究成果并发表，或者在学年论文、毕业论文选题时嫁接理论知识对接实践，这对于学生科研能力的提升有正向影响。未来还需要强化多学科、各课程的交叉融合，加大从课堂教学到科研成果的转化力度，调动学生的学习积极性和科研兴趣。

（四）实现师生跨校、跨专业交流合作

从教师端来看，近年来的课堂教学实践也注重与外校教师进行沟通交流。2021年，我院与践行策划型原案例的北京工商大学、北京服装学院的教师合作完成的《策划型原案例的界定、模式与应用》一文获得中国高等院校市场学研究会2021教学年会优秀论文二等奖，今后将会继续推进跨校、跨专业联合科研。

从学生端来看，鼓励学生从大一开始利用假期时间去企业实习。例如，2021级养老服务管理班的学生在养老机构实习后，申请了北京市级大学生创业训练项目"智慧养老服务线上平台"，由企业负责人任校外导师。项目组成员除了本专业学生，还包括社会工作、数字媒体、汉语国际教育等专业的学生，这有助于跨专业优势互补、互通有无。

参考文献

[1] 欧阳桃花.试论工商管理学科的案例研究方法[J].南开管理评论，2004，7（2）：100-105.

[2] 埃利特.案例学习指南：阅读、分析、讨论案例和撰写案例报告[M].刘刚，钱成，译.北京：中国人民大学出版社，2009：1-6.

[3] 蔡建峰.谈加拿大毅伟商学院的一体化案例教学[J].国外教育研究，2005（6）：50-53.

[4] 张东娇.比较视野中的中国"案例教学"：基于毅伟商学院案例教学经验的分析[J].比较教育研究，2016，38（11）：71-77.

[5] 张景云，杨丽，白玉苓.策划型原案例的界定、模式与应用[J].管理案例研究与评论，2023（5）：668-674.

[6] 张景云，王胜男.原案例 Raw Case Approach 澳优：全球产业链的整合与创新[J].公关世界，2015（6）：72-75.

[7] 张景云.教改探索：策划型原案例 校企合作共赢的新模式[J].公关世界，2016（1）：94.

"智慧教学"背景下"管理信息系统"课程教学改革与创新

中华女子学院管理学院 刘 利

摘要： 根据国家指导意见与学院教学工作要求，立足于实现具有"数字化思维"和分析能力的人才培养目标，"管理信息系统"课程应从价值塑造、知识传授、能力培养全面发展的角度，构建全面、丰富的教学内容体系；增加智慧教学技术在教学改革创新中的应用方式，拓展学习资源，记录学习轨迹与过程，进行即时统计分析；通过讲好中国案例故事、操作"创业总动员"软件，将理论知识与实践应用有效结合；注重伴随式考核方式，构建灵活有效的过程性考核体系。在智慧教学背景下，除了学习成绩，应更加关注学生的身心健康、学业进步、个人技能和成长体验。

关键词： 智慧教学 管理信息系统 伴随式考核方式

基金项目： 2022年中华女子学院"本科教学改革创新项目"重点课题"双创背景下，智慧教学创新实践探索"

近年来，为了加快实施《中国教育现代化2035》《教育信息化2.0行动计划》《中共中央国务院关于全面深化新时代教师队伍建设改革的意见》，推进课程智慧教学设计，促进高校人才培养和科技创新，党和国家对加强新时代教师队伍建设，要求教师适应信息化、大数据、人工智能等新技术变革，抓住数字教育发展战略机遇，提出了相应的要求。

中华女子学院（全国妇联干部培训学院）在2022年春季教学工作中提出明确要求：首先，以高质量的高等教育体系建设为主线，深化高校文科专业教学改革，推进现代信息技术与传统文科专业的融合，助力高校信息化教学设计；其次，充分认识到新商科的建设要积极适应和融入新技术革命，将课程思政建设、创新创业教育融入人才培养全过程、融入专业教育，培养学生的核心价值观和创新能力；最后，构建体现时代特征的具有综合性、实践性、开放性、针对性的高校劳动教育体系，在实践实训教学环节中真正行动起来，围绕专业劳动教育开展教学活动。

基于学院教学改革要求，重新理解"推进科学的、完善的实践教学"这一教学改革目标，"管理信息系统"课程应更加重视并积极进行创新探索。

一、基于专业人才培养方案，深入分析"管理信息系统"课程的教学定位与目标

从人力资源管理专业人才培养方案的角度，在新时代（新经济、新技术和新业态）和新人力（突出专业培养的时代性）复合应用型人才需求的大环境下，为了实现具有"数字化思维"和分析能力的人力资源管理人才的培养目标，"管理信息系统"课程非常有必要从新技术应用与实践能力培养的角度，明确课程的教学定位与目标。

"管理信息系统"是一门系统研究信息技术在管理领域的应用，增强学生信息化全局意识和促进整体观念形成的综合性课程。该课程的教学目标是帮助学生系统性地理解信息和信息技术对于个人、组织、行业、人力资源管理的影响以及由此引发的变革，使学生具备通过信息化、新技术应用来解决实际问题的实践能力和创新意识。

二、优化顶层设计，重构全面、丰富的教学内容体系

构建"管理信息系统"课程完整的、多样化的教学内容体系，应从价值塑造、知识传授、能力培养、全面发展的角度，结合女院特点、人力资源管理专业特色进行创新探索。

（一）教学内容更加注重知识传授和价值引领

教育的本质是育人，是培育以德为先、全面发展的人。"管理信息系统"课程与大部分专业课程一样，要在传授知识的过程中实现价值引领，努力实现课程理论知识与课程思政、劳动教育的有机融合。重新审视理论知识与追求真理、国家战略、人文关怀之间的融合关系，提升理论知识的多维性、综

合性、思想性认识，将我国信息化发展过程中的重大事件和重要人物与培养学生的人文情怀、个人品格、道德情操有机结合起来，引导学生正确做人做事，使学生在学习理论知识的同时，培养和塑造理想信念和世界观、人生观、价值观，从而可以更好地奉献社会、服务人民。这需要从整体上考虑，进行一体化设计，构建综合性、系统性、多样性的教学内容框架，以支撑更高水平的人才培养体系。

（二）突出智慧教学新技术的应用与教学创新的发展

智慧教学对课堂教学的支持体现在很多方面，例如提供丰富多样的学习资源（如国家智慧教育平台）、智慧教学平台（如雨课堂），这既拓展了学习资源、搭建了交流共享平台，还能够记录学习轨迹与过程，进行智能推送与分析，即时统计分析、多元化评价等。

结合"管理信息系统"课程特色来看，"数字学伴""虚拟教材""伴随式评价""大数据分析诊断"的应用效果非常好。从"数字化时代信息系统作为企业/组织的数字化创新赋能器的意义"的角度出发，加强大数据、物联网、云计算、人工智能等信息技术在课程教学改革中的应用，能够发挥专业课程的课堂教学主渠道作用，促进学生的创业创新发展。

（三）重视实践教学创新，将理论与实践有机结合

教学过程中需要解决学生的学习兴趣和主动性、个性化学习方法以及学习过程分析的问题。"管理信息系统"课程为了提高学生认知水平，让学生认识课程的重要性，培养其主动学习的意识，除了理论知识讲授，还在整个教学过程中融合了案例法、软件实践法等多种教学方法，促进学生将理论知识与实践教学相结合，从而大大改善了教学效果。

1.在案例教学中讲好中国故事

2020年11月，在《全面推进新文科建设》报告中提到要以"会讲""讲懂""讲好"中国故事为手段，践行新文科提升国家形象的时代使命。

"管理信息系统"课程秉承以马克思主义基本原理为指导、立足中国信息化建设与改革实践的思路构建教学框架，以中国故事为切入点，紧密结合我国的经济发展和企业的本土化实践，挖掘我国企业的优秀管理案例，让学生对中国特色社会主义的经济发展、企业信息化管理理论与实践产生深刻认识。通过隐性教育让学生看到中华民族伟大复兴展现出的前所未有的光明前景，引导学生在百年未有之大变局中为实现中华民族伟大复兴的中国梦而奋斗。

同时，揭示事物的运动形式及规律，创新工作手段与方法，提升育人效能。

通过案例的学习，使学生了解企业资源计划（ERP）系统的发展历史、应用现状和管理理念，初步理解成功实施 ERP 的影响因素；理解随着新知识、新技术、新方法的发展，企业管理信息化不断迭代更新的发展必然性；培养主动参与、思考和分析问题的能力。

2.在软件教学中结合商科课程的知识性、人文性，围绕职业道德、职业伦理、双创精神等，提升实践能力和创业能力

在软件实践教学中，通过"创业总动员"管理软件的实践操作，使学生进一步理解理论知识，初步具备分析 ERP 中采购、生产、库存、销售在时间与数量上相互影响的能力，培养其主动参与、分析问题、解决问题的能力，充分发挥信息系统的潜在作用，提升企业经营管理水平和决策的科学性。同时，结合商科课程的知识性、人文性，围绕职业道德、职业伦理、双创精神等，提升学生的综合职业素养、团队合作能力，增强创新意识。

三、注重伴随式考核方式，构建灵活有效的过程性考核体系

"管理信息系统"课程具有较强的实践性，为了避免因考核方式单一、过于强调期末考试，从而影响学生学习的积极性，降低学生对学习过程的投入度，本课程已经连续两个学期探索了多样化、综合性的过程性考核评价方式，突出伴随式考核的作用。伴随式考核包括考勤与课堂表现、课堂作业、随堂测试、案例分析和软件实践（企业模拟经营）等内容。终结性考核即为期末测试。随堂测试和期末测试均利用雨课堂发布。随堂测试分散于每节课理论知识点讲解之后发布，以便掌握学生的课堂学习效果，有效安排答疑。期末测试是在学期末针对学生所学本课程内容的掌握程度进行的考核。过程性考核的创新点在于，利用智慧教学手段构建更加多元化、智能化、个性化的教育评价体系，通过大数据分析，为教师提供完整、立体的数据支持和个性化报表，方便教师调整教学重点和讲解疑难问题，给学生提出个性化的学习建议和方案。

灵活有效的过程性考核体系，有利于引导成绩导向型学生转变为知识获取导向型学生，从死记硬背转向理论应用，除了关注学生的知识应用能力，还要关注其综合素质、团队观念、竞争意识、人际沟通等方面能力的提高，以达到本科教育的目的。

另外，在教学过程中，可针对课堂教学质量和效果、教学内容设计与安排、教学方法应用等方面，建立科学的参与反馈渠道，给予学生话语表达机会，营造平等、开放、交互的教学氛围，引导学生正确、客观地认识自己，培养学生的价值思辨能力，使教学更易为学生所接受，更有助于提升学生知识的内化效果。通过问卷调查、课间交流、谈心谈话、网络空间等多种形式，与学生近距离地互动沟通，深入掌握学生的学习动态和学习效果。有效的师生互动，能够全面提升教学质量。

四、结语

在工商管理类专业教育教学中，为了培养理论知识技能和创新实践能力兼具的应用型人才，应围绕专业人才培养方案，将理论知识与思政元素、劳动教育相融合，与实践实训相结合，设计出科学、有效、规范、创新的教学体系。突出价值引领培养特色、工匠精神培育特色、企业文化融合特色、三全育人特色，强化理论与实践有机结合的育人效果、对新商科专业课程的理解，以及新技术推动教学资源共享、教学创新、评价改革、管理智能决策与优化。在智慧教学模式中，不应仅注重学生的学习成绩，更应关注其身心健康、学业进步、个性技能、成长体验等方面，通过分析挖掘学生学习的全过程数据，为学生的自我发展、教师的教学效果、技能提升等提供基于数据的实证分析支持。

混合式教学模式下课程文献资源库建设刍议

——以汉语国际教育专业"语言学概论"课程为例

中华女子学院国际教育学院 陆 萍

摘要：课程文献是教学资源的重要组成部分。在混合式教学模式下，应当充分认识课程文献在学生专业培养中所发挥的基础性作用。在进行课程文献资源库建设时，要遵循经典性、可接受性、特色性和丰富性原则。在教学过程中，教师应提供深入的阅读指导，引导学生将文献精读与泛读相结合，并正确处理教材和文献资源库之间的关系，促进优质教学资源的整合，从而达到最优的教学效果。

关键词：混合式教学 课程文献资源库 语言学概论 汉语国际教育专业

现代教育技术的发展使混合式教学模式应运而生。混合式教学是将各种教学资源、教学手段、教学技术适当地整合在一起，以达到最优效果的教学方式。

最优效果与课程目标的达成相呼应。混合式教学以深度学习理论为基础，将课程目标定位于学生通过课堂教学能够达成知识的应用、分析、评价和创造等高阶思维活动。[1] "语言学概论"是汉语国际教育专业的专业核心课程，该课程主要讲授语言的基本规律和语言学的基础理论，如语言的功能、语言的本质、语言系统的结构、语言的发展等。理论性强、抽象度高、难度大是这门课程的突出特点，帮助学生记忆和理解规律与理论只是课程的第一步，课程的最终目标是使学生具有运用所学理论观察、分析、解释语言现象的能力。[2]

教学目标的实现依赖于对优质教学资源的开发和合理利用。在混合式教学模式下，教学资源的建构已不满足于传统课堂教材+PPT的单一形式，它更强调教学资源的多样性和使用的灵活性。以往关于教学资源的研究更多地是探讨慕课、微课等视频资源的开发和建设，而忽视了以课程文献为代表的其他类型课程资源的有效利用。课程文献，也称课程参考文献，是教师依据课程目标为学生选择并指导学生阅读的专著、论文等文献资料的统称。课程文献是教学资源的重要组成部分，也是实现学生深度学习的一条重要途径。

一、课程文献资源建设的必要性

在传统教学模式下，课程资源主要是教材和课件，课程文献往往仅作为参考资料，处于无足轻重的位置，学生也很少去阅读。而在混合式教学模式下，课程文献与教材、课件、视频资源（慕课、微课）等都是优质课程资源建设不可或缺的一部分，在教学过程中发挥着重要作用，因此必须重视课程文献资源的建设。

（一）引导学生从对理论的理解走向对理论的应用

混合式教学以翻转课堂模式为代表。一般认为，学习的过程分为"知识的传递"和"知识的内化"两个阶段。知识的传递阶段主要是对知识的记忆和理解等初级思维活动，属于浅层学习；知识的内化阶段则是对知识的应用、分析、评价和创造等高阶思维活动，属于深度学习。传统教学往往通过课堂讲授这一单一的教学手段进行知识的传递，将知识的内化放在课后。由于学生缺乏必要的指导和帮助，因此很难实现深度学习。翻转课堂则将传统的教学结构颠倒过来，课前只需要较少指导的知识传递，学生可以利用教材以及慕课、微课等网络学习资源在教师的远程指导下进行自主学习。而在课堂环境下，教师则会更多地组织学生通过小组合作式学习、研讨式学习和自主探究式学习完成对知识的内化，从而实现深度学习。

由于教材容量有限，而且学生已经在课前完成了相关内容的学习，那么教师在课堂上应该如何组织学生进行深度学习呢？在教师指导下的文献阅读是学生进行深度学习的有效形式。例如，在学习社会方言这一部分时，学生已经了解了因性别、年龄、职业、阶层等的不同，语言使用会呈现出差异。这种差异有哪些具体的表现？教材中并没有过多地展开。如何运用这种理论去科学地观察和解释现实生活中的语言现象？对于普通人来讲，都会有一个模糊的认识，即男性和女性在语言使用上是有差异的。那么，应该如何用科学的手段去证实呢？在课堂上，教师以问题导入，让学生先举例，然后追问学生如何去证明，启发学生思考如何对这种差异进行量化研究。最后，指导学生阅读曹志赟先生的《语气词运用的性别差异》，并组织学生在课堂上进行小组讨论式学习。通过文献的阅读和讨论向学生展示从理论阐释走向理论应用的全过程。梅里尔（Merill）指出，只有当教师提出面向真实世界的问题并提供相应的问题解决指导时，学生才能达成有效的学习。[3]

（二）符合学生个性化发展的需要

在传统教学模式下，教师往往以中等水平的学生群体为主要参照进行标准化的教学设计。但由于采用的是相同的教学材料、教学手段和考核方式，因此无法满足学生的个性化学习需求。尤其是对于部分学有余力的学生来说，在完成"标准课程内容"后往往会无所适从。

混合式教学模式提倡个性化学习，但个性化学习不等于自学，也应当在教师的指导下完成。在课堂上，教师应完成两个环节的工作：一是针对学生在课前自主学习过程中存在的问题进行答疑解惑；二是组织和指导学生进行探究式学习。在第二个环节中，教师可以根据学生不同的学习兴趣需求将其分成不同的学习小组并提供不同的学习材料。从学生的兴趣出发，引导其主动学习，往往能得到事半功倍的效果。在导言部分，我们向学生介绍了历史比较语言学、结构主义语言学、转换生成语言学、认知语言学等不同的语言学流派。在课堂上，学生可根据自己的兴趣选择介绍不同流派的文献进行分组学习。在学生分组学习讨论过程中，教师提供方法上的指引并给予适当的决策，保证合作可以顺利开展。合作学习以组间学习成果的展示和交流收尾，教师进行点评来引导学生总结和反思。通过不同文献资料的阅读，既拓宽了学生的学术视野，也满足了学生个性化发展的需求。

（三）培养学生的学术阅读能力

任何一门课程，如果没有相应的大量阅读，就不可能真正实现课程目标，从而也不可能真正实现专业培养目标，因此大学生要真正成长为某种专门人才，表现出这个专业的意识和能力，就必须熟读本专业领域的各种经典名著和理论论著。[4]调查显示，美国大学生平均每周的阅读量可以达到500～800页，学生的主要课程压力是需要完成大量文献阅读。而我国人文社科类研究生平均每周的阅读量能达到600页的仅占14.5%[5]，本科学生的阅读量就更少了。不少学生表示除了教材,很少进行其他学术阅读。

对于刚刚开始专业学习的学生来说,学术阅读的难度较大,因此既需要教师帮助遴选优质的、适宜的阅读材料,也需要在教师的指导下进行文本细读。对于人文社科类学生来说,其获取知识的途径主要是阅读,尤其是进入高年级乃至研究生阶段,大部分的学习需要靠独立阅读学术文献来完成。倘若没有前期阅读能力的培养,学生就很难实现质的飞跃。一些学生在撰写毕业论文时感到无所适从,主要也是因为学术阅读少,缺乏必要的学术训练。很多学生表示,缺乏阅读指导已经成为制约其专业发展的一道鸿沟。

在入门阶段,学术阅读是夯实专业知识基础的重要途径。专业知识基础来自对专业经典的认知、理解和有效应用。学习专业经典既不能只依靠教材,也不能仅依靠一两门专业经典导读课程。专业经典阅读必须以专业课程为依托,从教材延伸到专业经典的阅读。尤其是对于理论性较强的课程来说,经典文献阅读更是必不可少。教材所阐释的理论来源于经典,想要对理论有更全面、更深刻的理解,就必须回归经典,进行理论溯源,从而培养学生的学术阅读能力,以满足未来的学习需求。

(四)了解学科发展新动向

现代科学技术的发展推动各门学科进入了快速发展期,新理论、新方法、新成果层出不穷。2020年,教育部出台《普通高等学校教材管理办法》,其中明确提出教材编写需要反映相关学科教学和科研最新进展。优质的教材需要不断地打磨,与时俱进方能成为精品。以汉语国际教育专业使用最为广泛的《语言学纲要》[6]为例,该教材初次出版于20世纪80年代,几十年来不断再版发行,已成为汉语国际教育专业、中文专业经典的语言学入门教材。但这部教材最近一次修订是在2010年,距今已十余年。倘若没有相关的课程文献进行补充,那么学生便无从了解教材出版后的学科新动向,因此,课程文献就成为学生了解学科发展新动向的一个重要途径和窗口。

教师要用教材教,而不是教教材。一般而言,教材的内容主要是一门学科的经典理论。对于课程来说,除了依托教材向学生展示经典理论,还应当超越教材向学生展示这门学科的新成果、新关注对象,让学生了解这门学科最新的发展趋势,看到其旺盛的生命力和实践中广泛的应用前景,从而让学生真切地感受到这门学科的魅力,愿意向更深层次探索,这也实现了作为入门课程的一个重要情感目标。

由于教材往往是一个领域的入门级读物，因此编者在内容的选择上侧重于阐述该领域的基本概念、基本规律，往往都是在学术界已经达成共识的观点，对于学术争鸣或是尚未被广泛认知的新成果则涉及较少。如果只学教材，课堂难免会陷入知识传递的浅层僵化学习模式。这时就需要教师以课程文献为抓手，遴选合适的课程文献，展示学术争鸣，介绍当前最新研究热点，激发学生思考，将课堂学习引向深处。通过学术争鸣以及对研究热点的阅读和讨论，在课堂教学中进行批判和创新理念的熏陶，启发学生独立思考，鼓励学生敢于向传统挑战，这对于拓宽学生的知识面，培养学生的多维学术视野、批判性和创新性思维都十分有益。

二、课程文献资源库的建设原则

在本科低年级阶段，学生的信息检索和甄别能力不强，因此教师是课程文献资源库建设的主体。教师应阅读大量专业文献，了解学科的发展历史和最新动态，依据教学目标和学生情况选择合适的文献建成课程文献资源库。在进行文献遴选时，应遵循以下原则。

（一）经典性

学术经典是指在某一学术领域具有代表性、典范性、权威性，并对学科发展有深远影响的文献。说一个人的专业基础扎实，必定是说他能够熟读经典，对该领域的学术经典具有较深的理解和体悟。

学生在专业学习时首先接触的是教材。教材是其编写者对这一领域现有的成果进行的系统归纳和阐述，具有框架清晰、通俗易懂的特点，是学生入门阶段不可或缺的学习材料。然而，从另一个角度来看，教材也是对经典的"导读"，它是编者而不是学生和经典之间的直接对话，因而拉开了学生与经典之间的距离，容易使学习变成一个被动接收信息的过程。经典阅读不是简单和被动地接纳，而是一个主动、积极的心灵发现和精神建构的过程。[7]因此，教师应当依据课程的知识脉络为学生提供"原典"，让学生自己去体悟，从而完成属于自身的知识体系建构。

"语言学概论"课程是语言学的入门课程，学生除了要掌握经典的语言学理论，还应对语言学的经典文献有所涉猎。通过课程让学生初步接触学科经典，让学生对学科经典有直观的体悟，是这门课程的应有之义。例如，学生们都知道索绪尔是现代语言学之父，也都知道他有一本专著——《普通语言学教程》，这部专著对现代语言学的发展产生了深远的影响。教师不妨在课程中节选其中一个片段，带领学生去阅读，让学生产生亲近之感，从而对语言学产生浓厚的兴趣。

学术经典之所以能够成为经典，还在于其典范性，它为学术研究提供了一个范式，读者可以通过阅读经典去模仿典范的研究过程、行文方式和写作技巧，从而为自己未来的研究打下坚实的基础。

（二）可接受性

教师在选择文献时虽然要注重经典性，但也不是非"原典"不读，必须兼顾学生的认知发展阶段。调查显示，文献的内容在很大程度上影响着学生的阅读兴趣与耐心，进而影响阅读效果。一些经典文献的内容比较晦涩，学生在阅读和理解上存在障碍。因此，在课程中，可以选择一些应用性较强的、案例式的文献，尤其是那些应用语言学原理解决实际问题的文献，让学生看到真正的学有所用，这样更能够激发学生的学习热情。

由于学生刚刚开始专业学习，所以文献的篇幅不宜过长，论证也不应太复杂。如果把原典、相关文献不加甄别地一股脑塞给学生，学生难免产生畏难情绪，认为这门课程甚至这个领域枯燥无味，效果可能会适得其反。例如，在讲词义演变时，教材中提到词义的转移和新义项的产生多是通过隐喻和转喻的方式引申而来的。"隐喻"是认知语言学中的一个重要概念。然而，教材中并没有对认知语言学进行系统的介绍，对于"隐喻"相关问题也没有做过多展开说明。倘若在研究生阶段，学生已经具备了一定的专业阅读能力，那么乔治·莱考夫（George Lakoff）和马克·约翰逊（Mark Johnson）的经典认知语言学专著《我们赖以生存的隐喻》是必须读的。然而在本科低年级阶段，学生的专业阅读能力不强，时间也比较有限，此时并不具备阅读"原典"的条件。我们就为学生选择了赵艳芳的《语言的隐喻认知结构——〈我们赖以生存的隐喻〉评介》。该文献是对专著内容的综述与评价，并罗列了大量的语言事实来展示不同的隐喻类型，使学生可以更加充分地理解隐喻这一认知方式对语言发展的重要作用。与"原典"相比，这类具有导读和评介性质的文献更容易被学生理解和接受，更适合作为本科低年级学生的专业阅读材料。

（三）特色性

文献内容的选择应与专业特色相结合。以"语言学概论"课程为例，依据教育部在 2018 年 1 月颁布的《普通高等学校本科专业类教学质量国家标准》，汉语言文学、汉语言、汉语国际教育、中国少数民族语言文学等专业均以"语言学概论"为专业基础（必修）课程。在开设这门课程时，不同专业文献资源的选择应充分考虑其培养目标的差异。除了部分具有普适性的文献，还应选取一定比例的具有专业特色的文献。这些专业特色文献，是语言学基础理论在专业实践中的具体应用，对培养学生的理论应用能力具有更鲜明的指导作用。

在汉语国际教育专业的"语言学概论"课程中，我们会较多地选择与汉语教学相关的文献。在学习语音、语法和语义等章节时，我们遴选的文献大部分都是关于语言教学的。例如，在语音这一章中，学生已经学习了元音、辅音的发音原理，初步掌握了不同音素发音部位、发音方法的基础知识，但是在将知识转化为应用的过程中常会出现两个问题：一是缺乏感性认识，学生对于发音原理的理解几乎都是通过汉语或英语的语音系统来完成的，教师在讲解时也很少举其他语言的例子，因此学生对于方言或其他语言的语音系统知之甚少，认识仅停留在理论层面。二是在语言教学中，由于学生对其他语言的语音发音特点缺乏认识，因而无法在教学时为留学生提供有效的正音指导。在课程中，我们组织学生阅读并分组报告《日、汉语音对比分析与汉语语音教学》《泰国学生汉语学习的语音偏误》等文献。通过文献阅读，学生可以更直观地了解除汉语、英语外的其他语言的语音系统构成，构建起发音原理的普遍性规律与具体语言语音系统之间的对应关系。与此同时，文献还从汉语教学的视角出发进行语音对比研究，为学生提供了有效的实践指导，形成了理论应用于实践的典范。

（四）丰富性

孙宁等指出，优质教学资源的首要任务是提供教学所需的丰富教学与学术和文化信息。[8] 作为课程资源的重要组成部分，建设课程文献库时要注重文献的丰富性。

课程文献的丰富性是指课程文献的数量多、涵盖面广，能够满足多样化的教学和学习需求。有别于传统的"整齐划一"的教学模式，混合式教学的一个突出特点就是"因材施教"。课程文献不是教材的简单附加，也不是教师根据教材内容随意选择几篇文献推荐给学生，而应当是一个丰富的、经过筛选的优质资源库。不是去读全部的课程文献，而是可以根据需要从中随取随用。教师可以依据学生课前学习的情况，从中选择合适的文献，或者帮助学生答疑解惑加深理解，或者为学有余力的学生拓宽学术视野。学生也可以依据个人兴趣，从中选择符合自己需要的文章进行自主式、探究式和协作式学习。丰富的文献资源为多元化教学和学习需求的实现提供了必要的保障。

三、课程文献资源库的使用

在当代大学生阅读量普遍不足的情况下，课程文献的阅读显得尤为重要。教师在课程文献资源库建设中的主体作用不应仅限于筛选和推荐参考文献，还应在使用过程中发挥更大的效能。

（一）教师应提供深入的阅读指导

绝大部分教师都会向学生推荐参考书目供其阅读，但真正去阅读这些书目的学生可能寥寥无几。究其原因，缺少教师的阅读指导是一个关键。调查显示，"不知道读什么"和"不知道怎么读"是影响大学生专业阅读质量的两个主要原因。[4]课程文献资源库的建设解决了学生"读什么"的问题。但这些文献该"怎么读"，则需要教师提供相应的阅读指导。

阅读指导包括课堂文献导读，点评读书报告，组织学生小组讨论、汇报等多种形式。在前面几节课程中，教师可以选择1~2篇经典文献进行示范性导读。在教师的引领下，让学生学会从文献写作背景、研究目的、理论基础、研究方法、研究结论、创新点以及存在的问题等方面去剖析一篇论文。对于难度较大的文献也可以采用这种方法。当学生掌握阅读方法后，教师可以布置学生撰写读书报告，并进行点评和讨论；也可以让学生分组阅读不同的文献，通过课堂报告的形式完成小组内部的合作式学习和组间的交流式学习。

通过多种形式的阅读指导，一方面，学生深化了对专业知识的理解；另一方面，通过阅读、思考和交流，可以让学生逐渐掌握科学研究的基本思路，使其初步具备科学研究的基本素养。

（二）精读与泛读相结合

之所以要将文献资源建成一个资源库，首先是考虑到不同学生的需求不同，学生可以从资源库中各取所需。其次，资源库可以为学生提供更加广阔的学术视野：一方面，学生需要广泛涉猎相关领域的不同文献，以达到拓宽知识面、加深理解的目的；另一方面，学生的时间有限，无法精读所有文献。低年级学生缺乏阅读专业文献的经验和技巧，常常刚拿来文献就从头到尾一字一句地读，花费了大量时间，却可能未得其要义。这时就需要教师给予引导，告诉学生文献库中的哪些文献可以精读，哪些文献可以泛读。

在一个学期的课程中，教师可以辅助学生选择十几篇文献进行精读，而对于文献库中的其他文献，学生可以进行泛读。泛读时，学生不用通篇研读，只需了解文献的研究目标和结论即可。在建设文献库的过程中，教师可以为每一篇文献撰写文献导读和述评，以帮助学生迅速地检索到文献的关键信息。对于学科前沿的文献，也比较适合采用泛读的方法。

泛读是外语教学中经常用到的一个概念，是指通过大量的语言输入，使学习者的外语水平得到显著提升。在文献阅读中，泛读也能起到相同的作用。通过大量文献信息的输入，可以迅速拓宽学生的知识面，从而提升学生的专业水平。可以说，精读是学生认知走向深邃的必经过程，而泛读则是学生开拓专业视野的必由之路。一纵一横，既注重质也注重量，学生的专业素养才能得到全方位的提升。

（三）正确处理教材和文献资源的关系

教材和文献资源都是课程资源的重要组成部分，都是教学活动所使用的材料，也都服务于课程目标建设。教师要处理好教材和文献资源的关系，根据学生的实际情况合理地使用教材和文献资源。

一般而言，教材是依据课程标准所编写的课程材料。教材内容的遴选要对应课程标准，并经过教材编写者的加工，体系结构应清晰，以便于学习者理解和把握。因此，在传统的课程模式下，教材往往被用作一门课程的核心学习材料。然而，课程绝不是以教材所负载的知识、技能的传递为宗旨的，这只是实现课程目标的第一步。以"语言学概论"课程为例，仅依靠传递教材知识很难达成教学目标，必须依靠多种教学资源、教学手段和教学活动的支持。混合式教学模式的出现就是为了解决以往仅注重教材知识传递的问题，从而真正培养出学生的实践能力和创新能力。在翻转课堂模式下，学生对教材的学习在课前就已经完成。在课堂上，教师侧重于帮助学生完成对于理论的应用、分析和创新等深度学习活动。在这一过程中，文献资源是一个重要的抓手。可以说，在新的教学模式下，教材和文献资源分工明确，服务于不同的教学环节——教材服务于课前与课中，文献资源服务于课中和课后。

四、结语

混合式教学是实现学生深度学习的一种创新性尝试。混合式教学模式的成功实施有赖于优质课程资源的开发与应用。作为课程资源的重要组成部分，课程文献资源库不是参考文献的另一个名目，而是承担着引导学生进行理论应用、完成个性化发展、培养学术能力、了解学科前沿等多种职能。作为文献资源库建设的主体，教师在遴选文献时应遵循经典性、可接受性、特色性和丰富性的原则。在使用课程文献进行教学的过程中，教师应提供深入的阅读指导，将文献精读与泛读相结合，并处理好教材和文献资源库之间的关系，促进优质课程资源的整合和体系的完善，从而达到最优的教学效果。

参考文献

[1] 李逢庆. 混合式教学的理论基础与教学设计 [J]. 现代教育技术，2016，26（9）：18-24.

[2] 贺阳. 语言学概论教学与理论运用能力培养 [J]. 中国大学教学，2015（11）：61-65.

[3] MERRILL M D. First principles of instruction[J]. Educational technology: Research and development, 2002（3）：43-59.

[4] 查颖. 阅读与大学生发展的关系研究：基于浙江省文科大学生的阅读调查 [D]. 上海：华东师范大学，2017.

[5] 邬智，孙侠. 人文社科类研究生阅读情况的调查与分析：以广州地区高校为例 [J]. 国家教育行政学院学报，2009（8）：81-85.

[6] 叶蜚声，徐通锵. 语言学纲要 [M]. 北京：北京大学出版社，1981.

[7] 张筠. 经典阅读现状的应对路径：回归原典 [J]. 图书情报工作，2013，57（13）：44-48.

[8] 孙宁，卢春艳，孙晨. 关于优质教学资源建设的思考 [J]. 中国电化教育，2013（11）：91-94.

关于"家庭教育学"课程教学的思考与实践

中华女子学院儿童发展与教育学院　郑灵臆

摘要：家庭教育学是运用现代家庭教育原理，结合儿童成长实际，研究家庭教育问题，揭示家庭教育规律的一门学科。在女子大学开设"家庭教育学"课程是有益的，无论是作为未来的父母，还是作为未来活跃在一线的幼儿园骨干教师的学前教育专业的女大学生，都迫切需要学习这样一门课程。"家庭教育学"课程应有正确的课程目标、丰富的教学内容，并以新文科建设为契机，形成多元化的"家庭教育学"课堂教学模式。

关键词：家庭教育学　课程教学　思考　实践

习近平总书记在多个重要场合阐述了家庭教育的重要性。早在 2015 年，习近平总书记就在春节团拜会上的讲话中强调，"家庭是社会的基本细胞，是人生的第一所学校"[1]。2018 年，在全国教育大会上，习近平总书记对家庭教育做了深刻论述，指出"家庭是人生的第一所学校，家长是孩子的第一任教师"[2]，家庭教育肩负着扣好人生第一粒扣子的重任。2021 年，《习近平关于注重家庭家教家风建设论述摘编》的面世，向我国民众深刻阐明了家庭家教家风建设的重大意义、目标任务和实践要求，也将"注重家庭家教家风"的精神推向了新的高度，这也是高校教师，尤其是担任"家庭教育学"这门课程教学工作的教师，根据习近平总书记的最新精神和指示，做好相关教学改革与创新工作的根本遵循。在积极学习和领会习近平总书记关于家教的最新指示和精神的基础上，身处新文科建设这个大背景之下，对"家庭教育学"课程开展教学改革势在必行。

一、女子大学开设"家庭教育学"课程的必要性

在女子大学开设"家庭教育学"课程是一项功在千秋的长远工程，它对

未来即将成为父母的大学生、即将成为幼儿园教师的学前教育专业的女大学生，都会产生深远的影响。

乌克兰有一门中学课程（在初三和高三阶段），专门为不继续升学的学生开设，该课程为学生提供如何做优秀父母的学习机会；受雇于美国明尼苏达州大学的家庭教育指导者向那些想成为家庭教育指导者或想提高父母教育能力的学生提供本科课程（也可以继续深造，获得这个专业的硕士学位）。[3]在我国，"家庭教育"作为一门课程在大学出现的标志性事件是我国第一位，也是唯一的一位家庭教育领域的研究生导师，中国当代家庭教育科学研究的开拓者赵忠心于1986年在北京师范大学开设"家庭教育"课程。至此，"家庭教育学"成为高等院校的一门课程。这说明家庭教育的确已经成为教育学中不得不重视的一门学科，研究者把家庭教育的视角拓展到大学生群体，因为现代大学生的生活有着特殊的时代背景，他们大多数是在我国计划生育政策实施期间出生的独生子女，要选择恰当的教育时段，没有比大学阶段更合适的了。大学阶段的青年男女基本上没有初中、高中时的考试压力，他们思想自由、开放，更愿意接受新观点，也开始关心未来的婚姻家庭问题。[3]一般而言，从心理发展的角度来看，0~18个月的孩子在家庭中的第一个依恋对象是母亲，母亲的家庭教育观念、对孩子的教养方式影响至深。相较于普通高校的大学生，女子大学的学生有95%以上是女性，她们系统地学习家庭教育学，树立科学的教育观、儿童观、亲子观，学会与孩子沟通，运用科学的家庭教育方法的需求更加迫切。而作为学前教育专业的女大学生，还有一个职业能力指向，那就是在家园合作中进一步指导家长的育人能力。这要求学生在校期间学习"家庭教育学"这门课程，掌握家庭教育的原则和方法，培养并提高家庭教育理论水平，增强从事教育实践的能力；将来走上工作岗位时，能够运用幼儿园、家庭和社区等多种教育资源，开展多渠道、多方式的全面育人工作。

二、"家庭教育学"的课程目标与教学内容

对选修"家庭教育学"课程的学生进行的调查显示，几乎全部学生都认为开设此课程是非常必要的，有半数学生选择此课程是因为兴趣驱动，这也说明更多的学生开始关注家庭及家庭教育问题，这为"家庭教育学"课程的开设以及进一步完善提供了可行性条件。

课程目标的行为主体是学生，不能只体现教师单方面的意愿，而忽视最

应该研究的学生主体性发展。因此,"家庭教育学"的课程目标定位应以学生为出发点,把学生在情感、态度、思想、意识等方面的发展放在课程目标的首位。课程教学的第一个目标是帮助学生树立正确的家庭教育观念,使他们将来很容易认识到家庭教育的重要性和自身的责任,而不是不明晰、不自知。第二个课程目标是帮助学生习得家教能力和指导家长科学育人的能力。女子大学开设"家庭教育学"课程,对在校大学生进行教育,尽管更多的是作为一门学科,让学生系统地了解其内容,但也是让未来的家长(母亲)能提前接触到一定的家庭教育的科学知识和方法技巧,具备家庭教育能力。在此基础上,他们才更容易随着时代的变化来更新自身的家教知识储备,并有目的地训练自己的家教能力。对选修这门课程的学生来说,这既是一种预备父母的教育,也是预备幼儿园教师的教育。第三个课程目标是锻炼学生的思维,开阔学生的视野。这门课程不仅是对具体学科知识的学习,还需要学生在学习后逐步具备接受新思想(父母的一些思想或者做法有可能是不对的)、处理新信息、应对新挑战的能力。如果参加这门课程的学生仅仅是为了拿学分,那就失去了教育的真正意义。能在学习过程中掌握一定的知识理论,学会一套科学的思维方法,并通过自身努力去掌握、创造新的内容,这才是最重要的。在"家庭教育学"的课堂教学中,需要借助一定的内容和方式来拓展学生思考探索的空间,引导学生利用自己的生活经验(自己所接受的家庭教育)和知识积累对当前问题进行分析、推测和判断,这有助于学生将一些空洞的理论知识转化为具体的解决问题的能力,同时更新学生的家庭教育观。

  "家庭教育学"课程目标的确立和教学内容的选定都是围绕学生的学习意向进行的。关于教学内容的选定,调查显示,相当比例的学生希望通过学习"家庭教育学"课程掌握一些家庭教育的基本理论和方法;了解我国古代和现代的家庭教育的内容与原则;尤其希望了解中国传统的家庭教育以及其他国家比较有特色的家庭教育案例;还有的学生提出可以将古今中外家庭教育进行对比,并在课堂上一起讨论好的家庭教育的标准是什么;也有一定比例的学生希望通过课程学习一些亲子沟通的技巧,如怎样了解孩子、怎样和孩子沟通;有的学生想获得怎样与父母相处、怎么做父母以及怎样教育好子女的方法;有的学生想了解家庭对孩子个性形成的影响;有的学生则希望了解特殊家庭,如单亲家庭、留守儿童家庭、流动家庭等的家庭教育。需要说明的是,这门课程在 2020 年秋季学期进行线下教学,受新冠疫情影响,学生春季学期居家远程学习长达 8 个月,充分感受到家庭的重要性,也渴望回到线下课堂,开始常态化的学习。总体而言,学生想学一些可以运用到生活中的实用技巧,尤其希望学会亲子沟通方法;还有学生坦言,教育观、儿童观的树立有一些困难,需要花费一定的时间。

三、"家庭教育学"课程的教学方法实践

学生在学习"家庭教育学"课程时已经步入大四,大部分学生希望作业要精而不要多,也可以将个人作业和小组作业相结合,但分组时小组成员不宜太多。同时,他们更倾向于发散思维的考核方式。学生普遍希望将教师讲授和PPT展示相结合,以开放、讨论的方式去学习这门课程,课堂上最好能够举一些典型案例或者观看实例视频、纪录片。此外,学生还主动提出想学习查阅相关文献资料的方法,希望有自己独立思考的空间,建议将案例分析与小组讨论相结合。关于这门课程的考核方式和教学形式、教学方法,学生也给出了许多建设性的意见与建议。

法国著名思想家卢梭说过:"教育的艺术就是让学生喜欢你所教的东西。"[6]学生喜欢在"家庭教育学"课堂上听到哪些内容?明晰这个问题的答案是确定教学内容与实践教学方法的前提,是需要仔细琢磨和考量的。最终的做法如下。

(一)营造温馨、和谐、民主的课堂氛围

课堂可以自由出入、走动,但是事件和话题都不能脱离家庭教育。

(二)精讲,多拓展和讨论

精讲要求教师提取精华,语句要精练、分析要精辟,同时辅以讨论的方式,让学生在课堂上有更多的机会主动参与、积极思考。第一,讨论可以是主题式的。在讲课前提出一些问题,表明在讲述这一章节时是围绕这些问题展开的,有了主题,学生在听课时就有了目标和重点,也就意味着形成了对问题的更好的理解,如果学生习惯了在开讲之前思考几个相关联的问题,当教师围绕一个或几个问题展开讨论时,学生就觉得是自然而然的。第二,讨论可以是答疑式的。讲课结束时向学生提出问题:你认为今天讲解中最有争议的观点是什么?你认为今天的讲解中哪个观点最重要?今天的讲解中你最关注的问题是什么?这样可以帮助学生回忆课堂教学内容,学会归纳提炼和分析整理。第三,讨论可以是典型案例式的。通过分析案例来理解知识,家

庭生活中的案例与学生已有的经历和经验有很大的相似性，实践证明，这些很容易激发学生的诉说欲望和探究欲望，因此多用于家庭教育原则、方法等章节。第四，可以采取专题辩论的形式。针对多子女家庭教育、隔代溺爱、青少年使用电子媒介的利与弊等家庭教育中的热点、焦点问题，组织辩论会。

（三）师生共同学习、共同成长

新的教育理念倡导学习过程应成为师生互相感染、影响、欣赏的精神创造过程，应成为师生共同成长的精神历程。[4]各种相关的媒介和网络资源为这种学习提供了便利条件。例如，相关媒介关于家庭教育知识传播、普及的专栏、专刊和电视台的家教节目、家教刊物报纸、互联网上的众多信息都展现出家庭教育丰富而开放的学习和研究资源，早已打破了传统的教师垄断知识的局面。[5]那么，多方且灵活的资源提供了各种生动鲜活的事例，就有了可参与、可交流、可讨论、可研究的对象，这有利于家庭教育课程内容的丰富性和形式的多样性，使这门课程充满乐趣又不失现实意义（学生强调课程的趣味性）。近几年，师生线上互动的频次越来越高，教师不仅可以通过网络获得最新的家庭教育学进展情况，了解国内外同类课程的教授情况，还能改进自己的教学内容和方式。学生也可以通过网络与教师进行交流（增进感情）、提交作业和小论文、获取教师提供的参考资料和课件等，促进师生在这一过程中共同体验和分享学习与教学成果、共同成长，从而增强师生之间的情感联结。

参考文献

[1] 习近平：在 2015 年春节团拜会上的讲话 [EB/OL].（2015-02-17）[2024-04-12]. https://www.gov.cn/xinwen/2015-02/17/content_2820563.htm.

[2] 习近平：坚持中国特色社会主义教育发展道路 培养德智体美劳全面发展的社会主义建设者和接班人 [EB/OL].（2018-09-10）[2024-02-03]. http://www.xinhuanet.com/politics/leaders/2018-09/10/c_1123408400.htm.

[3] 杨静 . 公选课"家庭教育学"教学思考与实践 [J]. 集美大学学报（教育科学版），2008，9（2）：92-96.

[4] 骆风 . 家庭教育与家庭教育学 [J]. 百科知识，1994，4（4）：7-9.

[5] 季诚钧 . 论"家庭教育学"学科建设的若干问题 [J]. 浙江师范大学学报（社会科学版），1997，4（2）：98-100.

[6] 卢梭 . 爱弥儿 [M]. 叶红婷，译 . 北京：台海出版社，2016.

"认知心理学"课程混合式教学模式的构建与实践

中华女子学院儿童发展与教育学院　邱　香

摘要： "认知心理学"课程既是掌握认知科学和心理学前沿知识的基础课程，又是提升学生专业能力的主干课程。传统"认知心理学"课程教学过程中普遍存在教学内容艰深、教学评价单一、学生兴趣不足等问题，导致教学效果不尽如人意。线上线下混合教学模式不仅打破了时空的局限性，还整合了相关的教育资源，增强了学习活动的多样性和灵活性，为更有效地开展相关教育活动提供了便利，极大地促进了教育教学的变革与发展。本文旨在针对传统教学的不足，基于应用心理学专业人才培养目标，结合雨课堂的信息技术和国家一流线上课程的优质资源，探索和构建灵活、高效、有趣的认知心理学混合教学模式。本文将从"认知心理学"课程传统教学存在的问题、"认知心理学"课程线上线下混合式教学模式的构建及其对传统教学不足的应对三个方面进行探讨。

关键词： 混合式教学　线上线下　认知心理学

认知心理学作为当代心理学的关键分支，主要以信息加工、综合整体的观点研究人类获取知识和应用知识的规律与机制。它是到目前为止容纳了最多心理学理论的学科，也是几乎对所有心理学应用都产生了广泛影响的学科。1983年，认知心理学奠基人之一，美国著名学者H.西蒙（H.Simon）在北京大学系统讲授认知心理学，为期近3个月，受其影响，我国几所高等院校相继开设了"认知心理学"课程。随着认知心理学研究的深入，"认知心理学"课程被普遍纳入应用心理学专业课程体系，成为培养学生掌握心理学基本知识、基本技能与专业核心素养的主干课程。[1] 目前，"认知心理学"课程已被确定为应用心理学专业的专业核心类课程。[2]

在建设一流本科课程的时代背景下，以学生为中心，优化认知心理学教学设计，改进认知心理学教学实践活动，建设具有高阶性、创新性和挑战性的专业课程势在必行。[3]混合式教学是把传统的面对面教师指导与数字化在线教育相结合，把教师的引导、启发和监控与学生的积极性、主动性和创造性相结合的学习方式。[4]学生一部分时间在学校接受正规教育的课程，一部分时间在线学习，可以自主控制学习时间、地点、路径或进度。[5]与传统教学方式相比，混合式教学模式不仅突破了时空的局限性，还整合了线上线下相关的教育资源，从而增加了学习活动的多样性和灵活性。

一、"认知心理学"课程传统教学存在的问题

传统的认知心理学课程具有如下四个特点：①在专业课程体系中兼具基础性与高阶性；②具有明显的理论性和抽象性；③存在轻应用的倾向；④课程内容更新速度较快。[6]认知心理学课程的这些特点使其传统的课堂教学模式存在三个比较普遍而严重的问题，不利于培养学生的专业学术能力、实践能力和创新意识。

（一）认知心理学的学习内容难度较大

"认知心理学"课程的理论知识较多，有较高的概括性和抽象性，使得该门课程的学习难度较大，前期未系统学习过相关课程的学习者往往感到其深奥难懂，无从下手；另外，认知心理学的一个核心观点是将人脑比作计算机来研究分析，倾向于使用计算机科学的术语来解释心理过程的工作机制（如符号加工系统、编码、模式识别等），这也增加了理解上的难度。

（二）学生学习兴趣不足

认知心理学的很多概念和普通心理学、实验心理学共用甚至有部分重叠，材料不新不足以引起学生的学习兴趣，再加上高度凝练的理论知识难以与日常生活经验直接对应，容易给学生留下无趣无用的印象，从而进一步降低其学习热情。

（三）教学评价形式单一

目前，传统教学采用的评价方式往往是单纯的期末考试或完成学期论文，或者外加一个平时考勤，这种评价形式既不利于调动学生的学习积极性，也不能全面评价学生在知识、能力和素质三个方面的成长与收获。这些问题都

使得传统的认知心理学教学模式的教学效果不尽如人意。

二、"认知心理学"课程线上线下混合式教学模式的构建

（一）课程总体构建思路

认知心理学本身研究的是人们如何获取知识和应用知识，因此，本课程教学以皮亚杰的发生认识论和布鲁姆的认知目标分类理论为指导，融合成果导向教学、问题式教学和案例教学，并利用丰富的教学资源和多元的课程考核方式，打造灵活、高效、有趣的认知心理学课堂。从知识、能力和素质三个方面为专业人才培养目标的实现提供重要支撑。

（二）课程混合式教学模式的设计

"认知心理学"课程在大学三年级开设，共计48学时，其中线上教学16学时，线下教学32学时。线下教学还包括8学时的实践学时。课程主要选用"九五"教育部重点教材——北京大学出版社出版的王甦、汪安圣所著的《认知心理学》，同时为了兼顾认知心理学的前沿进展和应用性研究知识，又指定人民邮电出版社出版的约翰·安德森著、秦裕林等译的《认知心理学及其启示（第7版）》作为参考教材。

本课程的教学环境分为课堂教学环境和实验教学环境两部分。课堂教学在中华女子学院的多媒体教室和智慧教室中开展（普通教室也具备全程网络化、数字化的交流展示功能，方便教师进行知识讲解），智慧教室里多套计算机投屏设备和可任意组合的桌椅设备可保障案例教学和小组研讨等；实验教学在中华女子学院的应用认知实验室中开展。本课程采用小班教学制，每班学生为20~30人，以确保每个学生在不同的教学环境中都能进行充分的师生互动和生生互动，从而获得良好的学习体验。

课程将完整的一章内容作为一个课程教学小周期。教学安排融入问题教学、案例教学和成果导向教学，层层递进、环环相扣，最后首尾呼应，形成学习闭环。具体的混合式教学模式如图1所示。

1. 线下新课导入

每次课程先通过线下新课导入，让学生了解章节的研究概况、不同理论的发展脉络和经典实验研究的背景信息等，并通过课程微信群给学生推送本章任务清单，清单中包括本章的学习目标、关键概念和理论，线上学习任务

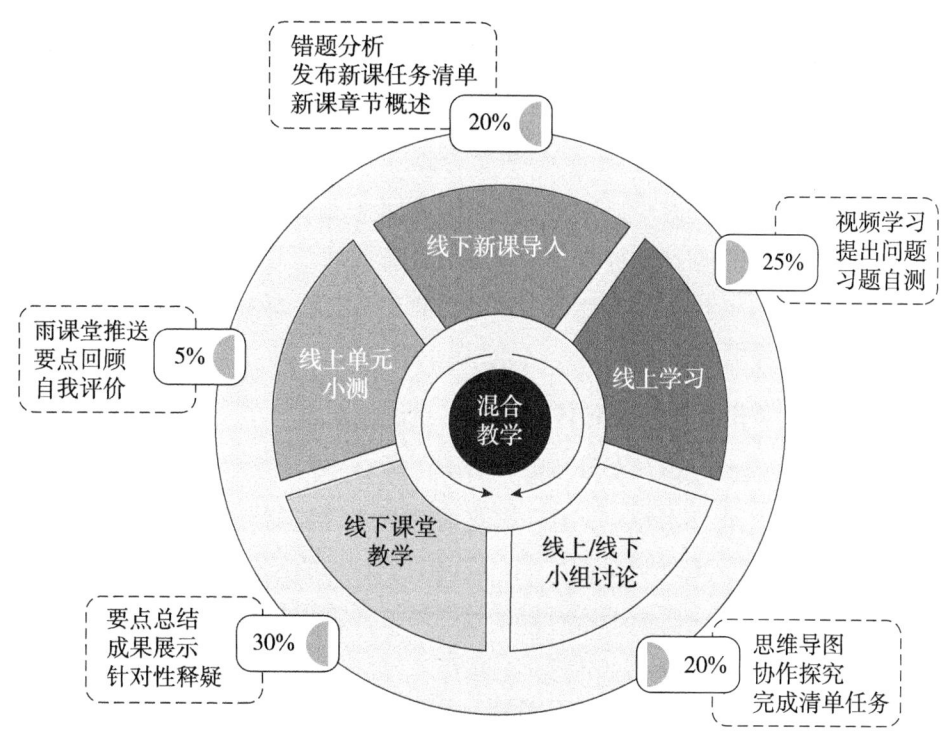

以及若干针对本章重点知识设计的思考题。

图 1　"认知心理学"课程的混合式教学模式

注：图中百分比为该教学部分的课时占比。

2. 线上学习

学生根据任务清单提示，在线上完成指定视频内容的学习。本课程所有视频学习内容均来自智慧树网站上唯一入选国家一流线上本科课程、由山东师范大学毛伟宾教授主持并联合山东多所高校教师完成的"认知心理学"线上课程。

3. 线上/线下小组讨论

线上学习结束后，各学习小组要以线上或线下的形式进行讨论，讨论活动的范围包括回顾线上学习内容，并提出自己的疑问，组内讨论尝试解决这些疑问和尝试回答清单上的思考题。各小组应在下一次课堂教学之前将小组讨论记录提交给任课教师。

4. 线下课堂教学

教师评阅完各小组的讨论记录后，会在线下教学部分先展示小组讨论中表现优异的部分成果（思维导图、实验设计、案例分析等），给予点评并将这些成果分享到课程微信群供所有学生学习参考；然后，教师对各小组未解决的疑问进行集中并有针对性的释疑（个别性问题则通过微信答疑）；最后，教师对整章内容的重点和难点加以梳理总结。

5. 线上单元小测

完成整章内容的教学后，教师会通过雨课堂给学生推送该章内容的单元小测，并进行现场点评和分析。学生也可以通过单元小测了解自己对该章内容的掌握程度，并形成自我评价，这些自我评价会在期中和期末时以调查问卷的形式被集中收集上来。

（三）混合式教学模式对传统教学不足的应对

针对学习内容难度较大的问题，首先，充分发挥互联网时代的特色，结合学生知识碎片化学习特点，在不降低课程难度的基础上分解难度，学生可以线上自主学习、重复学习；其次，遵循知识建构的原理，每章内容学习结束后，引导学生在小组活动中以思维导图的形式梳理相关知识点，让学生逐级顺次消化课程中的知识点和理论；最后，教师在学习任务清单中设计一些兼顾基础性和新颖性的活动或思考题，鼓励学生结合章节理论知识去完成和解决。真正做到"做中学"，这样更符合记忆过程的认知原理，可以进一步固化本章学习内容。

针对学生学习兴趣不足的问题，首先，开展线上线下混合式教学、问题导向型学习（PBL）、案例教学（CBL）等多种先进教学模式，尝试依据课程内容变化采用不同教学模式的思路，改变传统单一教学模式贯穿整个课程教学的落后方法。例如，为了激发学生的学习兴趣，课程章节均以问题导入："你交过认知税吗？"（绪论）、"脸盲是我们的感觉出了问题吗？"（知觉）、"我们都能做到左手画圆的同时右手画方吗？"（注意）、"金鱼的记忆真的只有7秒吗？"（记忆）等；在"短时记忆和工作记忆"一章中，根据个体很难体验到自己的短时记忆是如何工作的，本课程特别提供了电影《记忆碎片》，引导学生在课后观赏电影的同时，分析男主角的短时记忆出现问题后有哪些表现，并在小组讨论中总结短时记忆的工作原理。其次，充分利用雨课堂课上实时发送习题、发送弹幕、抢红包等功能，利用微信群推送和分享与课程内容相关的资源，如每章优秀的思维导图、实验设计以及一些经典的电影片段等。每次小组讨论后，对表现优异的小组给予口头表扬或物质小奖励，以此调动学生的学习积极性。最后，在课堂教学中增加学术前沿和典型案例介绍，将认知心理学经典知识与前沿进展、生活工作实践有机结合起来，既丰富与深化了教学内容，又激发了学生的学习兴趣。

针对教学评价形式单一的问题，本课程目标强调知识、能力、素质有机融合，培养学生解决复杂问题的综合能力和高级思维。因此，在考核评价时，尝试将评价主体多元化与评价标准多元化相结合，即在联合教师、小组及学生个体共同参与评价的基础上，诊断性评价、过程性评价和结果性评价并举[7]，全面评价学生在知识、能力和素质等方面的成长与收获。诊断性评价是在教学活动开始前，对评价对象的学习准备程度做出鉴定，以便采取相应的措施使教学计划顺利、有效实施而进行的测定性评价。本课程的诊断性评价包括线上打卡、线下考勤和学生自评。过程性评价又称"形成性评价"，是对学生日常学习过程中的表现、所取得的成绩以及所反映出的情感、态度、策略等方面的发展做出的评价，是基于对学生学习全过程的持续观察、记录、反思而做出的发展性评价。本课程的过程性评价包括小组互评、成果展示评价和课堂互动。总结性评价又称"事后评价"，一般是在教学活动告一段落后，为了了解教学活动的最终效果而进行的评价。本课程的总结性评价包括线上单元小测和期末总评（见图2）。混合式教学的多元评价体系还利用雨课堂快速庞大的信息收集和分析优势，实时掌握学生在每堂课中的学习成效和学习反馈，并将其作为过程评价的依据之一。

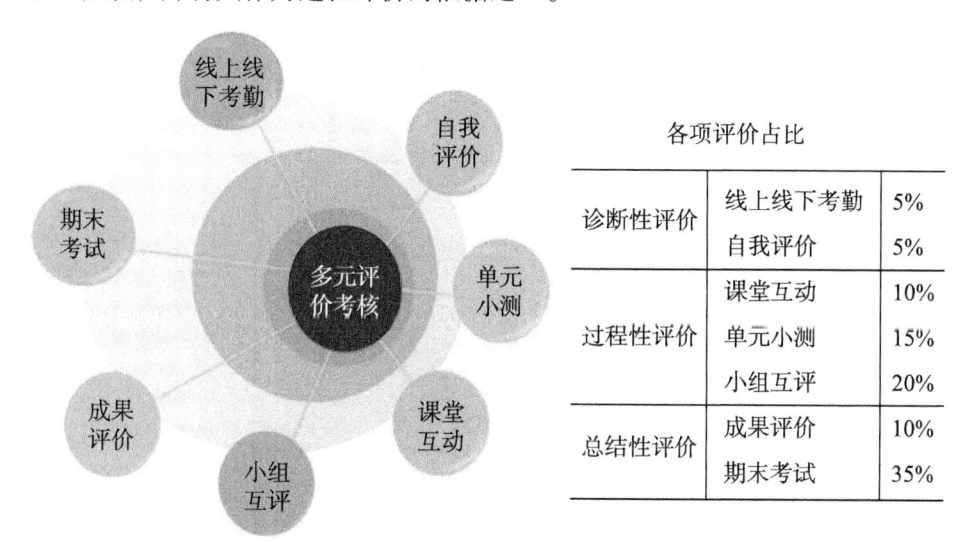

各项评价占比

诊断性评价	线上线下考勤	5%
	自我评价	5%
过程性评价	课堂互动	10%
	单元小测	15%
	小组互评	20%
总结性评价	成果评价	10%
	期末考试	35%

图2 "认知心理学"课程的多元评价及其比例设置

三、结语

线上线下混合式教学是对认知心理学课程教学方式的一种探索式改革创新。线上线下混合式教学的开展，对于解决认知心理学课程传统教学中的问题，提升教学质量、教师教学技能、学生的信息接受能力，以及优化课程设计都具有积极作用，同时也是对建设一套具有高阶性、创新性与挑战性的认知心理学教学模式的有益探索。

虽然线上线下混合式教学已经取得了一定的成果，但也面临着一定的问题和挑战。认知心理学课程线上线下混合教学依赖课程研发，不仅需要教师在课前针对教学内容研发每一章的学习任务清单、单元小测，还需要对现有的线上课程资源进行遴选，使其和本课程的教学目标及课程设计相契合，如果有条件还可以自行录制微课。然而，这些工作不是一劳永逸的，其会随着学生的反馈以及认知心理学科学研究本身的发展而不断更新迭代，这需要消耗教师大量的精力，目前本课程在这些方面所做的研究比较有限，还有较大的提升空间。

参考文献

[1] 刘勋，吴艳红，李兴珊，等.认知心理学：理解脑、心智和行为的基石[J].中国科学院院刊，2011，26（6）：620-629.

[2] 教育部高等学校教学指导委员会.普通高等学校本科专业类教学质量国家标准[M].北京：高等教育出版社，2018：250-252.

[3] 吴岩.建设中国"金课"[J].中国大学教学，2018（12）：4-9.

[4] 金一，王移芝，刘君亮.基于混合式学习的分层教学模式研究[J].现代教育技术，2013（1）：37-40.

[5] 霍恩，斯特克.混合式学习：用颠覆式创新推动教育革命[M].聂风华，徐铁英，译.北京：机械工业出版社，2015.

[6] 张文江，白玉，张敏.以学生为中心的认知心理学课程立体化教学设计与实践[J].成都师范学院学报，2022，38（7），17-24.

[7] 王孝玲.教育评价的理论与技术[M].上海：上海教育出版社，2001.

大数据背景下"Python 数据分析"通识课程建设

中华女子学院数据科学与信息技术学院　刘　姝　陈　洁

摘要：针对数据智能时代高校本科生计算思维与数据素养的培养需求，分析"Python 数据分析"通识课程建设面临的挑战，提出课程建设定位与思路，开展分层渐进式教学内容设计、立体化教学资源建设、全方位育人课程思政体系建设。我校多个专业的教学实践表明，该课程在学生计算思维和数据素养、数据分析与实践应用能力、课程思政育人等方面取得了较好的效果。

关键词：Python　数据分析　通识课程　课程设计　教学实践

一、引言

以大数据、人工智能等为代表的新一轮科技革命，对经济发展、社会进步和个人生活产生了深刻的影响，使全球数字化、智能化进程加速。我国实施"数字中国"战略，加快了数字经济发展。"十四五"规划和 2035 年远景目标纲要围绕打造数字经济新优势，培育壮大数字产业作出明确部署，数据已经成为新的生产要素被融入各行各业。数据分析能力已经成为数据智能时代人才的必备能力。[1-2]高校教育应顺应经济社会发展要求，积极推进新形势下的人才培养方案改革和课程建设。如何面向本科生开展计算机通识课程的建设与教学，培养学生的计算思维和数据素养，已成为备受关注的问题。

我校计算机通识课程建设紧密围绕社会发展需求、高校人才培养目标进行改革，从以 Office 为核心的计算机基础到 Access 数据库原理与实践，再到 Excel 数据分析，始终以培养学生适应时代需求的能力素养与技能为中心。面对大数据、人工智能时代信息技术发展与各行业计算思维、数据素养的迫切需求，我校数据科学与信息技术学院从 2019 年开始推进 Python 数据分析通识课程建设，已经在金融、人力、会计等多个专业开展教学实践，并取得了良好的育人效果。

二、Python 数据分析通识课程建设面临的挑战

Python 程序设计或者基于 Python 的数据挖掘分析通常是高校计算机类专业的重要课程。[3-4] 有些高校开设 Python 程序设计公共课程，学习编程语法和设计思维，以培养学生的编程和计算思维。[5-6]"Python 数据分析"通识课程的定位与培养目标和前者不同，其强调"识"与"通"，而并非"专"，不仅要培养广泛的基本知识、技能和态度，还要使学生获得较为合理的知识结构、科学素养和能力[7]，培养学生更宽的知识面和解决复杂问题的综合能力，这对教学内容设计以及教学实施提出了挑战。

（一）适应零编程基础学生的教学模式

通识教育面向的各专业的学生大多没有编程基础，特别是人文社科专业的学生对计算机和编程语言的学习存在一定的畏难情绪。为适应学生学科背景，Python 相关知识点的教学内容组织应明了易懂，教学案例应形象、实用，并提供个性化学习辅助方案来提升学生的学习积极性和学习效率。

（二）程序设计与数据分析的融合与权衡

"Python 数据分析"通识课程需要很好地融合计算思维和数据分析能力培养目标，教学过程是以语法为主还是以分析为主，是先语法后实践还是语法与实践融合，这些都是不同的设计思路，需要科学地组织教学内容，构建渐进式、以应用为牵引的教学内容体系，并且在知识的深度和广度上进行适当权衡。

（三）思维与实践应用能力培养并重

"Python 数据分析"通识课程的教学难点不只在于使学生掌握 Python 的语法、数据分析常用的函数库，更重要的是培养学生的计算思维和应用能力。特别是对于初接触计算机编程的学生，遇到实际问题时，他们往往难以建立将现实问题转换为计算机表示的思维方式。

三、Python 数据分析课程建设

（一）课程定位与目标

本课程以 Python 语言作为数据分析的支撑技术，全面贯穿数据获取、数据预处理、数据分析、数据可视化等过程，既能在编程语言学习和应用中培养学生的基本编程能力与计算思维，又能以数据分析应用为目标，使学生认识数据并利用数据解决现实问题，培养具有数据素养和数据分析能力的复合型应用人才。

1. 知识目标

理解程序概念及程序设计的基本思想；掌握 Python 编程的基本方法；了解数据分析的相关概念和处理流程，掌握 Python 数据处理、分析及数据可视化的基本方法。

2. 能力目标

能够利用 Python 语言编写程序；能够利用 Python 完成基本的数据处理和分析任务；能够应用 Python 解决实际问题。

3. 素养目标

培养计算思维和数据素养；培养学生的爱国情怀，使学生坚定科技强国信念；培养团队协作意识和严谨求真、不畏困难、勇于探究的科学态度，精益求精的工匠精神，勤于动手操作的劳动品质；培养跨专业融合、终身学习能力和创新意识。

（二）分层渐进式教学内容设计

课程教学内容设计如图 1 所示，以 Python 为技术支撑，以知识结构与能力建设为主线，按照"认识数字化—数据存储访问—数据处理与分析—数据可视化"逐层展开。其中，认识数字化是建立编程语言的基础，用于理解现实世界与计算机数字化的表达关系；后三层则按照数据分析的主要过程，以应用为牵引，逐步构建完整的数据分析知识结构，在数据分析应用中继续深化和巩固 Python 程序设计，提升实践能力。[8]

（三）立体化教学资源建设

围绕课程教学目标，自编面向新文科专业的《Python 编程基础与数据分析》教材，基于清华大学出版社开发的清览题库开发在线题库系统、在线考核系统

和在线上机实践环境（见图2），并通过PPT课件、针对教学重点和难点的微课视频等多种教学资源，构建立体化教学资源环境，满足教师教学和学生个性化学习需要，将教学活动从课堂延伸到课外、从静态内容延伸到动手操作、从文字教材延伸到电子资源和网络资源，充分发挥信息技术在教学中的作用，不仅拓展了学习的广度和深度，也能使学生在利用在线学习资源的过程中进一步了解和感受程序软件在辅助教学中的作用，从而激发其学习计算机技术的兴趣。

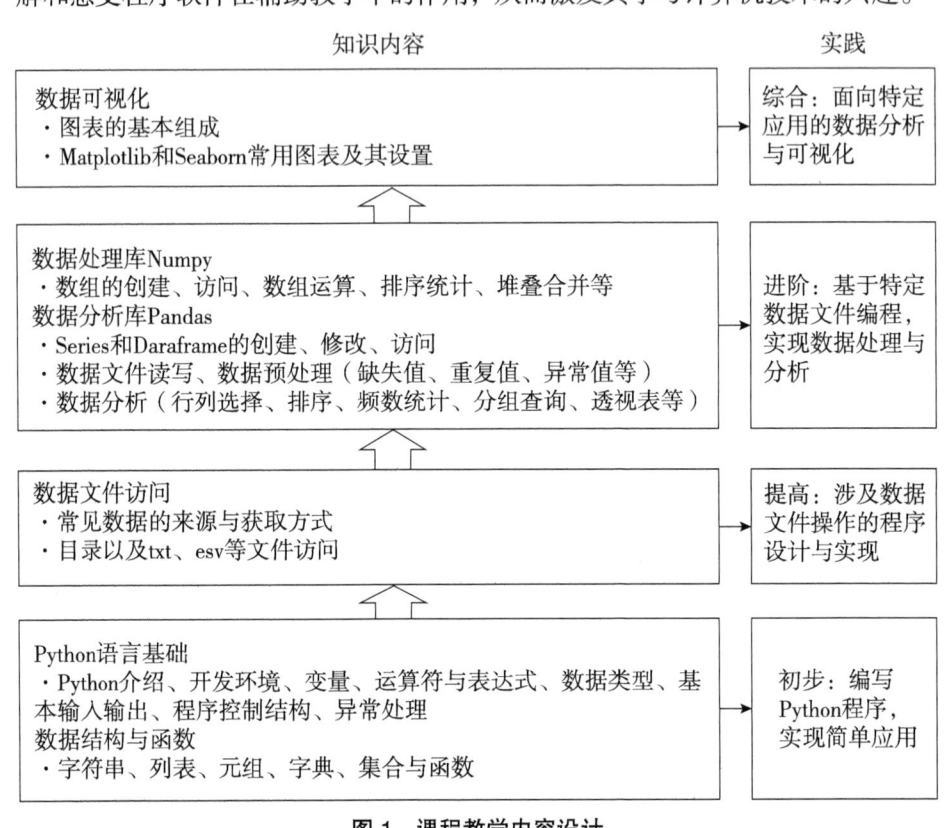

知识内容　　　　　　　　　　　　实践

数据可视化
· 图表的基本组成
· Matplotlib和Seaborn常用图表及其设置
→ 综合：面向特定应用的数据分析与可视化

数据处理库Numpy
· 数组的创建、访问、数组运算、排序统计、堆叠合并等
数据分析库Pandas
· Series和Daraframe的创建、修改、访问
· 数据文件读写、数据预处理（缺失值、重复值、异常值等）
· 数据分析（行列选择、排序、频数统计、分组查询、透视表等）
→ 进阶：基于特定数据文件编程，实现数据处理与分析

数据文件访问
· 常见数据的来源与获取方式
· 目录以及txt、esv等文件访问
→ 提高：涉及数据文件操作的程序设计与实现

Python语言基础
· Python介绍、开发环境、变量、运算符与表达式、数据类型、基本输入输出、程序控制结构、异常处理
数据结构与函数
· 字符串、列表、元组、字典、集合与函数
→ 初步：编写Python程序，实现简单应用

图1　课程教学内容设计

图2　在线习题库及在线编程环境

（四）课程思政育人体系建设

本课程落实构建涵盖"教师—课程—学生"全要素以及"教—学—评—

改"全过程的课程思政体系，在教学内容、过程中充分挖掘课程思政要素（见表1），以培养具备新时代信息素养、能够担当民族复兴大任的女性复合型应用人才。教师在教学过程中坚持言传与身教相结合，充分发挥程序设计与实践应用中的品格塑造、劳动教育、服务社会责任感和创新精神等的作用。

表 1　课程思政元素

教学内容	思政元素
Python 语言发展与应用	爱国情怀、民族自豪感、科技强国的信念
程序设计语言基础	规则规范意识
编程思想	全面、辩证地分析问题
数据类型	善于总结规律、把握事物本质
控制结构	循序渐进、客观全面地看待事物
函数	分而治之策略、精益求精精神
数据获取	学术规范、职业道德和法治意识
文件操作	全局意识、钻研精神
数据分析	政治立场坚定、实事求是的科学作风
数据可视化	科学合理地表达
实践应用	问题意识、思辨意识 科技服务社会的责任感和创新意识 精益求精的工匠精神 使用计算机技术解决问题的自信心

四、教学实施与效果分析

从2019年开始，本课程已经在我校金融、人力、会计等专业开设，并且在2021年新版人才培养方案中，也将本课程纳入法学等专业课程体系。经过三年的教学实践，本课程的建设取得了良好的育人效果。

（一）教学实施过程

本课程教学采用集体备课方式，建立了课程质量评价与改进措施，通过对学生的多元考核评价，持续提升教学效果。

1.教学团队集体备课

教学团队定期集体备课与教学研讨，推动教学内容改革、教学方法创新、教学案例设计、教学资源和课程思政建设。

2.过程化多元考核评价

Python 数据分析不仅包括语法知识，还涉及应用能力、计算思维等的培养，因此单一闭卷考核并不能全面考查学生的学习情况。课程总评成绩由过程性考核成绩和期末考核成绩综合得出。过程性考核成绩包括平时作业、课堂测试、期中考核与编程作业、出勤与课堂表现成绩；期末考核可以采用知识测试、综合大作业的形式。通过过程化考核督促学生学习，辅助教学改进，其中编程作业、期末综合大作业分别考核学生的 Python 程序设计和数据分析应用能力。

3.教学过程持续改进

教学团队通过问卷调查、学生访谈、作业与考核成绩分析等多种方式，及时了解学生的知识掌握情况及学生的反馈意见，从教学进度、案例设计、教学形式等角度进行持续改进，以提升教学质量和学生满意度。

（二）教学效果分析

课程在理论知识与实践应用方面都取得了较好的效果。

1.知识点掌握

编程知识是数据分析的基础。某学期学生知识点的学习情况调研如表2所示，大部分学生认为知识点的难易程度适中。对两个专业的学生进行的考核如图3所示，大多数学生能够较好地掌握知识点。

表2 知识点学习情况

序号	知识点	难	一般	简单
1	软件环境的安装和使用	8.5%	57.4%	34.0%
2	变量与表达式	10.6%	59.6%	29.8%
3	基本输入输出	2.1%	25.5%	72.3%
4	程序控制结构	14.9%	68.1%	17.0%
5	列表与列表推导式	29.8%	59.6%	10.6%
6	字符串的定义与使用	2.1%	72.3%	25.5%
7	元组的定义与使用	27.7%	55.3%	17.0%
8	字典的定义与使用	38.3%	40.4%	21.3%
9	集合的定义与使用	19.1%	61.7%	19.1%
10	函数的定义与使用	42.6%	44.7%	12.8%

图 3 编程基础知识点考核

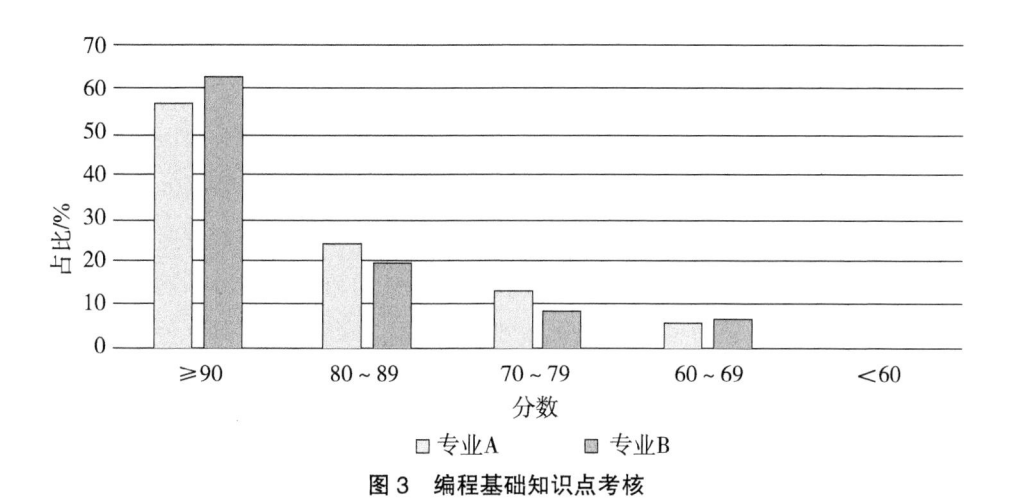

2. 应用能力评价

某实践作业考核结果如图 4 所示。学生基于特定数据集进行分析，从数据导入导出、数据预处理、数据分析、数据可视化、分析报告各维度进行评分，各维度均按照百分制计。从评价结果可以看出，多数学生能够较好地掌握和应用 Python 数据分析，其中，数据预处理和数据分析两个过程得分率相对较高；问题的提出、对分析结果的洞察和释义是数据分析部分的难点；在数据可视化方面，图形选择的合理性以及表达的准确性等需要加强。

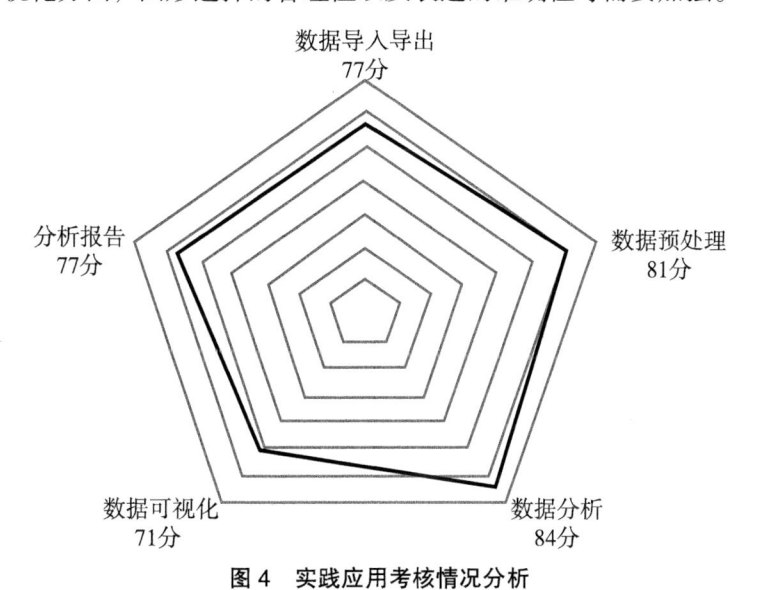

图 4 实践应用考核情况分析

五、结语

"Python 数据分析"通识课程是我校适应大数据、人工智能背景下计算机通识课程建设和改革需要的重要组成部分。本课程的建设始于 2019 年,结合我校新文科人才培养目标和课程教学定位,现已完成教学内容设计、教材出版,建立了融合知识传授、能力培养和价值塑造的教学体系,并已面向四个专业的学生授课,取得了较好的育人效果。后续将针对学校各专业特点进一步扩充教学案例、优化教学方法,以推进在线课程建设,持续改进并提升教学效果。

参考文献

[1] 黄如花,李白杨. 数据素养教育:大数据时代信息素养教育的拓展 [J]. 图书情报知识,2016(1):21-29.

[2] 张璇,孟祥保. 面向数字人文的高校数据素养教育案例研究 [J]. 大学图书馆学报,2019,37(5):87-94.

[3] 焦李成,李阳阳,侯彪,等. 人工智能学院本硕博培养体系 [M]. 北京:清华大学出版社,2019:56-57.

[4] 李莎莎,周竞文,唐晋韬,等. 数据科学与大数据人才专业课程体系分析 [J]. 计算机工程与科学,2018,11(40):109-113.

[5] 嵩天,黄天羽,礼欣. Python 语言:程序设计课程教学改革的理想选择 [J]. 中国大学教学,2016(2):42-47.

[6] 刘亚辉,郭祥云,李桂芝. 信息管理类专业的 Python 语言教学模式探讨 [J]. 计算机教育,2018,285(9):44-47.

[7] 王红雨,张瑞中. 通识课程如何面向职业素养?:斯坦福大学通识课程的目标、实践与生成逻辑 [J]. 现代大学教育,2019(6):47-55.

[8] 刘姝. Python 数据分析通识课程教学研究与实践 [J]. 电脑知识与技术,2021(28):220-222,231.

高校思想政治理论课"四维驱动"混合式教学模式创新研究

——以"毛泽东思想和中国特色社会主义理论体系概论"课为例

中华女子学院马克思主义学院　韩　冰

摘要： 在新媒体技术迅猛发展的时代，如何提升高校思想政治理论课对青年学生的吸引力、说服力、亲和力、渗透力、穿透力，是思想政治理论课教学必须面对和解决的问题。中华女子学院在思想政治理论课教学改革方面进行了"四维驱动"混合式教学模式的探索，这一探索既提升了学生的学习参与度，又增强了学生学习的获得感，有效地提升了思想政治理论课教学质量与教学实效性。

关键词： 思想政治理论课　混合式教学创新　四维驱动

基金项目： 本文为北京高等教育本科教学改革创新项目"新媒体时代高校思想政治理论课'四维驱动'混合式教学模式研究——以'毛泽东思想和中国特色社会主义理论体系概论'课为例"（项目编号：FYW11002）的阶段性成果。

习近平总书记曾针对思想政治理论课强调指出，"推动思想政治理论课改革创新，要不断增强思想政治理论课的思想性、理论性和亲和力、针对性"，"要推动思想政治工作传统优势同信息技术高度融合，增强时代感和吸引力"。[1]在新媒体时代，怎样才能使学生愿意参与进来，能够学得进去，抛弃过去单纯背诵的固有认识？如何提升对青年学生的吸引力、说服力、亲和力、渗透力、穿透力？这是思想政治理论课教学必须面对和解决的问题。

近年来，中华女子学院（以下简称"女院"）从女大学生特点出发，利用新媒体，对思想政治理论课进行改革创新，其中"毛泽东思想和中国特色社会主义理论体系概论"课（以下简称"概论课"）进行的"四维驱动"混合式教学模式探索，通过线上线下结合的方式，变教师"一言堂"为师生共同探讨，在推进马克思主义理论"进课堂、进教材、进头脑"方面取得了良好的效果。

一、"四维驱动"混合式教学模式的教学理念

"四维驱动"混合式教学模式是马克思主义中国化教师团队在多年的概论课教学改革摸索的基础上，结合女院的特色和学生的具体情况逐步形成与发展起来的。该模式围绕学校人才培养目标和课程目标，从线上学习、理论专题、实践教学、考评体系四个维度，确立"知识有收获，思想有感悟，行动有表现"的"学、思、行"的教学模式，强调思想政治理论课不仅要传授理论知识，更要注重学生的思维能力与实践能力培养。

（一）凸显探究式学习理念

为了改变传统思想政治理论课课堂到课率和抬头率不高、参与度低、学习效率低的问题，高校思想政治理论课改革必须凸显以学生为主体的探究式教学理念。探究式教学理念要求思想政治理论课教师在教学过程中深入贯彻师生平等的教育理念，充分尊重学生在课堂教学中的主体地位，通过师生之间多渠道、深层次的互动和交流，让思想政治教育活动更加具有说服力、感染力与活力，通过实践教学和网络教学激发学生在思想政治理论课课堂上的主体意识和参与意识，变传统模式下的"被动学习"为新教学模式下的"主动学习"，从而达到提升学生思想政治素质的目的。

（二）凸显大思政视角下的"系统化"视角

这里的"系统化"一方面是指教学内容的系统化，即思想政治理论课教学既要立足于教材，又不能拘泥于教材的框架和限制，要将活的现实、活的理论融入思想政治理论课的教材中，将丰富的教学资源和鲜活的实践案例生动地呈现在学生面前，创造真正能够打开学生心扉的思想政治理论课；另一方面是指教育载体的立体化、系统化，不仅要使用多媒体辅助教学，随着新媒体技术的不断发展，还要在课堂教学中引入慕课、微课、微媒体等新媒体教学手段，提高学生学习思想政治理论课的自主性和灵活性，实现思想政治

理论课教学环境由线下到线上、课内向课外、校内向校外的积极延伸，构建多方互动的立体化、系统化教育平台。同时，考评方式从注重试卷成绩向注重学习过程的综合性考核方式转变，促使学生更加注重课堂的主动参与，以及自身综合能力的培养。

（三）凸显思想政治理论课教学的问题导向意识理念

概论课具有现实性、理论性和思想性强的特点。这就要求概论课教师在课程讲授过程中不能只注重知识点的传授，更应发挥理论在意识形态中传播正能量的作用。因此，问题导向意识在概论课教学中显得尤为重要，仅仅以传授知识点为目的的思想政治理论课教学会让学生认为所学知识和自己的专业无关，且没有实用性，这样的教学不仅激发不了学生的学习兴趣，还会导致很多学生在课堂上只是埋头做自己的事情，从而大大降低了思想政治理论课的吸引力和实效性。在概论课改革过程中，团队应秉承问题意识，通过问题提出、问题研究、问题解决的方式让学生意识到思想政治理论课的价值和魅力所在。

二、概论课中"四维驱动"混合式教学模式改革的主要内容

新媒体时代，如何结合传统教学的优势和在线教学的新特性，运用课堂、实践、网络等多样化教学模式，让思想政治理论课走出枯燥范畴，成为高校思想政治理论课探索的热点。目前国内混合式教学模式主要集中于"理论教学＋网络教学"的方式，在教学实践的探索中，我们认为应该转为"理论教学＋实践教学＋网络教学"的组合模式，从问题、理论、实践、考核四个维度提升学生的学习参与度。

（一）问题维度

问题维度，教师利用雨课堂、课堂派，将带有视频、习题、语音的预习内容推送至学生手机，并提出相关思考问题，学生在课下提前分组、查阅资料、小组交流，带着问题进入课堂。这种学习方式时间、地点自由，学生易于操作，同时通过预习与小组交流，学生既复习回顾了之前的理论知识，又提高了自己的综合能力。另外，教师通过课前测试能够有效了解学生前期知识储备情况，为课堂上有针对性地讲授提供了数据基础。

（二）理论维度

理论维度方面，综合线上学习的内容以及《毛泽东思想和中国特色社会主义理论体系概论》教材体系的特点，把概论课划分为10个教学专题。讲授过程中，在不同专题内穿插讨论课、辩论课以及演讲比赛等丰富的教学形式，力求将重大理论问题讲深、讲透、讲实。学生一起分析探究社会重点问题和理论热点问题，让学生真听、真信、真懂，从而打破单一的"满堂灌"的教学模式，使教师成为课堂教学的引导者，学生成为课堂教学的积极参与者。

（三）实践维度

实践维度方面，构建包含课内实践教学、社会实践教学、虚拟实践教学在内的综合实践体系，增强思想政治理论课的吸引力。课内实践教学以课堂辩论、主题演讲为主，便于学生参与；社会实践教学采用参观与社会热点调研模式，贴近现实生活；虚拟实践教学利用网络资源平台、雨课堂等，拓展教育空间。三者相互补充、相互促进，共同构成了思想政治理论课实践教学的大系统，实现了理论性与实践性的统一、显性教育与隐性教育的统一。

2021年，概论课围绕"党史百年"这一主题展开，各班级进行了视频制作比赛，初赛选拔、层层推荐，最终优胜小组参加全校范围的比赛，比赛最终评选出一、二、三等奖。从实施情况来看，学生的参与度和热情极高，极大地提升了学生的学习能力。概论课团队开展"一封家书"活动和战疫精神的演讲比赛等，极大地调动了学生的积极性与创造性，在概论课实践教学中展现出无可比拟的优越性。

（四）考核维度

考核维度方面，注重对学生学习过程的考评，创建多元立体的考评方式。考核包括线上考评、理论考评与实践考评。其中线上部分考核由视频观看进度、章节测试、线上直播见面课参与度、期末论文以及论坛发帖数量和学生笔记组成；理论考评则着重测试学生的知识应用能力；实践考评主要对学生的实践参与程度及团队整体表现进行考核。这种评价方式能够对学生进行全方位、多角度的考核，践行了建设性和批判性相统一、统一性和多样性相统一的原则，使理论真正入耳、入脑、入心。

三、"四维驱动"混合式教学模式改革取得的成效、存在的问题及发展方向

通过深化概论课教学改革实践，实现了三个方面的转变：一是课堂教学实现了从教师的一元独白到师生双方多元互动的转变。思想政治理论课课堂成为教师引导下的师生双方共同参与的探究式开放课堂，促进了学生的探究式学习。二是实现了评价方式从以前单一的以考试成绩"论英雄"向重视学习过程的综合性考核方式的转变。我校概论课实行立体多元的考核方式，尽管评价体系复杂、教师工作量大，但它能综合全面、客观科学地考评学生真实的学习状况、能力及平时表现，改变了过去思想政治理论课学生上课不听、考前突击的状况，促使学生更加注重课堂的主动参与以及自身综合能力的培养。三是促进学生主动将所学理论知识内化为自己的认知并在实践中践行这种认知，从而实现思想政治教育效果的转变。

当然，在推行改革的过程中也遇到了很多的问题和困难，主要包括两个方面：一方面是改革对教师的信息化素养提出了更高的要求。无论是课程网站建设还是对媒介资源的获取、辨别，以及利用媒介资源进行信息化教学等，都需要教师有较高的信息化素养。目前，我校部分教师还处在传统的"一支粉笔一堂课"的教学状态中，因此要积极引导思想政治理论课教师树立将现代信息技术与教育教学深度融合的意识，积极学习现代信息技术。只有不断加强教师的信息化素养培训，才能使思想政治理论课教师在教学理念和教学方法上跟上改革的步伐。另一方面是全校机考面临统一调配问题。由于其他思想政治理论课不同步以及经费等问题，无法实现在机房统一进行机考，只能使用学生个人手机或计算机进行测试，但这种方式存在容易作弊等弊端。

鉴于以上成效与不足，可加强以下四个方面的建设：第一，完善概论课"四维驱动"混合式教学模式的整体教学设计方案，促使其不断成熟，并向其他四门必修思想政治理论课推广；第二，创建思想政治理论课学习平台，建立微课视频库、案例库、试题库等，实现线上线下、理论实践、校内校外混合式学习的高度融合；第三，进一步加大教学改革的经费投入力度，确保网络开放性平台建设能顺利实施，教师信息化素养培训能如期进行；第四，进一步构建科学、合理、完善的思想政治理论课考评体系，充分发挥评价体系

的"指挥棒"作用，使其对思想政治理论课教学质量的提升、教学实效性的增强起到引导与调节作用。

参考文献

[1] 习近平主持召开学校思想政治理论课教师座谈会强调　用新时代中国特色社会主义思想铸魂育人　贯彻党的教育方针落实立德树人根本任务 [N]. 人民日报，2019-03-19（01）.

[2] 习近平在全国高校思想政治工作会议上强调：把思想政治工作贯穿教育教学全过程　开创我国高等教育事业发展新局面 [N]. 人民日报，2016-12-09（01）.

深刻把握思政课本质,讲深讲透讲活思政课

中华女子学院马克思主义学院　王　欢

摘要: 习近平总书记在中国人民大学考察时强调,思政课的本质是讲道理,要注重方式方法,把道理讲深、讲透、讲活。马克思主义学院围绕讲深讲透讲活思政课,着力坚持守正创新,以深厚的学理、政理、事理引领学生;坚持去伪存真,用透彻的分析回应学生;坚持提质增效,用鲜活的方式方法吸引学生,不断增强思政课的思想性、理论性和亲和力、针对性。

关键词: 讲深讲透讲活　守正创新　去伪存真　提质增效

习近平总书记在中国人民大学考察时强调:"思政课的本质是讲道理,要注重方式方法,把道理讲深、讲透、讲活。"[1]习近平总书记的这一重要论断,深刻把握了思政课的社会政治本质和教育教学本质,具有鲜明的科学性、深邃的学理性、突出的实践性,是我们讲好思政课的根本遵循和行动指南。马克思主义学院主要从以下三个方面讲深讲透讲活思政课。

一、坚持守正创新,以深厚的学理、政理、事理引领学生

首先,坚持守正,即坚定正确的政治方向。全体教师深入学习习近平总书记重要讲话精神,做到思想统一、认识统一、行动统一,明确思政课的根本任务是实现立德树人,培养用习近平新时代中国特色社会主义思想武装起来的时代新人,因此必须坚决增强"四个意识"①,坚定"四个自信",做到"两个维护"②,将政治立场和政治标准融入课程标准。

---

① "四个意识"是指政治意识、大局意识、核心意识、看齐意识。
② "两个维护"是指坚决维护习近平总书记党中央的核心、全党的核心地位,坚决维护党中央权威和集中统一领导。

其次，坚持创新。我们要不断扩充理论化内涵的容量，提高马克思主义中国化最新理论成果的增量，第一时间将党的创新理论成果融入课堂。目前，我们形成了必修课+选修课、本硕递进的较为完整的课程体系。在原有的五门思政课的基础上，新开设"习近平新时代中国特色社会主义思想概论"课程、四史选修课程、国家安全课程等，并增加习近平总书记关于妇女和妇女工作以及家庭家风家教重要论述的内容。

在党的二十大召开之际，马克思主义学院积极进行集体备课，努力将党的二十大精神充盈于思政课程主渠道。马克思主义学院的教师认真学习党的二十大报告，创新教学模式，精心制作了七集微课，主题分别是"序言""二十大的主题""新时代十年的伟大变革""归根到底是两个行""以中国式现代化全面推进中华民族伟大复兴""必须时刻保持解决大党独有难题的清醒和坚定""打江山，守江山，守的是人民的心"。教师们以饱满的热情和昂扬的精神状态投入录制工作中，短短几天时间就制作出了七集微课。该微视频在课堂上、公众号等播出后，师生反响良好，播出第一天点击率就达到2000多条。河北行唐高级高中组织全校170多名教师和2700多名学生学习了系列微课，行唐全县教育系统工作人员也都积极观看了微课，形成了京冀师生携手共学党的二十大报告的良好局面。师生们纷纷表示，用微课的方式学习党的二十大精神，形式好、内容精，随时随地点开视频就可以看到党的二十大报告的主要内容，而且看见自己熟悉的教师走进屏幕感到非常亲切。微课的制作创新了教学方式，推动了师生更好地学习贯彻党的二十大精神。

最后，坚持学理研究，使教学内容更有深度。要把思政课讲深，就要有学理、政理、事理做支撑。不是看看微信文章、收集更多材料就能够把课讲好，浅阅读无法说服学生。我们通过集体备课、教学研讨、参加培训等方式读原著、学原文、悟原理，做到先学一步、深学一层，努力成为"经师"。目前已经形成了自己的教研团队，团队研究领域涉及马克思主义中国化、习近平新时代中国特色社会主义思想、马克思主义妇女理论、党史等。学校领导也参与了我们的集体备课，为我们"把脉定向"，保证了思政课质量的不断提升。

二、坚持去伪存真，用透彻的分析回应学生

讲"透"思政课要求去伪存真、由表及里，把哲理、学理、政理说清楚、讲透彻，我们着力在以下三个方面下功夫：

第一，难点、热点不回避。要讲透思政课，就要坚持问题导向。我们坚持认为学生关注的、有疑惑的就是我们的教研重点，鼓励学生大胆问、深入问。通过大问题小讲、小问题大讲，去疑解惑，使学生明学理、懂政理、通事理。

第二，培养科学思维，反对各种错误思潮。从马克思主义认识论出发，让学生认识和把握规律，培养学生的科学思维。同时，在教学中旗帜鲜明地抵制错误观点和错误思潮，在比较、批判中反对历史虚无主义、文化虚无主义、极端女权主义及"普世价值论"等，引导学生与各种错误思想作斗争，提升学生对错误思潮的鉴别能力。

第三，突出重点、分析比较。在教学中既会保证内容的整体性、完整性，也会突出重点，处理好总量和分量的关系。在教学方法上，采用案例分析法、比较分析法、历史分析法、情境体验法等深入分析问题，把问题掰开揉碎。例如，教师在讲解近代中国社会的特征时，会以大历史观的视角，利用公元元年至今2000多年中国占世界经济总量比重的数据变化图，引发学生深入思考，帮助学生理解明清帝国衰落的深层原因。通过对历史的分析回应现实问题，让学生更加坚定"四个自信"。

三、坚持提质增效，用鲜活的方式方法吸引学生

习近平总书记指出："上思政课不能拿着文件宣读，没有生命、干巴巴的。"为了讲活思政课，我们必须努力做到"三个坚持"。

第一，坚持自己的特色优势，提升课堂教学实效。形成教学特色，是各个学校的思政课都在做的事情，各个学校也都积极依托自己的资源。我们依托全国妇联的政治优势、职能优势与实践优势，以及学校在妇女家庭研究方面的独特优势，把教学方法的创新定位在"妇女"这个点上，形成了自己的教学特色。近代史把女性红色资源融入教学，通过在课堂"品读革命母亲家书""品悟红色家书家训"，在概论课开展"微视频大赛""原创微电影"等形式讲述百年党史中的巾帼故事；原理课通过经典诵读、情景剧等品味真理之光，思修课上学生讲述"最美家庭"故事，分享自己的家风家训，还邀请"三八红旗手"走进课堂。形势与政策课讲述习近平总书记关于家庭家教家风的重要论述。学院还创办了崇德论坛，邀请知名专家学者进行讲座，助力思政课堂。通过这些鲜活的素材、内容进课堂，引领女大学生赓续红色血脉，弘扬家庭美德，感受广大妇女的责任担当，从而不断提升教学实效。

第二，坚持与专业相结合，激活实践教学新形态。丰富多样的实践形式是思政课"活"起来的有效载体。我们建立了校内、校外两大实践教学平台。在校内实践平台，依托学生专业，设计了与专业相匹配的实践活动。学前教育专业学生录制百名女大学生讲述百个绘本故事光盘，已连续开展三年。这些光盘被送到甘肃、浙江等地的农村儿童手中，今年也被送到了凉山；艺术学院学生设计的以"中华优秀传统文化"为主题的文化创意产品，从台灯、手机壳到环保袋等，内容丰富、形式多样，增强了学生的文化自信；播音专业学生朗读爱国主义原创诗歌、红色家书，培养了学生的家国情怀；社会工作学院学生走进养老院开展志愿服务，培养了学生的志愿奉献精神。在校外，我们与河北行唐高中合作建立了大、中、小学一体化基地。基地的建设是学院全面贯彻党的教育方针，切实推进大、中、小学思政课一体化建设的重要举措，也是学院助力京津冀地区教育协同发展的重要举措，更是学院思政课教育教学创新的一项重要标志性成果。双方将聚焦"立德树人"根本任务，不仅在党团建设、教学工作、科学研究、师资培养、社会实践等方面形成长期稳定的合作关系，还增加了专业规划、心理辅导、普法宣传、信息科技、普通话培训、就业辅导等特色内容，创建大平台，共同推进思想政治理论课的改革与创新。除此之外，我们还组织了参观考察、社会调查等实践活动。通过这些实践，让学生喜欢学、学得会、用得来。

第三，坚持"接地气"的语言，使课堂教学不再枯燥无味。列宁指出："最高限度的马克思主义等于最高限度的通俗和简单明了。"我们认为，要用准确的学术话语讲思政，用时代特色、学生喜欢的话语来讲理论。特别是在线上授课期间，教师们各显神通，用生动的语言、积极互动等方式吸引学生，弹幕上金句频出，课堂气氛热烈活跃，我们的思修课也被评为学校示范课，向大家展示。

绵绵用力，久久为功，止于至善。我们取得了一些成绩，教学改革也被新华网、《中国妇女报》等媒体报道，获得了学校督导组和学生的好评。这些成绩的取得是因为国家政策好、形势好、领导好、教师好、学生好。

未来我们将以马克思主义学院成立为契机，以"大思政课"建设方案为行动指南，继续深入开展习近平新时代中国特色社会主义思想等理论研究，加强"金课"建设，邀请更多巾帼英雄进课堂。我们的目标是，不断增强思政课的思想性、理论性和亲和力、针对性，培育出一代又一代具有坚定马克思主义信仰的新时代女性，圆满完成思政课立德树人的根本任务。

定向越野课程线上线下混合式教学设计与实践

中华女子学院体育部　周惠娟　周山山　刘　壮

摘要：本文针对新冠疫情背景下定向越野教学中面临的主要问题，尝试以线上线下混合式教学的模式进行教学设计与实践。实践结果显示，在定向越野课程教学中，合理的线上线下混合式教学模式的实施有效拓展了教学空间，激发了学生的学习兴趣，取得了良好的效果，这也为高校体育线上线下混合式教学提供了可借鉴的实践基础。

关键词：定向越野　线上线下　混合式教学　教学实践

一、引言

高等教育作为国家培养学生素质的主体，体育在其中的作用非常突出。研究表明，定向运动对学生综合素质的提高有着积极的影响。定向运动，本质上属于户外运动，由于其具有趣味性，同时要求参与者身体素质过硬，因此对参与者身体素质的提高具有显著作用，还可培养参与者的团队协作能力及独立思考问题的能力。在新冠疫情背景下，偏重实操的体育教学受到严重影响，以户外活动为基础的定向越野教学更是受到严重的冲击。在教育信息化时代背景下，借助互联网技术探索线上线下混合式教学模式，是破解困境的有效途径。

二、定向越野课程线上线下混合式教学的必要性

传统教学存在一定的局限性。目前，北京市的北京地质大学、清华大学、北京科技大学、北京理工大学、北京化工大学等高校开设了定向越野课程。

通过访谈了解到，大部分学校实施定向越野课程的场地在校园内，这种方式相对安全，可以在校园内设置固定检查点，便于开展路线布置。但由于对环境过于熟悉，学生会感觉缺乏新鲜感和挑战性。为了弥补这一不足，部分学校会将附近的公园纳入教学场地，在部分教学学时中安排校外公园定向越野活动，但每个学校所处位置不同，实施难度也各不相同。开展定向越野需要专业制图员进行定向地图的绘制，而在校外开展定向越野教学很难定制固定检查点，需要采用移动检查点，从而需要提前布置点位，这对普通教师来说实施起来非常困难。此外，在校外开展定向越野活动的安全风险远远高于校内，这也令许多教师对拓展校外定向越野教学望而却步。

线上线下混合式教学能够很好地弥补传统体育教学的不足，提升教学效果。当代学生作为互联网的"原住民"，移动学习端在该群体中的使用率和普及率极高，线上线下混合式教学将课堂拓展到课前、课后及校外空间。学生可以在课前了解定向越野的理论知识和文化背景，在课中实践定向技术方法，在课后练习巩固成果，有疑惑时可以随时回看。在定向越野教学中，校园环境较为单一，但通过线上资源，学生可以生动地学习到更复杂的山地、林地、河流等地形地貌，从而拓展学习空间，获得更丰富的学习内容。

对于户外运动这一独特的学科，线上线下混合式教学并不成熟，还存在诸多问题，这对教学设计提出了更高的要求。

三、定向越野课程线上线下混合式教学的设计与实施

（一）建设线上教学资源

要开展线上线下混合式教学，首先要建设线上教学资源。现有互联网定向越野教学资源，特别是视频资源极少，且零散而不系统，无法满足教学需要。本课题组经过专家咨询、讨论分析教学需求后，建设了以视频资源为主的线上教学资源。资源内容包括定向越野运动沿革及文化、地理地貌地物知识、定向技术及竞赛路线等单元。竞赛路线单元以第一视角进行拍摄制作，根据定向越野赛制分为短距离赛和积分赛，在每项赛制里制定入门级和提升级的不同难度，以满足不同水平学生的需求。目前，体育部已累计完成资源制作 360 分钟以上。

结合学生喜欢使用短视频平台的观看方式，开通短视频平台账号，上传部分视频资源，目前上线资源已超过 200 分钟。

（二）探索线上线下混合式教学的方式方法

在线下教学正常开展的情况下，线上资源是线下教学的良好辅助和拓展。定向越野偏重实操的特性决定了在正常情况下，线下教学仍然是主要的教学方式。教师可以引导学生在课前观看相关知识介绍；课中更快进入解惑释疑和技术实践部分，以提升课堂效率；课后可以回放复习巩固技术。通过线上资源还可以拓展学习空间，校园面积小、地形地貌单一，通过第一视角视频教学资源，可以使学生身临其境地认识和学习山地、林地、沼泽、断崖等更丰富的地貌，体验更复杂惊险的竞赛路线，从而激发学生的学习兴趣，提升教学效果。

在受各种因素影响不能正常开展线下教学的情况下，教师可以在足够丰富生动的线上教学资源的支持下，开展线上直播教学。自2020年春季学期以来，体育教师积累了一定的线上教学经验，但效果较好的主要还是不需要太多活动空间的操化类运动项目，如健美操、武术、瑜伽等，以及基本身体素质练习，如核心力量、身体柔韧、有氧跳跃等。定向越野教学需要与广阔的环境空间建立联系，线上教学不是将教学资料简单地播放给学生看，而是需要与资料结合进行引导，例如，观察环境的重点，适时地暂停、提问，由学生选择路径等，这对教师的直播教学能力提出了更高的要求。

（三）以立德树人为目标融入课程思政元素

通过线上线下混合式教学，链接丰富生动的课程思政资源。例如，在学习地图基本知识部分，链接博物馆资源、教学视频等，向学生介绍我国古代的测绘学成就及有名的学者，如奠定天文大地测量和大范围地图测绘理论基础的东汉科学家张衡、开创中国古代地图绘制学的魏晋地图学家裴秀、创立"海拔"这一科学概念并影响至今的元代著名天文大地测量学家郭守敬等。通过这些知识的学习，使学生了解到天文地理的科学成就并非自古就是西方领先，中国人自古以来就具备科学探索精神，并取得过非凡的成就，从而建立文化自信，增强民族自豪感。

在实操练习部分，创设开展思政教育的环境，显隐结合，避免生硬说教。定向越野教学开展的场地广阔，不局限在运动场、健身房内，因此在校内路线设计上，可选择教训碑、人文雕像等有教育意义的地标作为检查点，学生在跑路线的同时，耳濡目染，增强爱校情感。在校外线上定向越野教学资源上，可选择国家植物园、圆明园等具有自然历史意义的场地，学生身处其中，感受自然环境的美好，路经历史遗迹，感受历史冲击。学生有了丰富的感官体验后，再一起讨论生态文明、环境行为、爱国爱党等思政主题时，就更为入脑入心，会取得更好的效果。

课内外结合，抓住第二课堂作为开展课程思政教学的重要渠道。定期举办校内的定向越野比赛，与学校学生工作部合作，与学校整体思政学习配合。例如，在党史学习专题活动期间，设计校园定向比赛与学生党史知识学习相结合的活动，在检查点设置党史问题，寓教于乐，既考验学生的定向越野技能，又考查党史学习成果。鼓励并支持学生参加定向越野社团，周末参加校外的定向越野活动。学生在第二课堂心态放松、思维开放，在这些场景和情境下引导学生更为自然地学习，可以达到润物细无声的教学效果。

四、实施效果反馈

2021年度春季和秋季学期，共有186名本科生选择了本校开设的定向越野课程，为了充分调研教学实施效果，了解学生对课程学习的体会，根据学校教学质量监控系统的调查，定向越野课程6个班学生评价平均分为4.76分，高于全校平均分（4.67分）。

通过对选课学生进行访谈了解到，大部分学生认为线上资源真实生动，第一视角视频令人感觉身临其境，比传统的PPT课件或图片资料更能激发学习兴趣；视频与地图对照学习，能很好地指导实践操作，提高技能掌握水平；通过线上资源进行"云定向"，不仅拓展了学习空间，还特别体验了不同于学校环境的野外环境，是线下学习的良好补充；线上资源观看平台简便易操作，便于多次回看复习。

五、结语

互联网信息技术的快速发展给体育教育带来了机遇与挑战，传统的体育教学多注重实践教学，而忽视了网络技术带来的便利。在定向越野课程教学中，线上线下混合式教学模式的实施有效拓展了教学空间，激发了学生的学习兴趣，提高了学生的参与度，培养了学生自主学习的能力，促进了学生的深度学习、高效学习，同时也为高校体育线上线下混合式教学提供了可借鉴的实践基础。

定向越野线上教学资源还在持续建设中，下一阶段的研究实践将坚持以学生为主体，加强对课程全面性和合理性的教学设计，以增强教学实效，同时全面合理设计线上线下时长比例，注重实践能力培养，并更好地融入课程思政，为党育人、为国育才。

参考文献

[1] 习近平在中国人民大学考察时强调 坚持党的领导传承红色基因扎根中国大地 走出一条建设中国特色世界一流大学新路 [EB/OL].（2022-04-25）[2024-02-03]. http://www.xinhuanet.com/politics/2022/04/25/c_1128595417.htm.

[2] 新华网 . 习近平在看望参加政协会议的医药卫生界教育界委员时强调 把保障人民健康放在优先发展的战略位置 着力构建优质均衡的基本公共教育服务体系 汪洋参加看望和讨论 .（2021-03-06）[2024-02-03]. https://baijiahao.baidu.com/s?id=1693486421643996591&wfr=spider&for=pc.

[3] 列宁 . 列宁全集：第 36 卷 [M]. 中共中央马克思恩格斯列宁斯大林著作编译局，编译 . 北京：人民出版社，1959：467.

[4] 胡德刚，李卫东，黎林飞 . 线上线下混合课程在大学体育教学中的实践价值 [J]. 新课程教学（电子版），2022（14）：14-16.

[5] 谭裕林，王文辉，赵培禹，等 . 线上与线下融合的体育混合式教学设计 [J]. 新体育（下半月），2022（16）：16-18.

[6] 李刚，张遥 . 高校定向越野课程混合式教学模式研究 [C]// 第十二届全国体育科学大会论文摘要汇编：墙报交流（体育工程分会）. [出版者不详]，2022：695-696.

后疫情时代中华女子学院体育课线上教学策略研究

中华女子学院体育部　周山山　周惠娟　刘　壮

摘要： 新冠疫情期间，全国高校都在"停课不停学"政策的引导下，有计划地开展线上教学，线上线下混合课程教学模式是适应时代发展需求的新型教学模式。本文采用问卷调查法、数理统计法等研究方法，以中华女子学院为例，对186名在校女大学生公共体育课的教学现状进行调查分析，并有针对性地提出建议：发挥线上平台在体育教学中的作用，加强对女大学生健康教学课程的教学，提升其自主锻炼意识，教师应提升信息化教学素养，加强体育课程的多样化建设，从而有效提升针对女大学生的体育课线上教学效果，提高教学质量。

关键词： 体育课线上教学　女大学生　后疫情时代

新冠疫情期间，各高校在"停课不停学"政策的引导下开始大规模推行线上教学。由国家卫生健康委员会指导，中国健康教育中心编写的《新型冠状病毒感染的肺炎健康教育手册》中，倡议新冠疫情传播期间以个人居家锻炼为主，每周至少运动3次，累计运动时间在150分钟以上。新冠疫情期间，学生的日常学习规律被打乱，线上线下混合式课程是大学体育课所采用的新模式。中华女子学院的学生几乎全是女大学生，相关调查显示，女大学生在居家体育锻炼频率、强度和时长等方面均低于男生。同时，在中华女子学院评教体系中，在新冠疫情初期，体育课整体评教分数由原来的前三名滑落到后几名，经过几个学期的探索，近期评教分数有所回升。后疫情时代，如何提高女大学生在线上线下混合模式下公共体育课的线上学习效果和获得良好的体验感也是我们应该关注的问题。本文旨在了解女大学生的体育课线上学习现状，探索适合中华女子学院女大学生的体育课线上教学内容和体系。

一、研究对象与方法

（一）研究对象

研究对象为中华女子学院女大学生。

（二）研究方法

1. 文献资料法

本研究运用文献资料法，利用中国知网、万方数据等数据平台，以"女大学生""疫情""线上体育课"为关键词进行查阅并获得一定的文献资料，为本文的研究提供了理论依据。

2. 专家访谈法

通过对高校教师、专家进行访谈，运用合理的逻辑推理出学生的学习情境，为制定合理的线上教学内容提供理论支撑。

二、结果与分析

（一）女子学院线上体育课学生学习现状调查

1. 线上体育课锻炼强度

通过对本校线上体育课锻炼强度的调查，采用李克特 5 点计分题项（从 1 分至 5 分为从小强度到大强度），主观感觉锻炼强度均值为 2.23 分，95% 的学生在线上课期间体育锻炼强度为中等以下。很多学生表示，线上体育课期间，由于上课环境、自身身体情况等原因，无法与线下课程一样进行身体锻炼，强度基本都低于线下体育课。

2. 线上体育课锻炼时长

正常线下体育课，每节课为 90 分钟，但在线上体育课中，学生无法保证 90 分钟的锻炼时长。调查发现，锻炼时长在 60 分钟以上的比例为 12%，锻炼时长为 30 ~ 60 分钟的比例为 24%，锻炼时长在 30 分钟以内的比例为 64%。这表明，大部分学生都无法进行超过 30 分钟的身体锻炼。

3. 线上体育课锻炼项目

虽然体育的线上课程项目都可以正常开展，但是学生主要进行的锻炼项目依次有腰腹肌练习、力量练习、跑步、瑜伽、跳绳等。和线下课程相比，本应占课堂大部分内容的专项内容（如操舞类、球类）并不能正常开展。线上体育课的学习内容基本为徒手挥拍、理论学习等，腰腹肌练习、跑步、跳绳是学生线上课期间主要的锻炼项目。

4.线上体育课锻炼环境

通过调查发现，学生自己本身拥有的健身器材主要包括瑜伽垫、跳绳、弹力带、球拍等，有些学生家里有跑步机，但也有一小部分学生家里或者宿舍没有健身器材。从调查来看，整体来讲，学生的居家健身器材普及率较高。线上体育课开展期间，学生基本都是居家或者在宿舍进行学习。从线上课空间环境来看，在校期间宿舍比较拥挤，基本不能满足同宿舍学生同时进行线上体育课程的要求；居家进行线上课期间，由于不同学生的家庭环境相差较大，课程效果具有很大的差异性。

（二）女子学院线上教学情况分析

1.体育授课形式改变产生的影响

不同于其他学科，体育是以身体练习作为主要手段。对体育课来讲，授课方式发生了巨大的改变，这无疑会增加教学实施的难度，很多运动项目的授课内容无法展现，教师与学生之间的交流及互动也无法完全实现。调查发现，不同项目的理论学习时长、运动时长都有所差异。在本应以大量身体活动为主导的实践课中，线上进行授课本身就会削弱课程的效果，再加上不同的教师针对不同的项目，给学生布置的锻炼时间、锻炼强度也不同，最后呈现的锻炼效果就会存在很大差异。在调查过程中发现，学生的诉求也产生了很大的分歧，有的学生希望教师能够监督打卡，有的学生则不接受强制的要求；有的学生希望理论学习时长多一些，有的学生则希望多点时间锻炼，不希望花费大量时间观看视频。在线下课程中，学生的体育活动是在教师的引导与监督下进行的，而线上课程则少了教师监督的过程，需要学生主动、自觉地进行练习。由此可见，女大学生的体育行为，在硬件条件发生改变的情况下，锻炼的强度以及时间就会相应地发生变化。

2.线上教学课程设置不合理，教学内容、教学形式缺乏规范

新冠疫情期间，公共体育教学虽然按计划如期进行，但是受新冠疫情影响，学生的身体素质测试内容和考核方式都有所改变。本应在课堂中测试的800米跑步、立定跳远等内容改为平板支撑和一分钟跳绳。从身体素质全面发展的角度看，首先，平板支撑并不能完全代替800米跑步，且平板支撑的考

试标准难度不高，在线上进行考试或者对练习的强度也不能进行有效的监督和评价。其次，有些教学项目如羽毛球、网球、乒乓球等对实操训练器材和场地要求较高，随着课程的深入，教与学的矛盾日益加深，学生的参与度也会大受影响，从而影响了线上教学的质量和效率。从教学平台来看，媒介主要选择腾讯会议、微信群、抖音等，平台的选择是基于教师个人的擅长和爱好，缺乏对新媒体的进一步利用。

3.教师教学能力的影响

在新冠疫情暴发以前，教师基本都会在假期期间做好课程实践教学的准备，但是受新冠疫情影响，体育课从线下转为线上，这给教师的教学组织和教学内容安排增加了难度。通过调研得知，除少数教师有线上慕课、精品课程录制的经验外，大多数教师无相关线上教学的经验。授课教师由于长期从事实践教学，对于如何有效开展线上教学、开发信息教学手段的能力不足，不能充分利用各种网络平台。在多媒体教学以及信息化处理能力上，很多授课教师也需要提升。同时，在线上课进行期间，不同的教师的理论讲解时间及对学生进行实践的时间分配比例不同，对学生能否保质保量地完成课堂教学要求也不能进行有效的监督。这就要求授课教师努力提升多媒体教学能力。

4.部分女大学生自主学习意识不强

锻炼动机是大学生进行体育锻炼的前提，只有存在主动锻炼的动机，才能主动进行锻炼。有调查发现，女大学生的锻炼动机由强到弱的顺序为外貌、健康、乐趣、社交和能力，她们更倾向于通过运动来保持身材，让自己拥有良好的体型。在线下课程中，教师可以通过标准的示范及面对面的交流，鼓励学生进行自动锻炼。然而在线上课程中，目前基本只要求教师开视频，对学生并没有强制的要求，师生无法面对面互动，这在很大程度上限制了教学的开展。在调查中发现，几乎所有教师都反映部分学生缺乏自主学习意识，尽管教师利用课堂打卡或者交视频作业的方式进行监督，部分女生仍然存在摆拍照片或者锻炼质量不高的情况。原本课堂内进行的教与学的活动也不能有效开展，从而影响了教学效果的呈现。

三、后疫情时代女院公共体育课线上教学对策

（一）发挥线上平台在体育教学中的作用

构建课内外一体化教学模式，教师可以将专业运动员的技术视频或者已

经拍摄的教学视频上传到教学平台中，学生可以课前预习、课后复习，以课堂教学为基础，促进学生的课外锻炼；也可以利用平台，由学生提交作业，教师在批复作业的同时了解学生的学习动态，这有利于因材施教，发挥线上平台的互动作用。

（二）加强对女大学生健康教育课程的教学，提升其自主锻炼意识

应该加强对女大学生健康教育课程的教学，让学生能够主动认识科学锻炼的意义，并提升体育锻炼的主动性。教师在体育教学过程中，将终身体育意识渗透其中，强调学习过程的重要性，帮助学生树立正确的理念。

（三）教师提升信息化教学素养，加强体育课程的多样化建设

在课程设置方面，提升课程的多元性、趣味性以及参与性，灵活地运用课程监督的形式和作用，使学生能够达到基本的运动强度。目前，很多线上教学能力提升班都是理论课程居多，希望学校能够将各高校优秀体育线上课案例进行汇总分享，通过实际课程案例的学习，提高教师的信息化教学素养，从而更好地开展线上体育课教学。

中华女子学院体育教师应尽快转变思想观念，积极学习现代化信息技术，提升开展线上线下混合式课程教学的能力，保障女大学生的身心健康，为在线教学与传统体育课堂教学相结合的模式改革献计献策，贡献自己的力量。

参考文献

[1] 钟秉枢，黄志剑，王凯，等．困境与应对：聚焦新型冠状病毒肺炎疫情对体育事业的影响 [J]．南京体育学院学报（社会科学版），2020（2）：9-33，40．

[2] 余时平．常态化疫情防控下湖北省高职院校的公共体育线上教学策略 [J]．湖北体育科技，2021（2）：169-172．

[3] 胡德刚，李卫东，黎林飞．线上线下混合课程在大学体育教学中的实践价值 [J]．湖北体育科技，2022（14）：14-16．

翻转课堂教学法在女大学生职业发展课程中的运用
——以中华女子学院为例

中华女子学院管理学院 吕 翠

摘要： 女大学生职业发展课程对唤醒学生职业意识、提升职业能力起到了积极作用。由于课程定位于职业规划和行动能力的提升，因此单纯的知识讲授不能完全实现教学目标，课程开设过程中还有以下问题需要进一步解决：教学方法较为单一、讲授式教学所占比重较大、学生的课程参与度有待提升等。翻转课堂教学法为解决此类问题提供了有益的思路。课前学生通过视频进行课堂知识点的学习；课中教师进行知识答疑，并进行体验式环节授课，帮助学生完成知识的内化；课后学生需要学习延伸知识，同时进行知识的应用。以上三个环节逐步深入，既发挥了学生的积极性、主动性，又提高了学生的课堂参与度，从而促进了教学效果的提升。

关键词： 女大学生 职业发展 就业指导 翻转课堂教学法

一、翻转课堂教学法的兴起与优势

随着当今科学技术的不断发展，互联网也改变着教育的形式和方法，信息化的颠覆性变革在教育领域悄然兴起。互联网与生俱来的高效、快捷等优点，使线上学习备受学生和教师的青睐，因而催生了翻转课堂教学法。翻转课堂（flipped class model），指的是学生课前利用视频等网络资料进行学习，带着问题进入课堂，课堂形式更加丰富多样，通过答疑、讨论、体验等多个环节，使学生理解所学知识。翻转课堂实现了教学内容和先进教学方法的结合，在个性化学习和因材施教方面迈出了重要的一步。翻转课堂教学法的优势主要体现为以下三点。

（一）翻转课堂教学法中教师成为教练，实现了以学生为中心

传统课堂是以教师讲授为主，教师根据课程特点和学生的共性问题进行课程设计，以保证所有学生的学习内容和进度是一致的，由教师决定学生学什么、学习的时间和检验学习效果的方法，因此教学中更为关注的是"教"的过程。毫无疑问，这种授课方式在没有互联网的时代具有高效、成本低、易控制等优势。大学教育的对象是独立意识较强、学习目的性也较强的成人，成人教学需要更关注被教育者，学生要对自己、对学习负责，没有人能够强迫学生学习，必须激发其兴趣，增强其主动性。[1]在移动互联网时代，学生可以随时随地通过多渠道进行学习，如可以利用碎片化时间上网学习，拓展学生的知识获取途径；学生可以在网络上观看视频、在班级群讨论学习内容、提出问题，实现学习的个性化，发挥学生的积极性和主动性，把学生对课程的兴趣调动起来，同时把课下学习和课上演练有效地协调起来。教师成为学生学习的默默支持者，转化为教练的角色。正如柏拉图所言：教育无须强迫，也不能勉强，更无法强迫，任何"填鸭式"的教育方式只会让人们头脑空空。只有在教育中融入寓教于乐的成分，才能更快地发现学生的兴趣所在。

（二）翻转课堂教学法有利于培养学生的创造力

传统教育方式更多地关注学生对知识的掌握情况，翻转课堂后教育的重点成为学生展开思考、提出问题、解决问题、运用知识，其目标不是使学生标准化，而是激发不同个体独特的创造力，建立起良好的思维体系。[2]对学生创造力的鼓励也体现在翻转课堂教学法的考核方式上，其考核方式降低了试卷分数的比重，学生在课堂上的表现成为重要的衡量尺度，如课堂的参与度、提出和回答问题的质量等，这无疑能够更加全面客观地对学生进行态度、能力的评价。同时翻转课堂把"先教后学"变为"先学后教"，把"关注学习结果"变为"关注学习过程"，把"教师讲授"变为"学生探究"[3]，这大大提高了学生和教师之间、学生和学生之间的互动频率，在互动中使学生的学习热情和兴趣得以激发，对学生创造力的培养有较大的促进作用。

（三）翻转课堂教学法可以实现体验式教学，实现深度学习

不同教学方式的效果差异很大，著名的学习专家爱德加·戴尔于1946年提出了学习金字塔，用数字形式形象地展示了用不同的学习方式，学习者在两周以后还能记住内容（平均学习保持率）的多少。结果显示，传统的讲授

方式的有效率为5%，即两周后学生遗忘了95%的知识。其他学习方式的效果如下：阅读资料为10%，边看边听为30%，授课者演示为30%，集体讨论为50%，动手实践为75%，传授给他人为90%。此结论一方面警示我们传统的讲授式教学法亟须改革，也为教学改革提供了方向和思路。实施翻转课堂，学习流程的"颠倒"和碎片化学习方式的应用对学生"深度学习"具有特殊价值。学习流程的"颠倒"会促成知识内化的多次发生。[4] 翻转课堂教学法的课前视频一般较短，以保证学生精力集中，并且利用flash动画等各种形式激发学生的兴趣。课堂中教师采用多元化的授课方式，如小组讨论、角色模拟、辩论法等，提高了学生的积极性，让学生真正参与到课堂中，成为学习的主人。这种方式保障和提高了知识内化的效果，学生的测试成绩相较于采用传统教学方式时有所提高。

（四）翻转课堂教学法拓展了获取知识的渠道，实现了教育扶贫

基于计算机的自主学习为创造公平的教育环境提供了极好的机会。尤其对于落后地区，优质师资力量匮乏，采用网络视频教育与自主学习的方式可以有效地解决问题，网络上有大量的优质课程资料，更为重要的是，这些资料绝大多数是免费的。普通学生也可以轻而易举地获得哈佛、斯坦福等一流大学的课程资源，这让名校教育不再只是一部分人的特权，而是可以惠及众生。

翻转课堂教学法模式如图1所示。

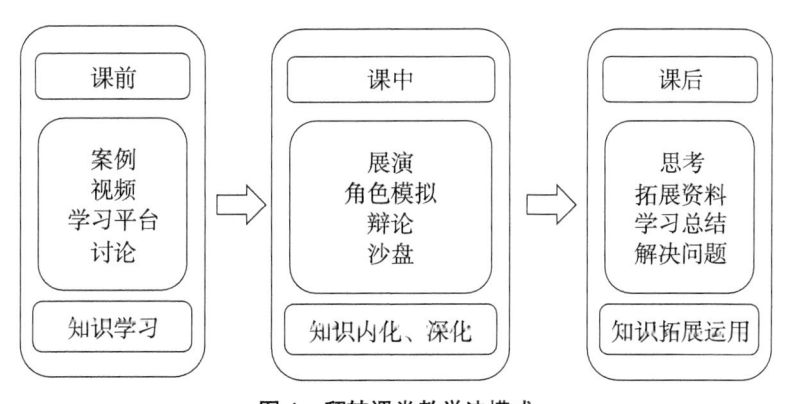

图1 翻转课堂教学法模式

二、女大学生职业发展课程中进行翻转课堂设计的可行性

中华女子学院于2012年设立职业生涯与就业指导教研室，配备专职教师

2 人、兼职教师 3 人，女大学生职业发展课程被设立为公共必修课，课程设计过程发放了 1000 余份问卷，了解学生群体对课程的诉求，在课程实施方式、内容、师资队伍、授课时间等方面进行了严谨的设计，对课程效果的保证起了很大的作用。但是由于教师人数有限，班级人数 80 人以上的居多，课程大多采用传统教学模式，以课堂讲授为主，教师主导课堂，师生互动不足，缺少有针对性的指导和实践体验，容易使学生感到枯燥无味，失去兴趣，缺乏进行职业生涯规划的积极性和主动性，也不能满足大学生各个职业发展阶段的需要，因此教学效果受到一定影响。同时，教师的大部时间都被花费在职业生涯相关理论知识和规划步骤、方法，或者简历制作技巧和面试技巧的讲解上，用于讨论、练习、展示和一对一指导的时间较少，虽然学生通过学习知晓了职业生涯规划的步骤和方法，但缺乏运用这些知识和方法结合个人实际情况合理规划、持续规划的能力，无法满足学生对个性化指导和在实践中可持续规划发展的需求。

　　根据不同年级学生的成长特点，女大学生职业发展课程也应分阶段进行。大一板块目标为激励女大学生关注自身的职业发展，明确生活与未来职业生涯的关系，了解女性职场发展的特点、女性在家庭中的作用，学习科学的决策方法，形成初步的职业发展规划，并确定人生不同阶段的职业目标及其对应的生活模式。大二板块定位于创新能力的培养，授课方式主要为沙盘。大三板块定位于学生实践能力的培养和就业能力的提升，邀请职场资深人士进行专题讲座，使学生了解具体的职业要求，有针对性地提高自身素质，学习并掌握职业需要的技能，以胜任未来的工作。同时，通过对女性求职中的注意事项、女性求职礼仪、就业政策、简历撰写、心理调适、女性就业中的自我保护等内容的讲解与指导，促进女大学生顺利就业与成功就业。

　　总体而言，女大学生职业发展课程以培养学生形成职业生涯发展的自主意识，树立积极正确的人生观、价值观和就业观念为目标，以女大学生终身职业生涯规划为主线，以培养女大学生的认知能力、规划能力、执行能力、就业技能等素质为着力点。通过介绍职业对个体生活的重要意义，激发女大学生关注自身的职业发展，了解职业生涯规划的基本概念和基本思路，明确大学生活与未来职业生涯的关系。同时，使学生通过了解自我、了解职业，学习决策方法，确定人生不同阶段的职业目标及其对应的生活模式。还通过课程引导女大学生认识人生角色：子女、学生、休闲者、公民、工作者和持家者，学会平衡各种角色，并在生命周期的不同阶段进行统筹安排，最终实现事业成功、家庭和谐、人生幸福的目标。此外，课程还构建了"女大学生职业规划能力素质模型"。由于女大学生职业发展与就业指导课程是应用型课程，教学目标不是学生掌握职业理论，而是能够利用科学的方法展开自我探索和职业世界探索，唤醒学生的职业生涯规划意识（见图2），因此传统的讲授式方式不能满足课程的需要。可以尝试将职业理论、职业探索的方法等内容制作成视频、课件，将声音、图像、动画等与教学内容相关的素材应用到教学资源中，形成图文并茂、生动直观的资料库，学生课下对基础知识进行自主学习，不用再花费课堂时间去听教师讲解概念性的知识和方法。课堂的重点就是把工具和个性化相结合，引导学生进行自我练习。

图2 课程教学目标

三、基于翻转课堂教学法的课程设计

根据翻转课堂教学法的要求，以及女大学生职业发展课程特点，构建出本课程的翻转课堂教学模型（见表1）。该教学模型主要由课前环节、课堂环节、课后环节三部分组成。

表1 翻转课堂教学模型

序号	主题	关键问题	教学方式	课前与课堂环节设计	课后练习与作业
1	启航：职业生涯规划	·上大学就开始想找工作的事，是不是太早了？ ·计划赶不上变化，职业规划有必要吗？	线下	·教师讲授职业生涯规划导论和基本概念 ·教师案例分享：规划成功的三个案例、规划失败的两个案例	总结：你有没有树立一个目标，并通过努力完成的案例？

续表

序号	主题	关键问题	教学方式	课前与课堂环节设计	课后练习与作业
2	导航：著名职业理论	·职业理论的分类 ·学会画个人的生涯彩虹图	线上+线下	·课前观看录制的职业理论视频 ·课堂中教师对理论做对比和总结 ·学生分享个人的生涯彩虹图	总结：个人的生涯彩虹图对当前学习和工作的影响
3	兴趣：发掘自在的我	·如何了解个人的职业兴趣？ ·兴趣的种类有哪些？ ·兴趣需要坚持吗？	线上+线下	·课前观看录制的职业兴趣探索视频并进行职业兴趣问卷的测评 ·课堂中教师讲解自我探索的常用工具 ·进行"羡慕他人的工作""目光的焦点"等游戏活动	思考：有趣、乐趣和志趣的区别，你的哪些兴趣想发展为志趣？
4	性格：发现稳定的我	·性格可以改变吗？ ·性格对职业选择有什么影响？	线上+线下	·课前观看录制的职业性格探索视频，进行MBTI测评，准备"他人眼中的我"资料总结 ·课堂进行"他人眼中的我""性格形成的分析"等游戏	总结：我的性格对职业选择和发展有哪些影响？
5	能力：发现我的天赋	·每个人都有天赋吗？ ·我的天赋是什么？ ·多元智能理论与职业规划有什么关系？ ·是扬长避短还是取长补短？	线上+线下	·课前观看录制的职业能力探索视频、柳一村的求职视频，进行职业能力问卷的测量 ·课堂中进行"成功活动追忆""请你夸夸我"游戏	总结：我的能力对职业选择和发展有哪些影响？
6	价值观：什么最重要	·价值观是怎样形成的？ ·价值观和职业之间有什么关系？	线上+线下	·课前观看职业价值观探索视频，进行职业锚测评 ·课堂中进行"价值观大拍卖""价值观卡片排序"等游戏	总结：我的价值观对职业选择和发展有哪些影响？

续表

序号	主题	关键问题	教学方式	课前与课堂环节设计	课后练习与作业
7	职场：了解工作世界	·本专业往届毕业生的流向如何？ ·寻找工作机会如何"八仙过海"？ ·未来的工作世界是怎样的？	线上+线下	·课前进行典型职业的一天信息收集（http://online.onetcenter.org），了解家族职业树 ·课堂中学生展示本专业典型职业的一天，教师讲授职场信息的收集方法	综合运用多种渠道收集自己感兴趣的组织或职位信息
8	决策：成为智慧的我	·是想清楚了再决定，还是边行动边决定？ ·职业决策有哪些方法？	线下	课堂中教师讲授职业决策的常用方法，学生进行课堂练习	通过生涯平衡单法和SWOT法进行职业决策

（一）课前环节模块的设计

为了保证翻转课堂教学法的顺利执行，课前环节中学习资料库的构建尤为重要，在这个环节中要进行教学视频的制作和甄选，对视频内容进行有针对性的练习设计，同时建立网络学习平台，使教师可以随时掌握学生的学习进度和学习难点。女大学生职业发展课程的知识要点主要有以下四部分：职业理论、职业的自我探索（兴趣、价值观、性格和能力）、职业的外部探索、职业生涯的决策。根据上述四个部分，我们进行了以下的设计。

1. 职业理论

著名的职业理论有霍兰德的职业性向理论、帕森斯的特质因素理论、职业锚理论、职业发展理论、认知信息加工理论等。本部分内容进行网络视频甄选和自行录制微课，共包括六段视频，每段视频20分钟左右。

2. 职业的自我探索

职业兴趣的探索：学生阅读教师给定的案例库，其中包括渡边淳一、史玉柱等名人的职业发展故事，让学生体会兴趣在职业发展中的作用。同时，学生需要记录自己在业余时间喜欢做的十件事情。

职业价值观的探索：学生阅读教师给定的案例库，其中包括两弹元勋、李四光、鲁迅等名人的职业发展故事，视频学习"社会主义核心价值观"，并写出自己心目中理想的工作具备什么特点，最后进行职业锚测评。

职业性格的探索：学生阅读教师给定的案例库，其中包括卡夫卡、刘备、刘邦、唐僧、皮尔彭特等名人的职业发展故事，进行人物性格分析；进行MBTI、九型人格等心理测评，并写下对测评结果的认知。同时找五位比较了解自己的人，分别写下对自己性格的五个描述词。

职业能力的探索：学生阅读教师给定的案例库，其中包括杨利伟等名人的职业发展故事，进行"吉讯"职业能力测评，并写出对自我能力的评价。同时，学习多元智能的内容。

3. 职业的外部探索

通过学院教师获取本专业往届毕业生的毕业流向信息，并通过网络、书籍等资料的收集，撰写环境分析报告。

4. 职业生涯的决策

学习决策的风格类型、决策的过程理论，回忆自己成长过程中的一次重要决策是如何做出的。

（二）课堂环节模块的设计

课堂环节的目标有两个：一是检验学生课前学习的状况，发现并解决学生学习过程中存在的问题；二是利用情境、自我定位、体验等要素充分发挥学生的主体性，完成对当前所学知识的内化。教师需要通过小组活动、个体展示等多样化的活动，让每个学生都参与到课堂中，从而把课前环节中的知识内化、深化。

1. 职业理论

学生分组展示理论学习成果和心得体会。同时，教师带领学生绘制生涯彩虹图，子女、学生、休闲者、公民、工作者、持家者是人生的六大重要角色，对于女性来讲，家业平衡尤其重要，学生需要在人生目标和使命的大范畴下进行生涯图绘制，并分享彩虹图，引导学生认识女性角色的特点，以及个体理想人生的差异性。

2. 职业的自我探索

（1）职业兴趣的探索。进行"羡慕他人的工作""目光的焦点"等游戏。例如，"羡慕他人的工作"活动按照下面的步骤进行：回忆你对别人的工作表现出较强烈或较持久的羡慕的经历。先在脑海里浮现几个案例，分辨出印象最深刻、感觉最强烈的那一次羡慕经历。看看在你的想象中，这个人在正常的工作日里可能做些什么，并把这种想象具体而明确地记录下来。他固定从事哪些特定工作和活动？在哪里工作？大多数时间是单独一人还是和别人在一起？大部分时间是坐在办公室里还是四处走动？每天的工作时间长吗？这个人负责领导其他人还是倾向于独立工作？平时的工作步调是匆忙而紧急的，还是沉着而冷静的？若你羡慕的对象不止一个，你可以重复做一次这个练习。把你的发现详细地记录下来，然后搁置在一旁。这些工作能打动你，它们是不是有一些共同点？可以利用这些信息分析你的兴趣。

（2）职业价值观的探索。进行"价值观大拍卖""价值观卡片排序"等游戏。"价值观卡片排序"活动的具体做法为：每人分得21张卡片，上面分别写着成就、审美、利他、自主、健康、诚实、情绪健康、正义、知识、爱、忠诚、道德、愉悦、身体外观、认可、技能、财富、智慧、权利、创造性、宗教信仰。让学生把这21项价值观按照重要性进行排序，排序结束后解释一下自己如此排序的原因，并列举一些具体的事例，从而审视自己的价值观。

（3）职业性格的探索。进行"他人眼中的我""性格形成的分析"等游戏。例如，在"他人眼中的我"活动中，学生写下自己的五个特质，然后分别请同学、朋友、家人等熟悉自己的人列出此学生所具备的五个特质，分析结果有何异同。

（4）职业能力的探索。进行"成功活动追忆""请你夸夸我"游戏。针对沟通能力、抗压能力、创新能力、团队合作能力，组织分组，设计体验式环节。例如，"成功活动追忆"引导学生分析在生活或学习中发生的非常自豪的事情，把这些事情列举出来，并分析成功的原因，从过往的经历中分析个体的能力特长。

3. 职业的外部探索

学生分组展示收集到的往届学姐的毕业流向信息，在分享的过程中，很多学生的职业目标就会逐渐清晰，然后根据初步的想法，汇报收集到的职业、行业环境报告。

4. 职业生涯的决策

采用无领导小组讨论的思路，10个学生一组，给予一定的条件，自行解决一个难题。讨论半小时后，进行小组风险评估，让学生体会决策的过程和风格的不同。

（三）课后环节模块的设计

课后环节的设计主要是完成知识的拓展和运用环境。拓展功能的完成需要教师建立资料库，进行知识的延伸学习，例如，在职业能力章节，推荐学生阅读热销书《刻意练习》；在职业兴趣章节，推荐学生观看电影《寿司之神》；在职业价值观章节，推荐学生阅读《干法》。要完成知识的运用，需要维系师生的持续沟通，让教师成为学生成长中的教练和支持者。教师可以通过QQ职业交流群、微信群或者微信公众号，实现师生之间的文字、图片、语音、视频等丰富的多媒体形式的沟通与交流。

四、课程设计中的难点和解决思路

（一）实践教学体系的完善和实训项目的设计

实践环节和实训项目能在很大程度上提升学生对课程的积极性，从而提升她们的职业规划能力，这是课程设计中的难点和重点。课程设计中，我们尽量考虑到学生的全员参与性、个体性，引导学生参与汇报、交流学习体验、分享作品等活动，同时通过组织辩论会、小组比赛等活动来展示学生的学习心得。

（二）相关教学案例和视频库的建立

在翻转课堂中，知识的传授一般由教师提供的教学视频和案例库来完成。教学视频可以由课程教师亲自录制或者使用网络上优秀的开放教育资源，这对教师的教学技术提出了挑战。因此，教师需要参与微课制作培训，以保证视频的教学效果。

（三）师生沟通渠道的建立

16课时的课堂沟通时间是远远不够的，需要建立学生与教师之间长期有效的沟通渠道，以解决学生在不同年级遇到的职业发展问题和就业困惑。教师应该利用信息技术提供网络交流支持，如通过微信、QQ、微博等与学生进行互动沟通。教师还可以登录微信公共平台申请微信公众号，学生可以关注此公众号，从而实现师生之间的文字、图片、语音、视频等丰富的多媒体形式的沟通与交流；教师还可以通过微信平台建立讨论组，以加强协作性学习。

（四）课程评价体系的建立

以往的课程考核方式主要为职业生涯规划书、学生自我分析、提交作业，并没有进行针对职业规划书的沟通和交流，所以是针对考核的考核，没有发挥评价的反馈作用。翻转课堂教学法不但注重对学习结果的评价,还注重对学习过程的评价,实现了对个人的评价和对小组的评价、自我评价和他人评价之间的良好结合。要建立针对课程全过程的评价体系,评价内容涉及独立学习过程中的表现、在小组学习中的表现、结果表达和成果展示等方面。

综上,翻转课堂教学法给女大学生职业发展课程的实施提供了启发和思路,通过课程的再设计,突出学生在学习活动中的自主性和差异性,使学生的课程参与度大大提升,真正实现了因材施教和个性化学习。

参考文献

[1] 可汗.翻转课堂的可汗学院:互联网时代的教育革命[M].刘婧,译.杭州:浙江人民出版社,2014.

[2] 李艳平.基于翻转课堂教学模式的大学生创新创业能力培养[J].教育与职业,2018(1).

[3] 吴仁英,王坦.翻转课堂:教师面临的现实挑战及因应策略[J].教育研究,2017(2):112-122.

[4] 黄芳.翻转课堂:职业教育教学改革可期待的方向[J].职教论坛,2018(8):44-48.

基于OBE理念的线上线下混合式教学模式研究

——以"家庭理财"课程为例

中华女子学院管理学院 汪连新

摘要：基于OBE理念，"家庭理财"课程探索线上线下混合式教学模式，教学设计和教学实施以学生为中心，突出对学生实践能力的培养，解决原有课堂学生沉默、师生缺乏交流的教学难题，充分利用雨课堂等新型教育技术，引导学生在线上预习慕课。课堂中采用多种形式开展理财内容实训展示，让学生参与到教学设计中，引导激励学生主动学习，自主设计课堂实践展示方式，使教学气氛变得活跃、师生互动充分，同时增强学生的创新意识，培养其团队合作精神，使教学效果得到较大提升。

关键词：线上线下混合式教学 OBE理念 家庭理财

基金项目：2021年北京市高等教育本科教学改革创新项目"线上线下混合式一流课程建设——家庭理财"（项目编号：2021131）

近年来，教育部大力倡导推进在线教学改革，教育教学技术突飞猛进，OBE理念在新型教学改革中得到应用推广，以"MOOC+SPOC"为主的线上线下混合式教学模式正逐渐成为数字经济时代教学技术改革的新趋势。微课、翻转课堂等新模式不断涌现，雨课堂、学习通等"互联网+教育"的智慧教学工具改变了原有的灌输式教学模式，促进学生参与课堂教学，使学生变被动听课为主动设计，而教师则成为线上线下教学的督促者和学生参与教学的过程设计者与评价者。线上线下混合式教学模式，引发了传统教学方式的革命性改变，具有研究的实践意义和参考价值。

一、研究问题提出

（一）研究背景

1. 线上线下混合式教学，探索解决传统教学课堂中学生沉默走神的难题

众所周知，传道受业解惑是教师的天职，教和学本应具有一致性。但是随着互联网的快速发展，学生对知识的获取渠道不仅来自教师的课堂讲授，在线慕课和网络使学生获取知识的渠道和信息远多于课堂，学生对教学内容和教学方式的要求变得更加严苛，对新知识和热点的关注更加迫切。如果教师选择的教材陈旧、教学方法照本宣科，学生就会对课堂失去兴趣，课堂就会变得沉默，师生之间缺乏互动交流，无法提升教学质量。要想提升教学效果，必须适应新时代的要求，改变传统的灌输式教学方式，利用互联网智慧教学技术，让学生进行探究式学习，主动思考并解决课程中的问题，活跃课堂气氛，培养学生的实践能力。

2. 改变原有学生成绩评价和考核的单一模式

传统的考核一般是由平时成绩（约占30%）和期末考试（约占70%）组成的。平时成绩主要是课堂出勤率，如果是大班上课，则不能准确记录学生的出勤情况，仅仅以期末试卷来确定学生的课程成绩，这不仅难以考查学生参与课程的过程，也不能准确评价学生从课堂获得的知识及其能力水平，更无法确定课堂上学生与教师互动交流的程度。因此，迫切需要改变单一的成绩考核评估方式。

（二）研究意义

为了适应新时代"互联网+教育"对传统教学模式提出的改革要求，教师要找准传统教学中存在的主要问题及其根源，并明确学生对新课堂的期望和需求，由此不断创新教学模式。线上线下混合式教学，正是顺应学生对互联网技术应用教学方式改革的需求而产生的。其主要包含"2-2-3"环节，即线上线下、课内课外和课前课中课后诸多环节，把课堂转变为学生自主展示能力的平台。线上线下混合式教学模式，对实现应用型人才培养目标、培养学生的创新意识和团队合作意识、提升学生的应用能力等具有重要意义。

(三)线上线下混合式教学研究综述

学者们针对线上线下混合式教学开展研究时,侧重于混合教学的重要性、难点、路径及效果等方面。有学者认为,通俗地讲,混合式教学是把传统教学与互联网教学相结合,实现"知识、能力和素养"三位一体;其不仅能实现教师导学、督学、促学和助学的良好效果,还能引导学生在线上"先学",教师在课堂教"应用",从而实现教学的线上和线下融合。其难点在于线上和线下学时的分配和内容的衔接,教学主管部门应改变原有的管理思路,比如线上线下混合式教学要求学生本学期30%的学时并不到教室,而是预习线上课程,并参与小组演练及设计实训项目,教学主管部门要对这样的改革开绿灯。教师在课堂上使用微课、慕课、翻转课堂及雨课堂等工具引导学生提升知识应用能力,或者引导学生以小组形式采用小品、辩论、电视访谈,甚至舞蹈等创新方式展示课程内容,从多维度出发使学生学习立体化、学生感知情景化、师生互动多样化。从研究文献来看,学者们充分肯定了线上线下混合式教学模式对提升教学效果的重要性,应积极倡导,规范有序发展,着力提高教学质量。

二、OBE 理念的线上线下混合式教学模式

(一)课程目标

"家庭理财"课程是中华女子学院家庭学学科的必修课,目前是金融学专业的选修课,也是中华女子学院全院学生的公共选修课。课程符合中华女子学院家庭学和家庭教育学特色专业发展方向,以培养新时代家庭财富管理基本技能、具备科学理财理念、谨慎消费、开源节流、合理配置家庭资产、实现家庭财富的保值增值为课程设置目标。学生具备财富管理和根据家庭具体理财目标制订专项或综合理财规划方案的金融基础知识,以及对家庭收入和支出进行有效管理的基本能力。同时,课程积极倡导勤劳致富、理性投资,引导学生树立科学的金钱观和价值观,依靠智慧科学理财,客观分析投资市场,管控风险,稳步实现家庭富裕。

"家庭理财"课程是家庭建设学科的重要内容,是面向全校学生开设的自由选修课,符合中华女子学院特色专业发展方向,着力培养新时代家庭财富管理基本技能、树立科学理财理念,最终实现家庭资产保值增值的目标。

1. 达到知识水平

开设"家庭理财"课程，是为了顺应金融市场发展变化、家庭风险积聚、投资专业化和金融服务普惠性的新时代需求。其旨在培养财富管理人才，使其能针对家庭具体理财目标制订专项或综合理财规划方案。

2. 达到能力水平

使学生能够依据生命周期理论，对家庭的不同财务状况和风险偏好进行诊断识别，依据家庭理财目标开展咨询服务，具有专业判定金融市场投资风险、谨慎选择投资工具、跟踪市场变化，最终对家庭财务进行有效管理的能力。

（二）课程教学模式

2018年12月，《家庭理财》慕课在学堂在线网成功上线，我们由此开始探索线上线下混合式教学模式。慕课课程共32讲，每一主题为一讲，共计32学时、2学分。在上课前，学生要通过学堂在线预习视频内容，熟悉基本知识点，在讨论区提交练习题答案，预习慕课合计12学时；课堂上，教师以雨课堂的形式进行交流互动，复习巩固知识点，指导学生进行小组讨论，同时让学生自编自演，准备《天天理财演播室》电视访谈节目，学生分别扮演财经节目主持人、理财师和有理财需求或疑问的客户，演练后在课堂上分小组展示访谈节目。课程设计中，学生学习在线慕课并设计展示项目，这一过程中学生可以不到教室上课，共计12学时，课堂教学合计20学时，主要是教师布置辅导实训项目，集体展示理财实训项目，合计32学时。在线慕课学习完成后，学生自主选择在线实训题目，并提交到讨论区，可以获得平时学分。

课堂上应用雨课堂智慧教学手段，线上线下融合，学生需要进行课前预习、课堂演示、课后实训，让学生忙起来，教师成为课堂的设计者和督促者，师生角色发生了变化，互动交流更加充分，学生的积极性和创新能力得到充分发挥。线上线下混合式教学模式如图1所示。

（三）课程教学改革解决的重点问题

课程通过对线上线下混合式教学的探索，线上学习视频内容，线下讨论理财内容或进行节目演示，通过雨课堂新型教学方式，让学生积极参与课程教学，改变了传统灌输式教学模式，解决了学生不积极参与课程的难题，课堂不再沉默、学生不再走神。雨课堂的扫码签到、弹幕发言、在线答题、随机点名、投票选优等多种功能，都是学生所喜欢的。课程结束后，雨课堂系统会自动评选优秀学员,教师以"最佳理财师"荣誉颁发小礼品,激发学生的参与积极性,师生互动良好,教学效果良好。

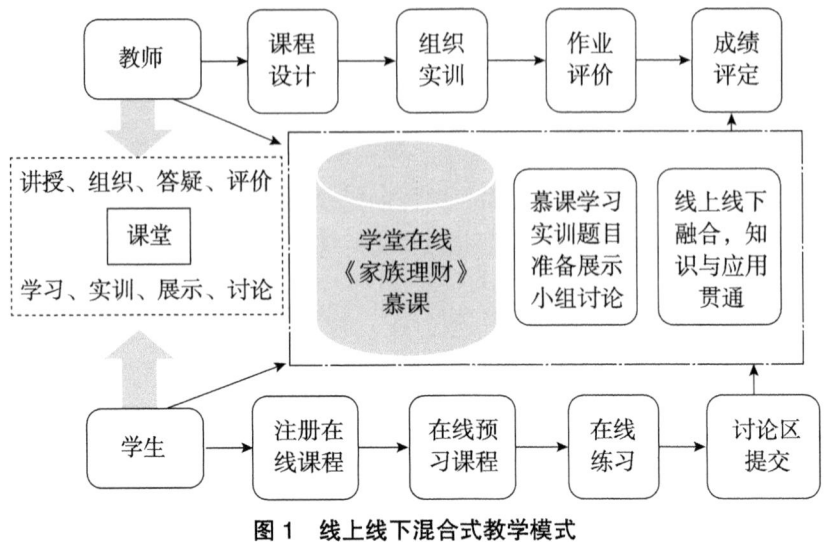

图 1　线上线下混合式教学模式

(四)课程内容与资源建设及应用情况

《家庭理财》慕课已在学堂在线和爱课程网成功上线两个学期,慕课时长 7 小时 15 分钟,分为家庭理财理论基础、理财工具、专项规划和综合规划四个部分,涵盖了家庭经济相关的重要内容,如婚姻与财富管理、住房贷款计划、子女教育金规划、退休养老规划、信用卡理财、银行理财产品等与家庭幸福指数息息相关的重大经济事项。目前,学堂在线累计选课学习人数超过 12000 人,包括在校大学生,也包括银行、证券、保险等金融机构从业人员。课程结束后,学堂在线还配备了每节知识点实训、期中理财实训和期末总复习实训题库,以及在线配套练习题目,学生可以选择训练,在讨论区在线提交答案,教师也会在讨论区分享财经热点新闻,从而成为师生交流的有效平台。

三、线上线下混合式教学设计

(一)线上线下混合式教学教案设计

教学设计分为课前慕课预习、课中节目演示和课后调研咨询三个环节,将财经基础素养培育和理财知识应用能力有机结合:每节课前,用学堂在线发布公告，通知学生预习慕课课程内容；课堂教学以《天天理财演播室》为载体，学生分小组自编自演电视访谈节目，选择扮演财经节目主持人、专业理财师、有理财需求的客户等角色，将当天学习到的理财规划知识融入访谈节目中，以此提高学生的应用能力和语言表达能力，为发挥学生的创新能力提供平台。以"家庭理财"线上线下混合式教学第15节课、"退休养老规划"课程教学为例，其教学设计如表1和表2所示。

表1 "家庭理财"教学设计（1～2节）

授课班级	全校自由选修课	学时		32
教学单元	学堂在线视频课程第1～2讲 1.家庭理财概述 2.家庭理财内容	教学目标	目的	1.理解家庭理财内涵 2.了解理财发展历程 3.熟知家庭理财内容 4.实训家庭理财理念
教学手段与教学资源	1.课前预习视频课程内容 2.课堂组织小组展示讨论 3.课后实训，社区调查咨询		要求	1.做好视频课程内容预习 2.积极参与理财演示、讨论 3.社区居民咨询，理财调查
教学难点	1.理解理财的内涵；2.演示访谈节目，理财师、客户及主持人角色扮演及演示内容设计；3.理财规划的内容；4.家庭理财的理念和应用			
教学重点	1.家庭理财内涵及历程；2.家庭理财规划内容；3.引导学生参与实训展示			
教学方法	1.课前：网络视频预习；2.课中：小组讨论、节目演示、案例分析等；3.课后：指导实训和社区调查，收集理财案例，开展理财咨询服务，学以致用			
教学思路设计及时间分配	教学设计： 情景导入——关于家庭理财的认识，访谈视频：5分钟 教学目标——认识理财和理财内容、历程：15分钟 指导演示——准备理财内涵展示，角色扮演：30分钟 内容展示——小组演示理财访谈节目：30分钟 课程总结——评选最佳理财师，总结课程：10分钟			
课堂教学目标考核	1.家庭理财内涵和内容视频课程预习，占20%；2.课堂上用雨课堂交流，扫码签到，弹幕留言，占30%；3.课后选择在线系统练习题目，完成训练作业，占30%；4.解析案例库家庭理财的误区，并提交网络课讨论区，占20%			

续表

课后作业	选择在线课程关于理财内涵解析和理财误区的判定案例，完成判定理由，并提交到讨论区
课后分析	1. 学生课前观看《家庭理财》学堂在线第1和第2讲，即关于家庭理财内涵和内容的视频，对课程基本知识点和理财实训内容有较好的了解，为参与课堂实训演示做好准备 2. 在课堂上，学生以小组为单位，针对理财规划内容，组织角色分工，自编自演《天天理财演播室》节目，学生发挥创新能力，积极参与讨论，课堂气氛活跃，教学效果良好，学生对理财有了直观感受和理解
教学要点	侧重训练学生对在线课程内容与电视访谈节目的衔接和应用，培养其实操能力和分析具体家庭理财需求的能力

表2 "退休养老规划"教学设计

序号	教学设计	学时
1	课前准备： 上课铃声响前，教师打开多媒体课件，登录雨课堂，学生扫码签到，进入雨课堂智慧教学系统	3分钟
2	课程情景导入： 教师简要回顾上节课内容和学生提交到学堂在线教学讨论区的作业，对于本节课中退休养老规划的视频内容，利用雨课堂提问，进行启发式、提问式导入，学生对我国人口老龄化国情认知，对退休规划意义认知，对退休规划流程明确熟知	10分钟
3	引导访谈节目编剧准备： 从学堂在线退休养老规划案例资料库中，小组自主选择一个家庭案例，小组成员分工，分别扮演节目主持人、理财师、两位有退休养老规划需求的客户，进行角色演练，自己编写演示台词和内容，排练访谈节目，开展演练	15分钟
4	学生访谈节目展示： 分小组对排演的退休养老规划访谈节目进行展示，全体学生认真观看，并在雨课堂进行投票，教师对每组学生的演示内容进行点评和分享	15分钟
5	课程总结： 教师对退休养老规划访谈节目和展示进行总结，雨课堂系统自动评选当节课最佳学员，评为当天"最佳理财师"，颁发小礼品激励，课堂上师生互动良好，全体同学积极参与。课后提供家庭案例，学生可二选一，开展实训演练	5分钟

教学过程中充分调动学生的积极性，应用雨课堂新型教学工具，取得了较好的师生交流互动效果。家庭理财课程智慧教室小组讨论和实训扮演展示如图2所示。

图2 家庭理财课程智慧教室小组讨论和实训扮演展示

（二）线上线下混合式教学成绩考核设计

课程成绩由三部分组成，注重过程和参与度考核。

（1）课前教师通过雨课堂公告、课程微信群等推送下次课程的视频内容、课程计划、需要查阅准备的资料论文等内容，学生预习视频课程，雨课堂显示学生预习进度，占总成绩的20%。

（2）课堂上利用雨课堂扫码签到、弹幕留言、回答问题、选优投票等记录，学生小组讨论，理财访谈节目展示，学生投票情况，评选"最佳理财师"记录，占总成绩的30%。

（3）期末时，教师根据课程内容，为学生设计家庭理财规划方案的思路和内容提纲，学生可以选择某家庭具体案例内容制订理财方案，提交家庭理财专项方案或总体规划方案，占总成绩的50%；或教师以重点考查理财技能应用为目标，通过开卷考试考查学生的理财技能，占总成绩的50%。

四、课程评价与课程特色

（一）课程获得较好评价

学校教务处、督导专家组、北京市理财规划师协会、选课学生都对课程及教师的能力给予了较高的评价。第一，学校教务处认为课程改革创新效果明显，线上线下教学有机融合。第二，学校专家组督导在听课后对课程给予很高评价，认为教学方式新颖，师生互动充分，雨课堂新型技术应用效果、教学效果良好。第三，北京市理财规划师协会针对任课教师在普及大众理财教育方面做出的积极贡献，将其评选为理财规划师专业委员会成员，笔者主编的《家庭理财实务》一书被北京市教育工作委员会评定为"百本家庭教育指导图书"。第四，选课学生积极参与教学，尽管是全校选修课，学生来自不同专业，但是全学期学生上课出勤率达到100%，最近学期学生评教分数为4.62分，高于该学期平均学生评教分数；从两学期的学生成绩来看，平均成绩提高了10分。第五，笔者总结理财课程改革成果，撰写的论文《家庭理财策略：基于生命周期理论》发表在中华女子学院学报2019年第5期，受到金融同行和教师们的充分认可。

（二）课程特色

1. 教学内容丰富

贯彻落实习近平总书记关于注重家庭家教家风建设的重要指示精神，教学过程注重学生财商和道德教育，始终贯穿勤俭持家、勤劳致富、理性消费的理念，杜绝一夜暴富的想法及投资盲目跟风的不良行为；课程内容符合中华女子学院家庭建设特色学科的发展方向，形成了家庭理财技能培育的完整体系。

2. 教学方式新颖

通过线上线下混合式教学，以《天天理财演播室》为载体，学生分小组讨论，带任务演角色，自编自演访谈节目，在教师的指导下，参与理财实训的设计和方案实施，以理财师的角色完成课程学习任务，教学方式开放自主、充满新奇感，符合学生的偏好，体现了以学生为中心的自主教学理念。

3. 教学工具智能化

课程在学堂在线上分为32讲，学生自主选择在线学习，随堂设计了配套练习题目。教学过程中，充分应用雨课堂开展翻转教学，手机成为教师教学、师生互动交流的工具；课后学生自主选择训练题目，将答案在线提交到讨论区，与教师实时交流，同时保留了学生参与课程的全过程记录，体现了区块链技术的智慧应用。

（三）课程创新点

1. 教学内容创新

开发理财实训特色线上线下混合式教学课程内容，编著了与慕课配套的教材，以家庭真实案例为教学内容，突出实战性和应用能力培养。

2. 教学设计创新

采用理财机构一线实战教师联动教学资源，以《天天理财演播室》为载体让学生进行自主展示，雨课堂教学工具解决了师生缺乏互动交流的教学难题。

3. 考核方式创新

注重过程考核，成绩构成中，线上学习过程占20%，课堂中雨课堂记录占30%，期末理财方案设计或考试占50%。

总之，"家庭理财"课程线上线下混合式教学模式使学生的学习主动性明显提高，采用雨课堂新型教学技术，完整记录了学生参与教学的全过程，并给予了公平公正的过程评价，课程考核不再仅依靠期末试卷，而是让学生主动设计、主动探索、团队演练、角色扮演，课堂变成了舞台，而教师则成了导演，这是线上线下混合式教学模式最直观的成效。但是，对混合式教学模式的探索永远在路上。如何实现线上慕课和课堂教学内容的深度融合，如何调动学生参与课堂实训活动的积极性，还需要笔者不断创新探索，最终提高课程教学效率。

美育和劳动教育

劳动教育融入大学专业课程的教学实践改革实验
——以"学前儿童游戏"课程为例

中华女子学院儿童发展与教育学院　房阳洋

摘要：为充分发挥劳动育人功能，弘扬劳动精神，切实体现劳动教育在我校育人环节中的重要作用，将劳动教育融入"学前儿童游戏"课程中，通过劳动教育改善学生的劳动精神面貌、劳动价值取向和劳动技能水平，引导学生热爱劳动、掌握劳动技能、形成劳动习惯，运用理论导入—主动操作—反思完善的"三段式"路径锻炼和提高学生对游戏活动的动手能力与操作适应能力，取得了一定的成效和经验。

关键词：劳动教育　劳动技能　劳动习惯

一、研究背景

为贯彻落实《中共中央国务院关于全面加强新时代大中小学劳动教育的意见》《大中小学劳动教育指导纲要（试行）》等文件的精神，促进我校学前教育专业的建设和发展，争取"十四五"时期我校学前教育专业进入"双一流"专业行列，我院鼓励教师在专业课程建设中巧妙合理地融入劳动教育的思想与方法。劳动教育是中国特色社会主义教育制度的重要内容，其直接决定了社会主义建设者和接班人的劳动精神面貌、劳动价值取向和劳动技能水平。作为高校教师，在课堂中应践行教育与生产劳动相结合的原则，切实发挥劳动的育人功能、实现育人的目标，对学生开展热爱劳动、掌握劳动技能、养成劳动习惯的教育活动，这符合时代要求和学生高质量发展需求。

现实中，传统意义上的文科课程编排设计容易在教育中重理论学习、轻实践操作，重教师讲授、轻学生输出，重智力活动、轻动手劳动。"学前儿童游戏"是专业认证背景下我院开设的一门应用型课程，其有着较为成熟的课程发展轨迹。为了发挥劳动教育在大学生教育中树德、增智、强体、育美的综合育人价值，帮助大学生树立劳动最光荣、劳动最崇高、劳动最伟大、劳动最美丽的观念；引导大学生体会劳动创造美好生活，使其热爱劳动、尊重普通劳动者，培养勤俭奋斗的劳动精神；锻炼大学生具备满足专业发展需要的基本劳动能力，形成良好的劳动习惯，"学前儿童游戏"课程尝试在教学改革实践中融入重劳动、会劳动、爱劳动的教学设计。

二、教改总体思路

游戏作为幼儿园的基本活动，是教师必备的专业能力。为了让游戏课程更符合学生实践应用体验的需求，在"学前儿童游戏"课程中尝试设计将劳动教育自然而然地融入课程目标、课程内容与实施方法体系中。同时还要改变唯教材、唯考试成绩为评价标准的考核方式，渗透过程性评价，促进"学前儿童游戏"课堂成为展示丰富实践案例的劳动教育创新课堂，从而积累过程性劳动教育成果。

（一）设计将劳动教育融入专业课程的"三维"目标体系

为了有效落实劳动教育目标在课程中的开展，参考有关劳动教育的政策与理论研究文献，结合思政课程和我院师范专业认证要求，将"学前儿童游戏"课程的目标体系设计为：热爱劳动—掌握劳动技能—形成劳动习惯的"三维"横向结构体系（见表1）。

表1 融入劳动教育的课程目标设计

序号	大纲要求	热爱劳动	掌握劳动技能	形成劳动习惯
1	认识幼儿游戏	理解游戏与劳动的关系；尊重劳动	学会简单的手指游戏	理解同伴之间的合作互助
2	理解东西方游戏理论	尊重幼儿，弘扬社会主义核心价值观，能从传承、弘扬和创新中华传统文化的角度理解游戏活动	学习民间游戏，掌握传统游戏玩具的制作方法	掌握传统文化中的手工劳动
3	掌握游戏与儿童发展的关系，以及影响游戏的主要因素	发扬工匠精神，喜欢钻研游戏教具	自行设计和制作适合幼儿学习与发展特点，符合幼儿游戏需要的玩教具	分享、反思完善玩教具

续表

序号	大纲要求	热爱劳动	掌握劳动技能	形成劳动习惯
4	幼儿游戏的观察与现场指导	发挥创新精神,将民间游戏材料改编为适合幼儿的现代游戏,培养勇于探索和创新的精神、善于解决问题的实践能力	创造性设计和制作基于民间传统游戏的新玩具材料	创造性发扬动手制作玩教具的能力,在劳动中实现习惯的养成
5	幼儿园各类游戏的指导	热爱幼儿园各类游戏材料的操作	应用所学游戏原理设计各类玩教具材料,在劳动成果物中引导幼儿游戏,并根据幼儿的需要提供必要的指导	热爱摆弄操作物、设计区角材料,指导幼儿开展操作

(二)开创将劳动教育融入专业课程的"三段式"纵向路径体系

为了落实"学前儿童游戏"课程中的劳动教育目标体系,在课程实施中将劳动教育巧妙融入,将步骤方法设计为"三段式"纵向路径:理论导入—主动操作—反思完善,这一路径具有较强的实践操作性。

首先,将劳动教育理论渗透到学前儿童游戏的相关教育理论中,有机融入本科生教育教学的思想观念改造中,引导学生乐于接纳利用游戏的基本理论设计游戏材料、游戏环境和游戏活动。通过劳动教育目标的设计,引导学生相信在游戏课堂中除了理论学习,还可以产出游戏操作物,并主动探索"学前儿童游戏"劳动教育理念的可行操作化路径。

其次,将劳动教育的方法与学前儿童游戏的课堂实践进行融合,有效利用目标体系的内容指导学生在课堂中亲身体验、动手操作,练习设计游戏材料和游戏内容,鼓励大学生在产出游戏观点、游戏材料的时候留存过程性资料,学会合作劳动与小组学习。

最后,将对劳动教育的热爱贯穿于日常学习与生活中,有效利用多媒体技术生成和传播教育成果。劳动成果的分享会给学生带来获得感和满足感,在"学前儿童游戏"的课堂上,鼓励学生用多媒体信息技术制作有关成果分享的内容小视频,促进自主学习与深度学习,创造围绕劳动教育目标体系的新媒体内容分享机会,生成过程性评价资料,探索"学前儿童游戏"课程的媒介化路径。

三、教改具体举措

大学生既是主动的、有创造力的学习者,也是接受劳动教育的主人。为有效落实新文科建设和专业认证、一流专业建设的要求,将劳动教育融入"学前儿童游戏"课程的教学实践中,具体举措如下。

(一)在大纲修订中将劳动教育的三维目标有机融入"学前儿童游戏"课程

在"学前儿童游戏"课程的大纲修订中,我们结合课程思政的目标,特别考虑将劳动教育的课程目标进行了融入设计,在能力目标、素质目标和课程思政目标部分都有机联系了劳动教育的目标。例如,具有创设幼儿园游戏环境(室内活动区和户外游戏环境)的能力;具有设计玩教具、组织实施和幼儿园各种类型游戏的能力;具有自主学习和爱动手操作的意识;具有游戏精神,养成热爱劳动、勤于思考的习惯。发扬工匠精神和创新精神,结合中华民间传统游戏的理念精髓自行设计和制作适合幼儿实际和教学需要的教玩具;引导学生热爱合作劳动,掌握劳动方法在游戏设计中的运用。

(二)在课程内容设计中对劳动教育与游戏结合的内容进行渗透

为贯彻将劳动教育有机融入游戏课程的目标,我们在课程内容中加入通过劳动操作手工完成的游戏材料设计内容,引导学生掌握粘贴、围合、对折、剪、组合等基本的动手操作劳动技能(见图1~图5)。

图1　区角游戏材料1　　　　图2　区角游戏材料2

(三)在课程实施环节有机融入玩教具设计等劳动操作环节

教师引导学生在游戏课程中运用皮亚杰具体认知思维的理念,结合儿童发展年龄特点设计游戏玩教具半成品材料,并进行合作劳动和成果分享(见图6~图13)。

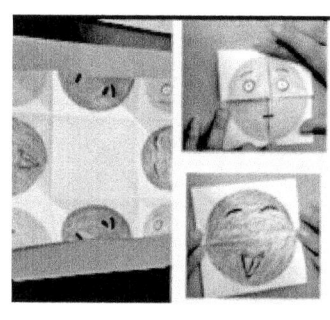

图3 区角游戏材料3

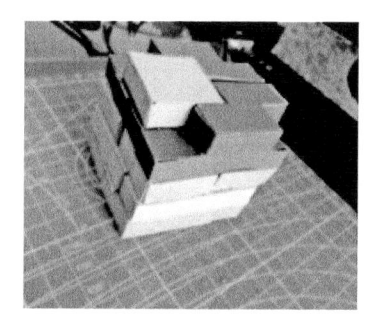

图4 区角游戏材料4

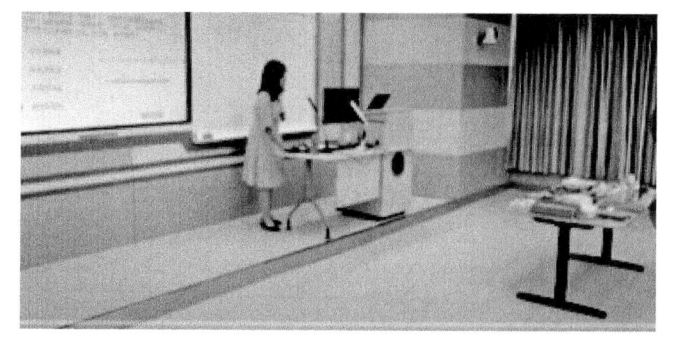

图5 课堂自选游戏材料

图6 游戏展示1

图7 游戏展示2

图8 游戏展示3

图9 游戏展示4

图 10　游戏展示 5　　　　图 11　游戏展示 6

图 12　游戏展示 7　　　　图 13　游戏展示 8

（四）在课程评价中将 30% 的过程性评价占比提升为 40%

为了鼓励学生重视"学前儿童游戏"课程中劳动操作的态度、技能与方法，同时为了养成学生应用专业技能的劳动习惯，我们将融入劳动过程的过程性评价的分值提高，由原来的 30% 过程性评价加 70% 期末成绩评价改为 40% 过程性评价加 60% 期末成绩评价，强调劳动教育的操作化材料技能掌握与态度养成，鼓励学生进行劳动技能练习、劳动成果分享与信息化传播。

四、成效与经验

"学前儿童游戏"课程通过将劳动教育有机融入教学实践，取得了一定的成效，经过两个学期的教改尝试，学生参与劳动操作的积极性普遍提高。主要经验如下。

（一）通过劳动教育理念的融入引导学生热爱游戏课程

在传统理论教学的基础上融合劳动教育理念，使课程更加"灵动"，通过游戏课程传播"劳动"理念，鼓励学生通过双手创造劳动成果物。在这一过程中，学生更加热爱游戏课程，热爱中华优秀文化在游戏中的玩教具材料操作，热爱民间游戏的传播与探究，在学前教育专业课程中培育践行了社会主义核心价值观，渗透了课程思政的教育理念。

（二）通过课程中的创造性转化与创新性劳动引导学生掌握游戏技能

为了有效调动学生的劳动积极性和劳动参与性，教师收集了各时期幼儿园游戏材料的真实素材，给学生提供多方面的前沿案例（视频或图片），引导学生在课程中体验游戏材料的创造性转化与创新性发展，鼓励学生自己设计玩教具和游戏内容，对融合中华优秀文化底蕴的课程成果物予以展示和奖励，帮助学生掌握真正的幼儿园游戏技能，以服务于未来的幼儿园教师专业工作。

（三）通过应用"新"技术鼓励劳动教育在课堂中的合作与传播

劳动教育在"学前儿童游戏"课程中的渗透与传播过程，逐步打破了以单向知识传授为主的教学模式，伴随着学生使用新媒体技术的能力提升，鼓励学生使用新技术主动学习并展示自己在课程学习中劳动操作、深度思考、实践创新的创造物，使其以自媒体的形式呈现或传播，体现大学生在知识生产上对劳动教育成果的理想追求。这种推动新媒体应用的方式鼓励学生将劳动教育习惯的养成渗透到学前教育专业建设过程中和日常学习中。

（四）通过劳动教育过程性成果物植入"新"评价体现了教学评价的改革与创新

"学前儿童游戏"课程在对将劳动教育融入课程实施过程的探索中，提高了过程性评价在总成绩中的占比，从学生掌握真实技能的角度构建了过程性评价和结果性评价相结合的复合型评价体系，改变了过去强调记忆背诵的终结性评价，利用互联网技术留存学生在课程学习过程中的劳动成果等过程性证据材料，从而形成新的评价体系。

参考文献

[1] 胡月，靳玉乐.教科书里的劳动者形象塑造：劳动教育融入学校课程的探

索 [J]. 华东师范大学学报（教育科学版），2022，40（6）：105-115.

[2] 赵芳霞. STEAM 教育理念下幼儿园建构游戏活动开展研究 [J]. 新课程，2022（22）：17.

[3] 聂晨. 劳动教育融入高校《创业实践》课程的探索 [J]. 创新创业理论研究与实践，2022，5（9）：52-54.

[4] 田其真，曹斌，王成丽，等. 高职院校劳动教育融入专业课程教育的探索与实践：以宠物店铺管理经营为例 [J]. 现代职业教育，2022（9）：88-90.

[5] 许华琳. 劳动教育理念融入专业课程教学探究：以虚拟化技术与应用课程为例 [J]. 公关世界，2022（12）：44-46.

[6] 马融. 课程思政视阈下劳动教育融入高职环艺专业课程的探究：以《装饰材料与构造》课程为例 [J]. 中国多媒体与网络教学学报（中旬刊），2022（8）：82-85.

[7] 吴楠. 劳动教育融入高职院校思政课程的有效途径研究 [J]. 中国培训，2021（11）：61-62.

浅议"美育"于普通高等院校中"美术教育"基础教学普及之思

中华女子学院儿童发展与教育学院　马丽娜

摘要：本课题是关于美育的探讨，主旨为如何在普通高等院校培养方案中纳入美育的"美术教育"部分进行思考。将美术教育的教学模式及教学内容作为主要实施部分，融合相关的艺术赏析、艺术技能、艺术创作等能力培养为一体。通过对大学课程的时长、就业需求的综合考虑，完成美术爱好培养及审美情感培养相结合的课程设计，为普通高等教育人才培养中的美育渗入提供一种可能性。实施美术教育在普通高等院校中的必修/限选课程建设，延展对于人才培养的社会诸多需求与可能。

关键词：美育　美术教育　基础教学

一、美育的定义与美术教学实施的关系

在党的"十八大"报告中，习近平总书记就教育发展问题，特别提出"要全面加强和改进学校美育，坚持以美育人、以文化人，提高学生审美和人文素养"的指导方向，在2018年习近平总书记给中央美术学院老教授的回信中这样写道："美术教育是美育的重要组成部分，对塑造美好心灵具有重要作用……做好美育工作，要坚持立德树人，扎根时代生活，遵循美育特点，弘扬中华美育精神，让祖国青年一代身心都健康成长。"

那么，"美育"的定义究竟是什么？"美术"与"美育"的关系如何？如何在高校开展"美术"普及的教学？

美育，通常称为培养审美能力的教育。著名教育家蔡元培提出："美育者，应用美学理论于教育，以陶养感情为目的者也。"因此，在将审美与教育

结合为一体的今天，我们称之为"美育"。而其特征来源于"情感"的本真表现，情感则来源于感受力的培养，亦称审美教育。将美的标准作为情感的标准，用教育的形式引导、培养、展现人的本真的、形象化的情感。通过情感的细腻、微妙、道德的自我感受力，完成社会层面的审美教育。随着时代的变迁，审美标准也会发生变化，因此美育的功利性就属于时代的需要，它存在于一个时代，并受制于这个时代的社会伦理及道德观念，同时，由于美育的本质在于情感性，而美感是人内在的、超越功利的，所以"美育"的指向应为对人性价值标准的恒定，即"至善"的感受。"美育"使每一个人具有美的理想、美的情操、美的品格、美的素养，并能够运用欣赏到的美和感受力去创造美。由此，美的形式就出现了分类。在《关于全面加强和改进新时代学校美育工作的意见》（以下简称《意见》）中解读了"美育"的定义："美育，一般也称审美教育。审美是一个人对具有美感的自然或人造审美对象进行感知、享受、判断和评价的行为过程，而帮助人们形成这样一种行为能力的教育则是审美教育，即美育。"《意见》确定了"美育"的功能与价值，并全面贯彻党的教育方针，对"美育"进行了全面部署。这是"美育"进入普通高等院校的重要理论支持。

在美育中，"审美"作为美术、音乐、舞蹈的重要情感功能，成为如今美育教育的目标。提升"审美能力"就要从美的功能说起。审美，既不是一部美术史、音乐史、历史、文学史，也不是一件油画、国画、版画、雕塑作品或歌唱、舞蹈演出，更不仅限于建筑设计、公共艺术作品和街舞、民谣。审美，是一个人从小开启的综合审美教育体系培养出来的，具有独立思考、独特创新能力、敢于尝试新鲜事物的、具备重要创造精神的运用综合道德基础去感受美的新时代青年。

美育是道德教育，更是民族教育，涉及中国文化的方方面面。但提升审美水平的方法是通过每一件作品、每一支歌曲、每一段舞蹈、每一章节的文学作品等来滋养青少年的内心，使其感受到美好的世界与美好的精神。润物细无声，少年强则中国强，美术教育是美育的重要组成部分，美术教育在纵向上，必须从小学开始，甚至延伸到学前教育以及家庭教育中才更具有全民基础；美术教育在横向上，必须展开全面的综合能力培养，让专业美术作品成为非专业学生或者不同专业学生可以去赏析、去接纳、去感知、去感动的艺术形式。如同歌唱、舞蹈、戏剧走进剧院一样，美术作品在美术馆的展出也是极具观赏体验性的美育形式。

对于基层教育工作者，美术教育的作用更是潜移默化的，因此，本文将对"美术教育对美育的影响"进行探讨。

（一）美的欣赏与美的感知

提升审美情怀，是提高审美素养的基础。通过一些作品展开对美育精神层面的理解。优秀的美术作品一直以来都是艺术家及其所处时代的精神体现，同时表现了艺术家所处时代的文化理想。因此，形象塑造与文化理想就成为今天美术的有机组成部分。董希文的油画作品《开国大典》，就迎合了时代的审美，其庄严、历史定格、形象塑造、色彩设计、场景构图等，都成为那个时代的美好记录。《人民英雄纪念碑》基柱四周的浮雕作品，记录了1840年以来中华民族奋起反抗、团结拼搏的精神，以及新中国成立的历史进程。徐悲鸿的作品《愚公移山》，在抗战时期成为象征中国人民精神凝聚力的有力作品，表达了艺术家对团结精神的美好愿望。詹建俊的《狼牙山五壮士》，用油画的方式将人物与山峰凝聚为一体，展现了艺术家的个人精神塑造了英雄气概，成为精神凝聚力的重要引领者。

艺术造型通过形象、景观、事件记录历史的发展，更重要的是艺术作品还可以成为每一个人的共鸣与想象的种子。靳尚谊的《塔吉克新娘》，将青春的懵懂、憧憬、含蓄，以及对未来的想象，都在人物形象中展现出来，这也是肖像作品带给我们的感受，使观赏者在作品中感受到人物内心的情感，开启艺术家与观赏者之间的对话。

美术的表达是宽阔的，王希孟的《千里江山图》只是中国传世名画中的冰山一角，中国的美术史上还有更加重要的艺术作品与艺术家，均表达了个人期许及其所处时代的文化理想。

中国的美术之外，还有西方的美术作品，文艺复兴的由来，印象派中人与自然关系的转变、西方艺术史中艺术家与时代的抗争、艺术家如何成为一个时代的精神引领者，这些都是美术带给我们的感受。

因此，美术欣赏是一种放开眼界、包容圆通的能力，也是看待世界发展进程的图像说明，更是作为人类中个体成长的重要信息普及，美术作品的文化背景带给我们的新鲜感与未知感，成为美育中审美素养提升的组成部分。从美育视角影响了语文、历史、地理、政治课程的学习兴趣的激发，成为一条文化隐藏的线索。

（二）美的能力与美的技术

美的能力培养即对美育中技能掌握的重要环节。

1. 学科的融合教学

在采用仅能培养的基础环节进行美术基础教育的同时，加强德育方面的培养，通过劳动的反复练习掌握技巧与实操的熟练步骤，从开始绘画就要进行德育教育，在体会学习技能的同时，知晓艺术是追求真善美的过程。这就是美术技能与劳动技能的结合。也就是说，美术课程不是搞破坏，而是在绘画的开始与结束时保持使用空间的环境整洁；美术作品的创作，需要运用智育培养中的学科教育。运用数学、化学、物理等学科的原理，增强创作的逻辑性思考。运用学科教育中的语文、历史、地理等知识，增加绘画的知识性表达。美育目标中的跨学科结合形式就是美术创作的常用方法；体育是所有教育的基础准备，学生学习艺术必须具备良好的体魄，运动是健康的基础，有了好的体能才能有效地思考，这也是学科相融合的必要条件。因此，美术的培养是在学科融合的基础上，将美好的事物用美术串联在一起，而不是脱离学科单独存在的。挖掘美育资源，充分利用好各学科。整合学科之间的"美"的元素，是推进美术课程教学最好的方式。在教室里的学习应该与社会实践、校园文化美化相结合，借鉴美术专业的实践课程，形成实践教学中的组成部分。外出写生与参观也是美术教育不可缺少的形式。学科与学科、社会实践与校园教育相结合协同育人才是美术教育的重要目标。

2. 学段衔接

完善美育课程设置，根据年龄段的认知水平将美术教育难度加强，从学前教育到小学、中学，再到普通高等学校的美术教育，应该是循序渐进的学习方式，更应该具备触类旁通的学习态度，将自然知识、环境保护、地理知识运用到美术教学中，通过美术的形象教育，加强对历史、地理、政治等相关学科知识的理解，通过实施美术教育来强化学校美育的主体是艺术课程，包括音乐、舞蹈、戏剧、戏曲、影视、美术、书法等。美术教育是美育的重要组成部分。美术课程设置，应该分学段（年龄段）进行，在内容上要有侧重地进行规划，在教学方法上要循序渐进。美术教育需要与其他艺术教育之间形成相互呼应的教学关系，从而提升艺术专业之间的有效配合，构建以美术教育为核心的相互衔接的美育课程体系。

3. 目标整合

美术教育是美育的重要组成部分，凸显了艺术学科独有的特点，美术教育的目标明确，以完成的练习或者作品的时长与审美效果作为课程培养的核心素养。在基础课程中涉及美术理论的相关知识均是建立正确价值观的必要条件。完整品格与技术能力的培养是美术教育潜移默化的影响，真正实现了多维育人的目标，更是将学科教育、道德教育、体育教育有效对接。美术教育是从学前教育到义务教育，再到高中教育、高等教育、社会教育、家庭教育贯通终身的美育。因此，美术教育成为各级各类学校美育课程的组成部分。

4. 教材贯通

增强专业化美术（普及性）教育的教材体系建设。将综合能力培养作为普通高等院校的培养方向，制定一套专属于美术教育的评价体系，并加大监管力度。严肃对待教材编著工作，设计符合大学教育水平的"美术基础教育"教材、"美术技能教育"教材、"美术创作指导"教材等。美术教材应该秉承马克思主义的共产主义理念，扎根中国文化，融会贯通中外美术理论，用博爱的眼光看待民族与世界的关系，完善民族美术教育教材，凸显中华美育精神，美术教育应将课程过程和课程目标作为重要环节。将教学素材精细化、专业化，切不能为了快速开启课程而制作粗糙的美术教材，这有悖于美育之初衷。增加教学视频的制作和技能教学的讲解，视频教学应具备更新周期，以保证技术资源的与时俱进。大学教育有赖于中小学美术教育的基础，因此大学美术教材应该成为大中小学美育教材一体化建设的一部分，实现主线贯穿、跨越各个学科、技术难度循序渐进的体系化教材。

在美术教育中，教材是重中之重，有了好的教材，才会有好的教法，才能教授出优秀的学生，作为普通高等院校的大学生，从事的专业和领域都将成为美术教育教学目标中的独特结果，因此，美术教育的普及起点绝不是大学，而应是在大学教育中具有重要的心灵指导与美好体验。

（三）美的创造与美的表达

以"美"育人，是美术教育的重要导向，育人之道德、育人之感情、育人之善良、育人之美好，美育的初心即对于社会美好事物的向往与愿望。但是，无论美育中的哪一项教育都绝非一日之功，每一项专业性的教育都需要艰难地练习、感受的过程。中国人的美术教育有六法之说，其中"传移模写"说的就是学习美术的形式，这个过程需要3～6年的积累才能初见成效，对于非美术专业的大学生，了解了中国画论的六法原理，就知道了学习美术的过程与方法。通过美术学习的方法进行跨专业的创造，美术教育秉承"一人一品"的中国美术精神，意在以美术的技法和理论培养具有独特创造能力的新时代青年，因此，更需要脚踏实地、久久为功的美育过程，培养心脑手合一的创造型人才。动手制作，是美术教育中的技能培养部分，因此建立灵巧的手、脑、眼相结合的训练模式是教学的重点。制作作品的实践过程是中国未来人才培养做好勤劳，主动，智慧的基础性创新培养，将技能转化为创造能力离不开教育主体的引导，更离不开美育政策的推行。因此，要实现创造性人才的培养，美术教育是重要的一环。

目前，学校美术教育已经推广到乡村，从早期美术教育的单一鉴赏教学形式转为综合实践的教学形式，在网络时代实现了从线下实践探索教学形式转到线上视频共享的自主实践的教学形式，美术教育也从原本的校园教育逐步向家庭美术教育互动过渡。社会美育离不开每一个人对美的热爱，但是美术教育的巨大转变还需要几代青年人的不断砥砺前行。

应该看到，强化美术教育是现今比较薄弱的环节，需要从学前教育、中小学教育、大学教育及社会各界的教育共同着手、群策群力，为实现新时代创造型人才的培养提供切实的支持。

美育的用处远远大于很多家长的认知。一个社会的建设离不开具备美育标准的人，因为人都有美好的向往，美好的社会才更具备生存的舒适度。美育，绝不是"无用"的教育，而是有实实在在的"大用"的教育。城市中的美育就是人本感受的舒适程度。城市是有"美的标准"的。一个城市的美取决于建筑、景观、道路、设施器具等的美的相互和谐，因此，美育无处不在。当处于唯美的社会中时，积极、努力、智慧的中国人民将是最重要的创造未来的基础。

农业学家袁隆平先生热爱音乐，喜欢小提琴的声音；园林学家、古建筑学家陈从周先生酷爱文学；物理学家钱学森先生喜好书画；等等。很多如他们一般做出伟大社会贡献的学者都是在享受"美"的同时创造"美"，以自身的综合素养完成在各自领域的创造性研究，新时代新征程中的大学生更需要这样的坚韧与精细，运用美术教育的培养过程完成对新时代大学生的美育养成，唤醒青年一代全面发展，成为未来身心健康的栋梁之材，以及可担当民族复兴大任的新时代青年。

美育，是一颗心灵的种子，当播撒进每位青少年心中的时候，美术教育就是浇灌他们的过程，青春如花，青年的创造力也随之成为中华民族未来的希望。

参考文献

[1] 席勒.美育书简[M].徐恒醇，译.北京：社会文献出版社，2016：15.

[2] 曾繁仁.美育十五讲[M].北京：北京大学出版社，2017：20-35.

[3] 程笑冉.美育：从培养孩子画画开始[M].北京：机械工业出版社，2020：55-80.

[4] 戴亚楠.生命合伙人：美育从妈妈开始[M].北京：中国青年出版社，2017：45-48.

[5] 蔡元培.以美育代宗教[M].北京：北京大学出版社，2020：23-28.

[6] 蔡元培.蔡元培美学文选[M].北京：北京大学出版社，1983：60-67.

[7] 蔡元培.中国现代美学名家文丛：蔡元培卷[M].杭州：浙江大学出版社，2009：20-21.

[8] 辞海[M].上海：上海辞书出版社，1989：2158.

[9] 祁志祥.中国现当代美学史[M].北京：商务印书馆，2018：18-28.

[10] 李石岑.美学之原理[M].北京：商务印书馆，1925：68-78.

[11] 祁志祥.乐感美学[M].北京：北京大学出版社，2016：40-47.

[12] 刘小枫.人类困境中的审美精神：哲人、诗人论美文选[M].北京：东方出版中心，1994：33-58.

[13] 尼采.悲剧的诞生[M].周国平，译.北京：生活·读书·新知三联书店，1986：70-72.

[14] 伽达默尔.美的现实性[M].张志扬，等译.北京：生活·读书·新知三联书店，1991：55-90.

塑造"新时代女性之美"的美育模式

——以中华女子学院为例

中华女子学院妇女发展学院　于光君

摘要：阐释了"新时代女性之美"的内涵，塑造"新时代女性之美"是女子高校独特的美育使命，提出了塑造"新时代女性之美"的美育模式：一是挖掘校训的美育内涵，发挥校训的美育功能，中华女子学院"崇德、至爱、博学、尚美"的校训，既体现了党的德智体美劳全面发展的教育方针的要求，又突出强调了美育的重要作用；二是实践"课程美育"理念，挖掘课程的美育内容；三是用社会主义先进性别文化塑造"新时代女性之美"，社会主义先进性别文化是塑造"新时代女性之美"的重要文化因子；四是用中华优秀传统文化塑造"新时代女性之美"，中华优秀传统文化中蕴含着丰富的男女平等思想，也蕴含着丰富的"自尊""自信""自立""自强"的思想，这些光辉的思想是男女平等基本国策和"四自"精神的理论渊源。

关键词：新时代女性之美　美育模式　课程美育　社会主义先进性别文化

我国历来都有重视美育的传统，早在新中国成立初期，我们党就提出了培养德智体美劳全面发展的社会主义事业建设者和接班人的教育方针。进入新时代以来，我们党更加注重德智体美劳全面发展人才的培养。为了贯彻落实习近平总书记关于教育的重要论述和全国教育大会精神，强化学校美育育人功能，构建德智体美劳全面发展的育人体系，2020年10月，中共中央办公厅、国务院办公厅印发了《关于全面加强和改进新时代学校美育工作的意见》（以下简称《意见》），《意见》指出，"高等教育阶段强化学生文化主体意识，培养具有崇高审美追求、高尚人格修养的高素质人才"。女子高校要从自身是行业特色院校、学生以女生为主体这一校情出发，构建具有女子高校特色的、可塑造新时代女性之美的美育模式。

一、"新时代女性之美"的内涵

新时代女性之美是指具有"自尊、自立、自信、自强"精神和男女平等意识，"崇德、至爱、博学、尚美"，有理想信念、有责任担当、有作为奉献、有道德情怀，具有"文化理解、审美感知、艺术表现、创意实践等核心素养"，知性高雅，"心灵美、形象美、语言美、行为美"，为实现中华民族伟大复兴的中国梦而努力奋斗的新时代女性在学习、生活和工作中所展示的美好形象，不仅自己美，还能够"以美培元""以美化人"，以美的魅力影响他人、感染他人，"美美与共"，共同创造一个美好的生活环境、学习环境和社会环境。

二、塑造"新时代女性之美"是女子高校独特的美育使命

女子高校作为妇联系统直属的行业特色院校，以培养德智体美劳全面发展的新时代女性人才为使命，具有完备而独具特色的课程体系、力量雄厚的师资队伍和成熟的培养模式。在教育教学工作中，不仅要贯彻落实习近平总书记关于教育的重要论述和全国教育大会精神，还要贯彻落实习近平总书记关于妇女儿童和妇联工作的重要论述以及习近平总书记关于注重家庭家教家风建设的重要论述，贯彻落实男女平等基本国策，弘扬"四自"精神，强化女子院校独特的美育育人功能，塑造"新时代女性之美"。

三、塑造"新时代女性之美"的美育模式

《意见》指出，"美是纯洁道德、丰富精神的重要源泉"。美育，顾名思义就是美感教育，美育和艺术教育有关，但又不等同于艺术教育，因为通过艺术教育来提高人的审美能力和追求美的能力只是美育内容的一部分。美育就是让人发现美、追求美，将自身理想、道德、素养和品格融入美的过程。蔡

元培认为,美育的核心是一种情感教育,美育更多的是指学生道德感和价值感的获得,美育是先教会学生发现美、享受美并思考"真善美"的过程。《意见》对于美育的内涵给出了权威的阐释,"美育是审美教育、情操教育、心灵教育,也是丰富想象力和培养创新意识的教育,能提升审美素养、陶冶情操、温润心灵、激发创新创造活力","美育不仅仅是审美教育,还是对人更为全面的培养,包括道德情操、心灵教育、想象力和创新意识的培养","美育不完全是审美,它还包含诸如真和善等的精神要质,美才不至于流于形表。而且,理想的美育应是生活化的,它不该是一种需要量身定做的'工作'模样"。

美育的方式方法是多种多样的,由于教育对象在年龄、性别等方面的不同以及在校本资源方面的不同,大中小学、普通高校和行业特色院校,都会从本校实际出发,形成具有自己学校特色的美育模式。

(一)挖掘校训的美育内涵,发挥校训的美育功能

每个学校都有自己的校训,校训是什么? 1930 年中华书局出版的舒新城主编的《中华百科词典》对"校训"进行了解释,"学校为训育之便利,选若干德育条目制成匾额,悬见于校中公见之地","目的在于使个人随时注意而实践之"。[1]1988 年出版的《汉语大辞典》解释,"校训,即学校为了进行道德教育的方便,选择若干符合本校办学宗旨的醒目词语,作为学校全体人员的奋斗目标"。[2]校训是广大师生共同遵守的基本行为准则和道德规范,是一所学校教风、学风和校风的体现,是学校文化精神的核心内容,也是校园文化建设的重要内容,是一所学校办学理念和治校精神的反映,还是一种面向社会的精神标志。校训是一所学校的灵魂,体现了一所学校的办学传统,是学校历史和文化的积淀。校训也是一个标尺,激励和劝勉在校的教师和学生。校训对学生的教育是潜移默化的、持久的,即使毕业多年,学生也会将校训铭记在心,从这个意义上说,校训对学生的教育的影响远远胜过课堂教学对学生的影响,校训的育人功能是统摄性的,深入挖掘校训的美育内容,发挥校训的美育功能,这是学校美育工作的重要基点。

中华女子学院作为全国妇联所属唯一一所高等院校,是中国妇女教育和妇女研究的最高学府,其以"崇德、至爱、博学、尚美"为自己的校训。这个校训内涵非常丰富,明确提出了"尚美",并且把"尚美"作为最后的落脚点。"崇德、至爱、博学、尚美"的校训,既体现了党的德智体美劳全面发展

的教育方针的要求，又突出强调了美育的重要作用。为了全面落实《意见》，中华女子学院从新生入学第一课便开始讲好校训，特别是讲好"尚美"的深刻内涵以及"尚美"作为校训内容的独特价值，讲好什么是"新时代女性之美"，作为新时代的女大学生如何塑造"新时代女性之美"，并且在日常生活、学习中以"美"为"尚"，"以美培元"，不断提升自己的审美能力，做到心灵美、形象美、语言美、行为美，在生活实践和学习实践中不断塑造和完善自己美好的形象，敢于和假、丑、恶作斗争，共同营造美好的生活环境和学习环境，共同创造学校美好的历史和文化传统，以校训之"美"育人，以学生美好形象丰富校训内涵。

（二）实践"课程美育"理念，挖掘课程的美育内容

这里说的课程包括有形课程和无形课程。

有形课程，也称显性课程，包括五类课程。一是公共艺术课程，该课程是高校美育的主要渠道，《意见》指出，"高等教育阶段开设以审美和人文素养培养为核心、以创新能力培育为重点、以中华优秀传统文化传承发展和艺术经典教育为主要内容的公共艺术课程"，"高校落实美育教材建设主体责任，做好教材研究、编写、使用等工作，探索形成以美学和艺术史论类、艺术鉴赏类、艺术实践类为主体的高校公共艺术课程教材体系"。二是面向全校学生开设的"礼仪修养"课程，这门课程是通过基本礼仪的教育塑造学生"美"的行为，在"课程美育"理念的关照下，还要拓展深化"美"的内涵，"仁而不仁如礼何？"美的"仁"是"美"的礼的基础和灵魂，通过礼仪教育净化学生的心灵，陶冶学生的情操，使其做到行为美、语言美、心灵美。三是学校的思想政治课，这是对学生进行思想政治教育的主要渠道，思想政治教育和美育教育具有一致性，在对学生进行思想政治教育的过程中，挖掘思想政治课程中的美育元素，把思想政治教育和美育教育整合起来，既能增强思想政治教育的效果，又能增强美育教育的效果，使思想政治教育在"美"的载体上更好地"化"人。四是专业课程，专业课教师要树立"课程美育"意识，深入挖掘课程中的美育元素和美育思想，在进行专业知识讲授和专业能力培养的过程中，对学生进行美育教育，使学生感受到专业课程之美。五是中华女子学院作为行业特色院校面向全校所有专业学生开设的"女性学导论"课程，其是中华女子学院的特色课程，是对学生进行女性学基础知识、"四自"精神和男女平等基本国策教育的主要课程，也是弘扬社会主义先进性别文化、

塑造"新时代女性之美"的主要课程。长期以来,"女性学导论"被作为全校学生必修的特色通识课,没有树立起通过"女性学导论"课程对学生进行美育教育的意识。为了落实《意见》的精神,实践"课程美育"理念,应树立起"课程美育"的意识,深入挖掘"女性学导论"课程的美育元素和美育思想,明确"新时代女性之美"的内涵,探寻"新时代女性之美"的路径,培养学生自我美育的意识。外因要通过内因起作用,美育教育要通过学生的自我美育意识和自我美育行为才能发挥作用,才能获得良好的效果。还要通过"女性学导论"课程使学生了解女性的性别优势,只有了解了女性的性别优势,才能使女生坚定性别自信,而性别自信也是"四自"精神的重要内容。女生的性别自信是塑造"新时代女性之美"的基础,所以通过"女性学导论"培养学生的性别自信也是一种美育教育。

无形课程,也称隐性课程或隐蔽课程,是非正式、非官方的课程,具有隐含性,是在正式课表上看不到的课程,是指学生在学习环境中受环境熏陶所学习到的非预期或非计划性知识、价值观念等。在学校里,除了有形课程之外的校园环境、宿舍环境、餐厅环境、图书馆环境、校园文化、校风、学风、教风、教师和学生的言谈举止衣着打扮等都是无形课程,无形课程是一个无形的场域,对学生的教育和影响是潜移默化的,学生会在不知不觉中受到熏染。要挖掘无形课程中的美育因子,就应充分利用无形课程的潜在优势对学生进行美育教育。美化校园、宿舍、餐厅、图书馆等场所的自然环境,同时注入文化的元素,使美的环境人文化,让学生时时处处受到美的熏陶。良好的校风、教风和学风也是洋溢着美的音符的无形课程,学校要注重校风、教风和学风建设,充分发挥校风、教风和学风的美育功能。教师和学生的言谈举止、衣着打扮本身就是心灵美、语言美、行为美和形象美的展示,这是美育教育的直接生动的教材。美源于生活,在生活中进行美育实践是实现美育的最佳路径。

(三)用社会主义先进性别文化塑造"新时代女性之美"

性别文化是社会对男女两性及其相互关系的观点和看法,以及与之相适应的性别规范和组织结构。性别文化分为平等型性别文化和不平等型性别文化,后者是落后的性别文化,前者是先进性别文化。社会主义先进性别文化是以男女平等为核心的先进性别文化,体现了社会主义核心价值观的要求,是社会主义核心价值观在性别文化中的体现,也是塑造"新时代女性之美"

的重要文化因子，"新时代女性之美"就彰显了社会主义先进性别文化的特征。男女平等基本国策、"四自"精神是社会主义先进性别文化的重要内容，中华女子学院作为以妇女教育和妇女研究为主要任务的行业特色院校，要利用自身独特的资源优势，在教育教学中弘扬和践行社会主义先进性别文化及"四自"精神，贯彻落实男女平等基本国策，培养出自尊、自立、自信、自强的新时代女性，彰显"新时代女性之美"。

（四）用中华优秀传统文化塑造"新时代女性之美"

中华优秀传统文化是中华民族精神的体现，是美育教育的重要内容，也是美育实践的基础。中华优秀传统文化蕴含着丰富的美育思想和美育内容，可以源源不断地为美育实践提供丰富的美育资源。党和国家一直非常重视中华优秀传统文化教育，2014年3月26日，中华人民共和国教育部发布了《完善中华优秀传统文化教育指导纲要》（以下简称《纲要》），提出要"分学段有序推进中华优秀传统文化教育"，"大学阶段，以提高学生对中华优秀传统文化的自主学习和探究能力为重点，培养学生的文化创新意识，增强学生传承弘扬中华优秀传统文化的责任感和使命感"，把中华优秀传统文化教育系统融入课程和教材体系。2017年1月25日，中共中央办公厅、国务院办公厅印发《关于实施中华优秀传统文化传承发展工程的意见》（以下简称《意见》），提出"推动高校开设中华优秀传统文化必修课，在哲学社会科学及相关学科专业和课程中增加中华优秀传统文化的内容，加强中华优秀传统文化相关学科建设"。近年来，落实《纲要》和《意见》的要求，形成了"加强中华优秀传统文化教育促进女大学生发展"的"1+M+N+P"课程模式。"1"是一门核心课程"传统文化与女性发展"，"M"是开设了《论语与人生》《孟子讲读》《大学·中庸》等传统文化课程，"N"是在专业课程中融入中华优秀传统文化的内容，"P"是指导学生进行以传统文化为内容的社会实践、创业、毕业论文和"挑战杯"比赛。

中华优秀传统文化是一座丰富的宝藏。其中既蕴含着丰富的男女平等思想，也蕴含着丰富的"自尊""自信""自立""自强"的思想，这些光辉的思想成为男女平等基本国策和"四自"精神的理论渊源。[3] 通过加强中华优秀传统文化的教育，通过对中华优秀传统文化进行创新性发展和创造性转化，[4] 吸收了中华优秀传统文化中有助于新时代女性发展的思想元素和文化因子，形成塑造"新时代女性之美"的重要文化资源。

参考文献

[1] 舒新城. 中华百科词典 [M]. 北京：中华书局，1930.

[2] 汉语大辞典 [M]. 北京：商务印书馆，1988.

[3] 于光君. 传统文化与女性发展 [M]. 北京：中国妇女出版社，2021.

[4] 金宁，李松睿. 中华优秀传统文化创造性转化、创新性发展 [M]. 北京：文化艺术出版社，2021.

以书法为切入点建构女校美育育人新格局

中华女子学院国际教育学院　张　燕

摘要："五育融合"是新时代中国教育改革与发展的基本趋势，坚持立德树人、紧扣中国特色和时代脉搏，以书法为切入点建构女校美育育人新格局。具体为："生活书法观"认为每个学生都可以进行书法学习；面向中外学生开设书法通识课，以书帖的文学之美、书体的美学之美和书如其人的德育之美，实现讲台—多平台—"舞台"多方联动、学校—家庭—社会相互交融，初步建成良好的校园美育环境和高校美育教育融合机制，让学生的审美回归到独具特色的中国审美体系中来，这较好地响应习近平总书记提出的"坚定文化自信"、建立完善的中国审美体系、向世界讲好中国故事的重要指导。

关键词：书法　美育　五育融合

基金项目：中华女子学院院级发展课题"援外培训留学硕士的中华文化认同实证研究"（2022YX-0203）研究成果

一、"中国文化的核心的核心"之书法为切入点建构美育育人新格局

习近平总书记提出"培养德智体美劳全面发展的社会主义建设者和接班人"的重要论断[1]，"五育融合"已经成为新时代中国教育改革与发展的基本趋势，"具体是突出德育实效，提升智育水平，强化体育锻炼，增强美育熏陶，加强劳动教育"。[2]其中，"美育关乎社会主义精神文明建设，关乎社会意识、社会风气，关乎广大青年学生'本质力量'的发挥和素质禀赋的养成"[3]，要"做好美育工作，要坚持立德树人，扎根时代生活，遵循美育特点，弘扬中华美育精神，让祖国青年一代身心都健康成长"[3]这些重要指示

为学校新时代美育工作指明了方向和原则：要坚持立德树人、紧扣时代脉搏、有中国特色。

在各式艺术教育中，书法教育能同时满足上述三项原则。书法是中华文明的传承载体和文脉基因，是优秀传统文化的核心部分，集形式、内容、人品、素养等诸多要素于一体。作为美育手段，书法表现了千年来百代人的智慧结晶，其能使学生重温民族文化，体会大师风范和英雄义举，感悟艺术审美创造的丰富性，从而凝神启智、提升审美、净化心灵。作为文字书写的实践活动，书法教育的基本模式不仅简便易推广，面向人人，以美育人、以美化人，更能体现以德育及素质教育为主要目的。

在"五育融合"大背景下，书法美育建设要提升到一个新的高度，把"四个自信"视为目标宗旨，纳入学校人才培养全过程，贯穿学校教育各学段。学校要夯实书法美育，在理念、课程、活动、保障等多方面实现融合发展，从课程设计、课程实施等多角度实现一体化发展，构建课程、教学、资源、平台、研究、实践等多位一体的美育育人新格局。[4]如此方能发挥美育的最大价值，培养德智体美劳全面发展的社会主义建设者和接班人。

二、以书法为切入点建构女校美育育人新格局的具体举措

中华女子学院是一所语言类大学[5]，汉语国际教育专业是其唯一的中国语言文学专业。该专业率先开设了书法课，继而向全校本科生及留学生推广，努力打造"生活书法"理念和校园环境，将书法融入学生生活，强调人人都可参与，而不是视书法为象牙塔。[6]

（一）精心选择教学内容

为建设良好的美育校园环境，以达到以美化人（书体的美学）、以文育人（书帖的文学）、以德培元（书如其人的德育）之臻境，书法课程选择爱国君子颜真卿的正书，以及"君子女"的女书（将之并称为"君子正书"），两者人书俱佳，很好地体现了中式审美观。

按照"学校美育作为立德树人的重要载体，坚持弘扬社会主义核心价值观，强化中华优秀传统文化、革命文化、社会主义先进文化教育"[7]的指示，以颜真卿《颜勤礼碑》为主要教学内容，深度挖掘其中的传统文化思想与永恒的民族文化精华，从人品、文章、书体等多角度分析碑帖中情感、文化和

审美各层面的德育、美育因素，让学生深刻体会字如其人、书品即人品，从而激发学生爱国热情并提升其爱国文化素养与审美能力。

牢记"通过个性化的活动让学生得到审美素养的提升，让美育呈现出'定制'的精细化特色才更符合学生全面发展、优质成长的需要"[8]。将江永女书纳入教学内容，构建多元化、特色化的书法美育体系，让学生领略到文化遗产江永女书的独特魅力，其字体具有象形美、造型美、和谐美等形式美，其作品蕴含着真、善、美的审美理想，更是体现了习近平总书记强调的中华民族传统家庭美德："孝"，女书作品强调孝敬是子女最基本的责任和义务，是为人处世之道；"勤"，女书文化认为女性要勤俭持家，这是家庭和睦不可或缺的因素；"育"，身为人母的女子高度重视家庭教育，身体力行对子女进行潜移默化的教育，特别是对女子的教育。学习女书和这些美德，能使千千万万个家庭成为国家发展、民族进步、社会和谐的基点。

（二）开拓多种实现途径

通过讲台教学、多平台课外实践、重大舞台展演等多"台"联动形式，以及联合文化传承人指导学生获得女书创业创新项目的加持，有效利用实地和虚拟网络空间开展多项活动，营造良好的校园美育环境，向家庭、社会推广和共享美育成果，这是行之有效的高校美育融合教育途径。

1. 线上线下多维度讲台教学

（1）开设书法基础课，让学生了解书写者生平、碑帖特点，被其生平及家国情怀所感动，再掌握必要的基础知识和基本技能，着力提升文化理解、审美感知、艺术表现等核心素养。

（2）配合汉语课堂，给留学生讲解汉字形体演变，并进行书法练习，使其体味到笔墨情趣和璀璨文明；讲解书法家和碑帖的故事，让学生理解中华传统文化的深刻内涵，向他们讲好中国故事。

（3）采用线上线下多维度立体交叉式教学。在线下课堂中，教师现场示范讲解、学生练习、师生互动交流，在书写技能提高的同时适时展开理论讲授，使审美、知美、创美这一从理论到实践的教学流程中始终流淌着"德"的因子，潜移默化地完成以美育德的任务。线上教学利用科技创新的软件和工具，使技术与艺术教育深度融合，探索书法美育建设中学科专业交叉互补的融合方式，创新教学模式，解决传统课堂美育的短板，使学生多角度、全方位地感受书法美育的魅力。

2. 多平台联动的课外实践

"美育实践活动是学校美育课程的重要组成部分。"[7] 走下课堂，创建学校—家庭—社会多方联动，讲台、多平台、舞台多向互融的实践活动。

（1）"生活书法"的校园环境建设。推行"生活书法"的理念，营造人人可书法的校园美育环境。其一，发动汉语志愿者社团、学校书法社团进行书法讲解、主题参观鉴赏和临写，并让成员带领更多的同学走近书法。其二，鼓励学生举办线上线下书法展，内容紧扣中华优秀传统文化——春节、中秋等传统节日，以及党和祖国的重要节日或重要活动，如建党100周年、学党史书廉洁、抗击新冠疫情等，依此学习优秀传统文化和社会主义核心价值观等内容，以书法形式将学子的家国情怀展现出来。

（2）学校—社会—家庭互动活动。寻求多方联动求共赢，让美育的影响飞出校门，形成学校—社会—家庭共同参与、积极互动，将美育教育从校园延伸到社会和家庭，提升讲台的高度，形成校园美育和社会美育、家庭美育三者的相互关联和融合，实现美育教育的惠民作用。

具体形式有：书法家进课堂教学和指导，提升学生对书法的理解和审美感知；学生走入首都博物馆和生活社区，交流中华传统文化及其书写的表现形式；学生作品进家门，倡导学生自己写春联并赠给亲友和社区，从而增强文化自信、传播了书法美育。

（3）重大"舞台"展演。中国学生在纪念北京世妇会25周年学术研讨会上展演女书，留学生在人民大会堂被彭丽媛教授接见，其写字的视频受到领导的肯定，展示了留学生对中华优秀传统文化的热爱、对中国人民的友好之情。这些实践活动，不仅让学生得到了锻炼，营造了浓厚的美育氛围，提升了中华文化内涵、审美素养，也是讲好中国故事的一种极佳方式。

3. 女书特色的学生创新创业项目

联合文化传承人共同将特色地方非物质文化遗产引入美育教学。学生项目"京华女书"被选为北京市大学生创新创业项目，"'燕蓟女书'女书文化传播工作室"获得第六届中国"互联网+"大学生创新创业大赛校级一等奖、北京赛区总决赛三等奖，"以二十四节气为例探索女校对女书的国际传播"被立为学校科研项目等。这些项目采用多形式、多平台，传承女书的真善美阳光文化、秀美艺术：走入大学生和留学生课堂线下教学，借助传统节日和节气的文化内容和书写形式，让学生体验传统文化和书法之美；更多地利用互联网、微媒体等易被青年大学生普遍接受的传播媒介、鲜活多样的文艺形式，不断对更多的受众进行传统文化和书法美育的普及。使受众在生活中不断接受爱国爱家、阳光向上主流价值观的熏染，从而将文化中蕴含的民族精神、道德理念、审美旨趣通过日常课堂与实践活动深深植入中外学生的内心，并逐渐内化为精神追求与行动指南。

三、以书法为切入点建构女校美育育人新格局的成效

（一）坚持五育共融、立德树人，以优秀的中华传统文化感染学生

作为非艺术类高校，要始终清醒地认识到"习字习德，练字炼心，写字育人"的重要性，明确书法教育的宗旨不是为展览得奖的精英教学，而是面向人人的生活书法。更重要的是，将中华民族千百年来培育和形成的、通过文艺作品体现的思想理念和道德规范——崇仁爱、重民本、守诚信、自强不息、扶正扬善、孝老爱亲等，作为开展书法美育的核心和初衷。选取合适的能够充分展现它们的教学内容去感染学生，让他们在成长的心路历程中认识到书写艺术的内涵之深、之美，从而树立文化自信，树立对中华优秀文化的认同感，自觉将个人审美回归到独具特色的中国审美体系中来，这正是习近平总书记倡导的"坚定文化自信"的表现。

（二）多种方式普及文学和艺术之美，初步建成校园"生活书法"的美育环境

通过讲台—多平台—"舞台"多地联合，学校—社会—家庭多方互动，以及联合文化传承人引入特色女书，让美育呈现出共性及"定制"的个性化特色，从实体和虚拟网络开展多元书法实践，特别是借助青年学生喜爱的多媒体，初步营造了良好的校园美育环境，并能与家庭、社会各方共享美育成果。这就是学习书法者的初衷与使命，更是受众获得精神洗礼与价值熏陶的源泉，潜移默化地为受众及社会所接受，使审美与道德完美地融合，从而真正实现真善美的统一。

（三）以"惊鸿一现"的展演形式，初步在社会赢得良好声誉

中国学生为纪念北京世界妇女大会25周年表演女书《水云间》，呈现中国女书之形式美、道德美，获得一致好评。留学生的汉字、女书书写，在学校公众号及国家重要场合展现，得到国家领导的肯定，真正做到了讲好中国

故事、促进国际友谊。书法教育帮助中外学生自然而然地进入中国自有的特色文化体系中,增强了学习者对中国传统文化的亲切感和认同感,以及学习者与中国传统文化的情感联系。

四、以书法为切入点建构女校美育育人新格局的思考

选取书法为中华传统文化的典型代表,并以此为切入点建构女校美育育人新格局,用"生活书法"理念鼓舞人、用书法的文学美和形体美感化人,并能紧扣女校、用特色女书及家庭美德吸引人,让女学生们专享"定制"的美育,品鉴中华传统审美观。在探索和建构教程中,也进行了深入的思考,认为今后的美育育人工作要执行"三个坚持"①。

(一)坚持德育为先、学科融合原则不变

"树立学科融合理念""五育融合"思维下的美育,不是以美育为基础简单地叠加其他各育,而是你中有我、我中有你的"融合"[8],要求更多的学科、课堂共同加入,今后的书法美育需要与学校和社会等多方合力而行。

(二)继续开展传统文化美育的校园美育环境建设

中华优秀传统文化为学生坚定理想信念提供了重要导向。没有理想信念的人,不仅会失去信仰,同时也会失去行为的精神动力。借书法之力建设校园美育环境、建构美育育人新格局不啻为一项好举措。学校要从理念认知、管理制度、课程体系,再到各项活动组织等方面加强美育教学。例如开设基础书法课,培养喜欢书法的大学生,提升他们的审美素养与鉴赏能力,感受中国传统艺术的文化魅力;以多种形式的课程为保障,组织更多的教师和专业人员参与课程、编写教材、教学探讨;支持学生社团,培养学生自主发展的能力,从而影响全校,吸引更多的学生学习,浸润传统书法艺术文化,提高审美水平、增强文化自信。

---

① "坚持正确方向"——引领学生树立正确的历史观、民族观、国家观、文化观,陶冶高尚情操,塑造美好心灵,增强文化自信。"坚持面向全体"——健全面向人人的学校美育育人机制,缩小城乡差距和校际差距,让所有在校学生都享有接受美育的机会。"坚持改革创新"——全面深化学校美育综合改革,形成充满活力、多方协作、开放、高效的学校美育新格局。参见:马苏薇. 把美育纳入学校人才培养全过程[EB/OL].(2020-10-28)[2024-03-21]. http://opinion.people.com.cn/n1/2020/1028/c1003-31908449.html.

（三）探索更有效的多元实践路径

"到 2022 年，学校美育取得突破性进展，美育课程全面开齐开足……高等教育阶段开设以审美和人文素养培养为核心、以创新能力培育为重点、以中华优秀传统文化传承发展和艺术经典教育为主要内容的公共艺术课程"。[9] 实现这些目标，需要更有效的多元路径，在理念、课程、活动、保障等多方面融合发展，以期课程设计、课程实施等实现一体化发展，争取构建起课程、教学、资源、平台、研究、实践等多位一体的美育育人新路径。

参考文献

[1] 德智体美劳全面发展，总书记这样说 [EB/OL].（2021-09-21）[2024-03-21]. ttp://politics.people.com.cn/n1/2021/0921/c1001-32232296.html.

[2] 习近平给中央美术学院老教授的回信 [EB/OL].（2021-09-21）[2024-03-21]. ttps://www.rmzxb.com.cn/c/2018-08-30/2157022.shtml.

[3] 韩毓海. 美育的力量 [N/OL].（2019-03-19）[2024-03-21]. https://news.gmw.cn/2019-03/19/content_32653796.htm.

[4] 宁本涛，杨柳. 美育建设的价值逻辑与实践路径：从"五育融合"谈起 [J]. 河北师范大学学报（教育科学版），2020，5（24）：26-33.

[5] 2021 软科中国语言类大学排名 [EB/OL].（2021-04-26）[2024-03-21]. https://www.shanghairanking.cn/rankings/bcur/202223.

[6] 胡志平. "生活书法"助力大学校园公共艺术教育 [J]. 高教学刊，2015，1（24）：21-22，24.

[7] 中共中央办公厅 国务院办公厅印发《关于全面加强和改进新时代学校体育工作的意见》和《关于全面加强和改进新时代学校美育工作的意见》[EB/OL].（2020-10-15）[2024-03-21]. https://www.gov.cn/zhengce/2020-10/15/content_5551609.htm.

[8] 郭晗慧，王崇宝. "五育融合"理念下的美育融合机制构建 [J]. 江苏教育研究，2021（Z5）：66-69.

[9] 马苏薇. 把美育纳入学校人才培养全过程 [EB/OL].（2020-10-28）[2024-03-21]. http://edu.people.com.cn/n1/2020/1028/c1053-31909392.html.

后 记

　　《高校教学改革、管理的探索与实践》中的论文涉及教育教学改革的方方面面，是教师们多年来躬耕教育教学改革一线的实践与思考，为我们提供了丰富的经验借践。我们深知，教师在教育教学改革中扮演着不可或缺的角色。我们的目标不仅是传授知识，更是要通过教育培养出具备创新精神和实践能力的高素质人才，让他们在未来的社会中发挥重要作用。

　　教师不仅是知识的传播者，更是学生成长的引导者和支持者。希望教师们能够始终保持教育热情，关注学生的成长与发展，以人本关怀为导向，重视每一位学生的个体差异，因材施教。我们要共同努力，为学生创造一个良好的学习环境，培养他们解决复杂问题的能力，激励他们追求卓越、勇于创新。

　　展望未来，挑战与机遇并存。高等教育的发展需要每一位教育工作者的共同努力与奉献。让我们在教学改革的道路上勇于探索，不断提升自身的教学能力与课堂质量，为培养出更多优秀的人才而不懈努力。

编　者
2024 年 12 月